평생 돈 버는
비즈니스 글쓰기의 힘

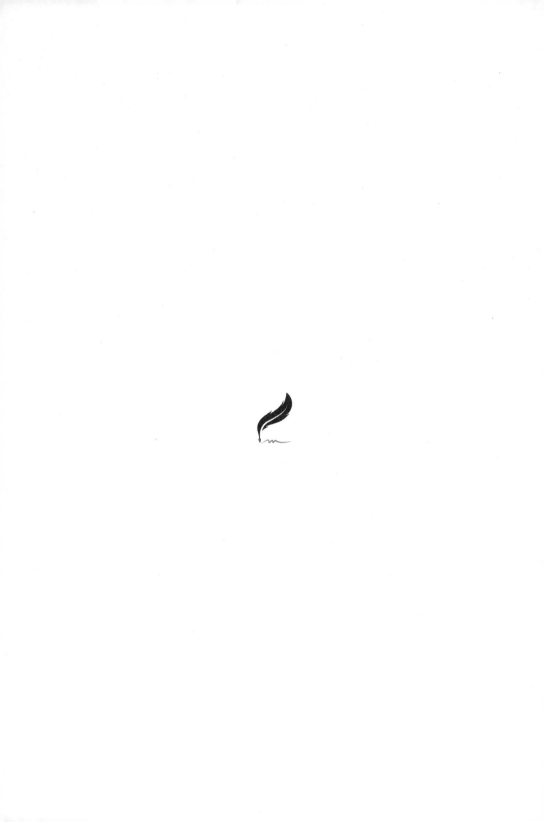

한 줄 쓰기부터
챗GPT로 소설까지

평생 돈 버는
비즈니스
글쓰기의 힘

남궁용훈 지음

RITEC
CONTENTS

비즈니스 글쓰기는
왜 필요할까요?

인생의 타임라인을 따라가며 설명하겠습니다.

초등학교 여름방학, 겨울방학 숙제로 독후감 쓰기를 합니다. 글을 잘 쓰면 선생님께 인정받습니다. 칭찬으로 자아 정체성이 높아진 아이는 인정욕구에 의해 학습 의욕이 높아집니다. 글쓰기 실력만이 아니라 '읽기' 능력도 향상됩니다. 부모들이 그토록 원하는 자기주도학습을 시작하는 단초를 제공합니다.

중학교부터는 서술형 시험을 봅니다. 논리정연한 글이 높은 점수를 받습니다. 고등학생이 되면 수행평가로 조별 연구 보고서나 독서 활동으로 독후감을 제출합니다. 대입을 위한 글쓰기입니다. 수능의 비문학시험은 글쓰기의 발판이 되는 독서능력, 문해력과 어휘력을 검사합니다. 당연히 글을 잘 써야 시험을 잘 볼 수 있습니다.

대학교에서는 보고서를 제출해야 하고 대학원생들은 논문을 제출합니다. 졸업하고 취업할 때는 자기소개서가 당락을 좌우하고 인생의 방향을 결정합니다.

취업 후에는 어떨까요? 지긋지긋한 이 글쓰기가 끝날까요?

아닙니다. 이제부터 본격적인 생존 글쓰기를 시작합니다. 출근 전부터 카톡(문자 메시지) 보고 및 지시, 업무 보고 및 지시하는 이메일 쓰기, 업무

보고서, 고객을 위한 투자 계획서와 제안서, 관공서 민원서류 제출까지 작은 글쓰기로 시작해서 큰 글쓰기로 끝납니다. 물론 글을 일목요연하게 잘 쓴 사람이 진급도 빠르고 돈도 많이 벌 가능성이 큽니다.

과연 여기서 끝일까요?
직장 생활 중 부업을 찾거나, 사업할 때, 퇴직해서 귀농하거나 제2의 인생을 준비할 때 정부지원사업 계획서를 작성합니다.

인생의 흐름에서 글쓰기는 언제나 함께하며, 삶에 엄청난 영향을 끼칩니다. 진정한 생존 글쓰기입니다. 학생 때는 글쓰기를 회피하거나 잘 쓰는 친구들에게 부탁할 수 있었지만, 졸업 후에는 자신의 손으로 책임져야 합니다.

기성세대들은 "우리 때는 그런 거 없이도 잘 살았다."라고 말하기도 합니다. 맞습니다. 다만, 그때는 3차 산업시대였습니다. 선진국을 따라가는 패스트 팔로우(fast follow) 시대로 단편적 지식만을 요구하는 사회였습니다. 지금은 인공지능으로 대표되는 4차 산업시대이고 선진국과 동등하게 새로운 먹거리를 경쟁하는 시대입니다. 글쓰기로 스토리텔링을 요구하는 사회입니다.

이제 아셨지요? 글쓰기를 하지 않으면 나에게 주어진 기회를 잡을 확률이 낮아집니다. 놓치면 어떻게 될까요? 최근에 발표한 국제보고서가 저의 대답을 대신합니다. 천천히 읽어보고 생각해 보기 바랍니다.

국제 성인 역량조사(PIAAC, 16~65세 성인 대상)의 문해력에 따른 경제력 보고 내용을 보면, '높은 문해력(상위 11.8%)을 가진 사람이 낮은 문해력(최하위 3.3%)을 가진 사람보다 평균 시급이 60% 이상 높고, 낮은 문해력의 사람은 실업자가 될 확률이 2배 이상 높다.'라고 합니다.

문해력은 독서의 조건이면서 글을 쓰기 위한 필수 요소입니다. 확대해 보면 앞으로 글을 쓰냐 못 쓰냐의 작은 차이가 부의 획득의 차이로 이어진다는 의미도 됩니다. 이 때문에 우리는 글을 써야 합니다. 그것도 독자가 몰입해서 읽고, 시간 가는 줄도 모르게 읽도록 아주 맛깔나게 써야 합니다. 철저히 독자에게 맞춘 비즈니스 글을 써야 합니다.

글을 써야 하는 이유는 알았는데 어떻게 시작할지 모르겠다고요?

이 책을 읽고 한 줄 쓰기부터 시작하면 됩니다. 많지도 않습니다. 컴퓨터 모니터에 '글을 쓰기 시작했다.' 하고 한 줄부터 쓰기 시작하면 됩니다. 이것이 여러분의 인생을 바꾸는 포인트가 될 것입니다. 부를 바로 주지는 않지만, 어제와 다른 나를 발견할 것입니다.

평생 돈 버는 비즈니스 글쓰기의 힘

비즈니스 글쓰기가 글 쓰는 인공지능 챗GPT(ChatGPT)와 만나면 어떻게 될까요? 혹자는 말합니다. 챗GPT 때문에 이제는 글쓰기가 필요 없다고요. 과연 그럴까요? 글은 생각을 담는 그릇이고, 챗GPT는 사유할 지식이라고 표현할 수 있습니다. 챗GPT의 지식을 글이란 그릇에 넣으면 어떤일이 일어날까요? 화학작용을 일으킵니다. 먼저 영감이 떠오르고 연쇄작용을 일으키며 연이어 창조적 아이디어와 깊은 통찰을 만들어냅니다.

즉, 글쓰기와 챗GPT의 만남은 중세 연금술사들이 얻지 못한 금을 만드는 화학공식입니다. 인간은 통찰과 창조라는 금을 만드는 화학공식을 인공지능을 통해 비로소 얻었습니다.

한 줄의 글을 쓰기 시작하여 챗GPT와 소설, 웹소설, 동화, 인문서 쓰기에 도전한다면 여러분도 영감을 통해 창조와 통찰을 얻게 될 것입니다.

그러면 지금 시작해 볼까요?

CONTENTS

짧고도 사소한 글쓰기 스킬 9가지

CONTENTS

PART 1

비즈니스 글쓰기로
생존하기

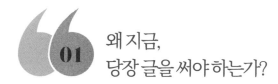

01 왜 지금, 당장 글을 써야 하는가?

늘어난 수명 누군가에게는 축복, 누군가에게는 저주

최근에 "글을 왜 써야 하는가?"에 대해 다시 한번 통찰하게 된 경험을 이야기하겠습니다.

『지선아 사랑해』, 『꽤 괜찮은 해피엔딩』을 집필한 이지선 교수, 그녀는 봄날 오빠와 함께 집으로 가는 도중 소주를 다섯 병이나 마신 만취 운전자에 의해 사고를 당합니다. 불길에 휩싸인 당시 23세 이지선의 몸은 55%나 녹아내립니다. 치료를 위해 여덟 개의 손가락도 절단합니다. 사경을 헤매고 깨어나서는 지옥의 형벌과 같은 생살을 도려내는 화상 치료를 받습니다. 기약 없는 치료와 원망과 절망 속에서도 그녀는 남은 인생을 피해자로 살고 싶지 않다고 결심합니다. 그리고, 글을 씁니다. 이렇게 탄생한 『지선아 사랑해』는 40만 독자의 마음을 울리는 베스트셀러가 되었습니다.

또 다른 사례는 인생 2막 자기계발 유튜브 〈조관일 TV〉를 운영하는 1949년생 조관일 작가입니다. 31세 때 『고객응대』라는 첫 책 이후 꾸준히 책을 집필해 60여 권의 책을 발간하여 현재는 강사로 활동하고 있습니다. 일설에 의하면 연수익이 1억을 넘는다고 합니다.

몸이 불편하고 나이가 들었어도 이들처럼 삶을 축복으로 여기며 젊었

평생 돈 버는 비즈니스 글쓰기의 힘

을 때보다 밀도 있는 삶을 사는 사람이 많습니다. 이들의 삶을 이토록 풍요롭게 만든 것은 무엇일까요? 여러 가지 이유가 있겠지만 그중 하나는 글을 써왔느냐, 써오지 않았느냐입니다.

글쓰기가 제2의 인생을 극명하게 바꿔놓은 것입니다. 이지선 교수와 조관일 작가처럼 지금 현재 순간과 늘어난 수명을 축복으로 여기는 삶을 살고 싶다면 지금부터 준비해야 합니다. 나와는 상관없는 일이라고 생각하겠지만 사실 그렇지 않기 때문입니다. 왜 그런지 알려드리겠습니다.

선택을 강요당하다

우리가 제2의 인생을 시작하게 될 시점은 60세보다 더 늦지는 않을 겁니다. 이르면 30세부터도 강요당할 수 있습니다.

그 이유는 두 가지 사실 때문입니다.

첫 번째는 짧아진 기업의 수명입니다.

미국 기업의 수명은 1935년에는 90년, 1970년에는 30년, 2005년에는 15년으로 점차 줄었습니다. 지금은 어떨까요? 더 줄어들었겠지요? 이 모든 걸 지켜봐 온 아마존 CEO 제프 베이조스는 말했습니다. "아마존도 언젠가는 망한다."

두 번째는 인공지능이 주체가 되는 4차 산업혁명입니다.

인공지능은 변호사, 의사, 약사, 트레이더 같은 고직능, 고임금의 자리를 먼저 대체하고 다음으로 저직능, 저임금 자리를 대체하고 있습니다. 두 가지 사례로 설명하겠습니다.

먼저 고직능, 고임금 사례입니다.

2013년 골드만삭스에 켄쇼라는 인공지능이 입사했습니다. 켄쇼는 입사 후 3시간 20분 만에 600명의 트레이더가 한 달 동안 처리할 일을 끝냅니다. 그 결과, 598명이 퇴직했고 2명만이 켄쇼를 돕기 위해 남았습니다. 2016년에는 IBM이 만든 인공지능 로슨이 뉴욕의 한 로펌에 입사했고, 국내에는 가천대학교 길병원에서 인공지능 의사 왓슨을 도입했습니다.

저직능, 저직급의 사례는 식당과 편의점에서 주문받는 키오스크와 무인 점포가 대표적입니다. 저직능, 저직급의 대체재는 이미 준비되어 있었습니다. 다만, 인간의 노동력이 대체비용보다 낮기에 유지한 것뿐입니다. 기업들도 무인 자동화 기기로 인력을 대체할 수 있지만, 사회적 충격을 완화하기 위해 정부지원으로 유지하고 있습니다.

2021년 10월 잡코리아의 설문 조사에 따르면 향후 인공지능과 로봇으로 대체될 가능성이 큰 직무 분야와 산업 분야 1위는 각각 생산직과 금융업이 차지했습니다. 챗GPT로 대표되는 생활 속의 인공지능은 우리 일자리를 더욱 불안하게 만들고 있습니다.

이 두 사례의 주제를 간단히 정리해 보겠습니다.

'지금의 성인은 언제든지 인공지능과 기계로 대체 될 수 있다. 인건비가 대체비용보다 비싸지면 당장이다. 심지어 학교에서 배운 기술은 취업하기도 전에 사라질 수 있다. 취업했더라도 회사의 짧은 수명으로 바로 다음 직장을 준비해야 한다.'입니다.

여기서 한가지 교훈을 얻을 수 있습니다.

'지금은 생존을 위해 언제나 배우고 익히고 준비해야 한다.'

블루칼라, 화이트칼라 따지지 않고 말이죠.

"지금 학교에서 배우는 것의 80~90%는 아이들이 40대가 됐을 때 전혀 쓸모없을 가능성이 크다. 어쩌면 수업시간이 아니라 휴식시간에 배우

평생 돈 버는 비즈니스 글쓰기의 힘

는 것들이 아이들이 나이 들었을 때 더 쓸모 있을 것이다.`라고 『사피엔스』의 저자 유발 하라리가 괜히 말한 것이 아닙니다.

글쓰기라는 강력한 무기로
나를 무장하라

아셨습니까? 여러분은 지금 당장이라도 기계와 인공지능에 등 떠밀려 거리로 나와 새로운 삶을 살아야 합니다. 이때 여러분에게 큰 무기가 되는 것이 글쓰기입니다.

"인공지능에 의해 직장과 직업이 없어질 수 있다는 것은 인정해, 그런데 어떻게 글쓰기가 재취업과 생존에 도움이 된다는 거야?" 하고 저에게 되묻거나, 제 주장이 심각한 비약이라고 하는 사람도 있을 겁니다. 이들을 위해 1인 기업가의 사례를 들어 설명하겠습니다.

미국 '에라노바' 연구소 리처드 샘슨 소장은 2025년에는 대기업이 거의 사라지고 프리랜서와 1인 기업이 대부분의 시장을 차지하게 될 것이라고 했습니다. 예언처럼 기술들은 매일 새롭게 변화했고, 현재는 변화된 기술들을 교육하며 운영하는 1인 기업이 많아졌습니다. 월 1천만 원 버는 스마트스토어, 유튜브 잘 찍는 법, 블로그 상위 노출되는 법, 심지어 인스타그램 팔로우 1만 명 만들기도 있습니다. 이들의 공통점은 새로운 기술을 남들보다 빠르게 익히고 체계화하여 가르쳐 준다는 것입니다.

여기서 일차적으로 글쓰기가 도움 된다는 것을 확인할 수 있습니다.

또한, 관련 분야에 관해 책을 쓰거나 블로그에 연재하면 전문가로 인정받아 같은 수준의 강사보다 더 많은 보수를 받거나 더 많은 강의를 할 수 있습니다. 글쓰기가 보수에 직접적 영향을 끼치는 사례입니다.

지금부터라면 누구나 할 수 있다

글쓰기와 관련한 필자의 경험을 이야기해 보겠습니다. 2005년도에 아이 기저귓값이나 벌고자 '청주시 음식물 쓰레기 줄이기 공모전'에 출품한 것이 덜컥 1등이 되었습니다. 이때 생각만 하는 것보다 글로 생각을 정리하고 표현하는 것이 더 중요하다는 것을 깨달았습니다. 그래서 꾸준히 글을 썼습니다. 글쓰기 실력이 느는 만큼 지속해서 공모전에 출품하였습니다. 당선되어 용돈도 벌고 외국 여행도 다녀왔습니다.

글을 쓰니 그동안 내가 알고 있던 지식을 정리하기가 쉬워졌습니다. 머릿속 지식을 정리해서 발간한 책이 네 권입니다. 군 생활 중에 배운 헬리콥터 엔진 정비에 관한 책 『헬리콥터 조종사와 정비사라면 반드시 읽고 익혀야 할 헬리콥터 엔진원리』와 『회전익 면장 구술대비』, 평소에 관심 있었던 특허와 지식재산권에 대한 『특허·지식재산권으로 평생 돈 벌기』, 인공지능 시대에 아이들에게 무엇을 교육할 것인가 고민한 『하버드 키즈 상위 1%의 비밀』입니다. 각각 전자책과 종이책으로 출판하였습니다. 네 권의 책은 베스트셀러까지 되었습니다.

책을 출판하게 되니 글쓰기가 부업으로 아주 좋다는 사실도 깨달았습니다. 한국의 큰 기업체나 공무원들은 겸직 제한의 굴레를 벗어날 수 없습니다.

하지만, 작가와 강사는 겸직금지 사항이 아닙니다. 겸직허가서를 제출하면 큰 문제 없이 대부분 허락합니다. 일부 공무원은 현직일 때 책을 발간하고, 이를 발판으로 강사로 연계하여 제2의 인생을 준비하고 있습니다. 『쫓기지 않는 50대를 사는 법』의 이목원 작가, 『내 인생의 사막을 달린다』의 김경수 작가가 대표적입니다. 저에게는 선배 같은 분들이라 두 분에게 여쭈어보니 퇴직이 겁이 나는 것이 아니라 기다려진다고 하였습니다. 김경

수 작가는 유튜브까지 찍고 있습니다.

공무원 월급이 적다고 합니다. 하지만, 정년이 보장되는 공무원의 큰 혜택을 뿌리치고 퇴직하기에는 망설여집니다. 공무원 신분으로 이런 열정을 분출한 것이 글쓰기였고, 책 출간이었습니다.

글쓰기를 잘하면 직장에서 인정받고 또 다른 삶을 준비하는 큰 무기가 됩니다. 조용히 컴퓨터 켜고 키보드를 두드리는 것만으로 부수입이 들어 옵니다.

오늘도 방 한쪽에서 조용히 남들 모르게 N잡을 시작합니다. 기계식 키보드 소리가 방 안에 울립니다. 글쓰기라 나중에 남들에게 알려져도 고상한 작업입니다. 부수입을 못 얻는다고 해도 글에 대한 자신감도 붙고 도전 정신이 생깁니다. 파울로 코엘료의 『연금술사』 같은 책을 쓰는 것이 인생 최종 목표입니다. 쓰다 보면 인기 웹소설 『전지적 독자 시점』의 싱송부부처럼 100억대 매출을 올릴 수도 있지 않을까요?

여러분도 이 책을 읽은 후 컴퓨터 옆에 놓고 간간이 참고하여 글을 쓴다면 저보다 먼저 억대 부수입을 올리고 경제적 자유를 얻을 수 있습니다. 최소한 승진을 가장 빨리할 수 있습니다.

비즈니스 글쓰기가 여러분의 인생을 뒤집는 가장 손쉬운 '타이탄의 도구(정상의 자리에 오른 사람들의 성공비밀)'입니다.

02 비즈니스 글쓰기란 무엇인가?

나는 비즈니스 글쓰기를 한다

2021년 공직문학상에서 『비돌이의 꿈』이라는 동화로 '국무총리상'을 수상했습니다. 대통령상 다음의 2등입니다. 상장과 포상금 그리고 우리나라 대표 문인협회에 가입할 수 있는 자격이 생겼습니다. 작가들 사이에서 바라는 등단이라는 것을 하게 되었습니다.

등단에 대해 짧게 설명하겠습니다. 등단은 한국과 일본에만 존재하는 독특한 제도로 아마추어 문학가가 프로 작가가 되었다는 것을 말합니다. 과거에는 신춘문예 같은 대회에 입선해야만 등단하고 책을 낼 수 있는 구조였습니다. 등단하지 않은 작가의 글은 출판사에서 아예 받지 않았습니다.

프로를 꿈꾸는 글쟁이 아마추어에게 프로리그에 들어가는 등단이라는 기회가 생겼습니다. 제가 당장 문인협회에 가입했을까요? 저는 다음과 같은 두 가지 이유로 가입하지 않았습니다.

첫째, 등단하지 않아도 실력만 되면 책을 출판할 수 있는 시대가 되었다. 둘째, 나는 문학이 아니라 비즈니스 글쓰기를 하기 때문이다.

비즈니스 글쓰기의 정의

첫 번째 이유는 이해되지만 둘째 이유는 난해합니다. 문학과 비즈니스 글쓰기라니? 둘 다 글을 쓰는 것 같은데 무슨 차이가 있을까요? 먼저 문학의 정의를 살펴보고 비즈니스 글쓰기를 분석한 후 둘의 차이점을 설명하겠습니다.

문학이란 것은 무엇일까요?

참 난해합니다. 매일 들었던 말인데 막상 설명하려니 잘 설명되지 않습니다. 프랑스 대철학자 장 폴 사르트르는 문학이란 것을 설명하기 위해 『문학이란 무엇인가?』라는 책까지 썼습니다. 두껍고 읽기도 어렵습니다. 여기서는 쉽고 짧게 정의한 것들만 보겠습니다. 일단 사전의 정의를 보겠습니다.

> 문학: 사상이나 감정을 언어로 표현한 예술. 또는 그런 작품. 시, 소설,
> 희곡, 수필, 평론 따위가 있다. (표준국어대사전)

단순명료하지만 무언가 부족합니다. 고등학생들의 문학책에서 말하는 문학의 정의를 살펴보겠습니다.

> 문학(文學, 영어: literature)은 언어를 예술적 표현의 제재로 삼아 새로운
> 의미를 창출하여, 인간과 사회를 진실되게 묘사하는 예술의 하위분야다.
> (조남현, 고등학교 문학(상), 중앙교육진흥연구소, 2003, 12~15쪽)

국문학과 나병철 교수가 쓴 『문학의 이해』에는 "언어를 통해 인간의 삶을 미적(美的)으로 형상화한 것이라고 볼 수 있다."라고 정의합니다.

세 가지의 정의에는 공통적으로 '예술'이라는 뜻이 관통합니다. 글을 쓰는 것을 예술이라는 행위로 정의했습니다. 문인협회는 문학가들의 집합체고 문학의 발전을 도모합니다. 즉, 문인협회는 '예술하는 사람들의 모임'이라고 정의 내릴 수 있습니다.

다음으로 비즈니스 글쓰기를 분석하겠습니다. 먼저 비즈니스라는 말의 정의를 알아보겠습니다.

> 비즈니스: 어떤 일을 일정한 목적과 계획을 가지고 짜임새 있게 지속적으로 경영함. 또는 그 일. =사업. (표준대국어사전)

생각하는 것과 거리가 있습니다. 영영사전의 정의를 보겠습니다.

> business: the activity of making, buying, or selling goods or providing services in exchange for money. (네이버 영영사전)
> 번역: 금전을 대가로 상품을 제작, 구매, 판매하거나 서비스를 제공하는 행위(구글번역기)

비즈니스의 뜻과 글쓰기를 합치면 비즈니스 글쓰기는 '금전을 대가로 글을 쓰는 행위'로 정의할 수 있습니다. 의역하면 '경제적 이익을 위한 글쓰기'입니다.

두 가지 설명을 합쳐서 다시 정리하겠습니다.
'문학은 예술을 하는 글쓰기이고 비즈니스 글쓰기는 경제적 이익을 얻기 위한 글쓰기다.'

눈치 빠른 사람이라면 필자가 문인협회에 가입하지 않은 이유를 바로 알아챘을 겁니다. 저는 예술을 위한 글쓰기가 아니라 경제적 이익을 목적으로 글을 쓰기 때문입니다.

독자가 쉽게, 편하게 읽고 이야기에 끌리게 하는 것이 비즈니스 글쓰기의 힘이다

여러분은 또 다른 질문이 생깁니다. 당연히 생겨야 합니다. 질문은 다음과 같습니다.

"작가님이 쓴 것은 동화인데 어째서 비즈니스 글쓰기라고 하는 거죠? 동화는 문학적인 글쓰기 아닌가요?" 하고요.

이 물음은 글쓰기에 대한 두 가지 편견 때문에 발생하는 현상입니다.

첫째, 글쓰기를 문학이라는 예술 범주에 가둬 놓는 편견

둘째, 비즈니스 글쓰기를 보고서, 기획서, 계획서 같은 회사에서 사용하는 글쓰기로만 생각하는 편견

이 둘을 설명하기 전에 질문 하나를 먼저 하겠습니다.

"작가들이 책을 쓰고 출판하는 이유는 무엇일까요?"

글을 쓰는 이유는 여러 가지가 있지만, 작가가 원하든 원하지 않든 책을 쓰고 출판하는 공통된 이유는 자본을 얻기 위해서입니다. 자본을 얻지 못한다면 작가는 작품활동을 할 수 없습니다. 자본주의 사회에 사는 작가들의 현실입니다.

다음으로 두 번째 질문입니다.

"그러면 글쓰기는 어떻게 해야 자본을 얻을 수 있을까요?"

독자가 내 글을 읽어줘야 합니다. 철저하게 몰입해서 읽어줘야 합니다. 글이 마음에든 독자들이 내 글이 언제 나올까 기다리게 만들어야 합니다. 글은 읽혀야 자본이 됩니다. 독자가 외면하는 글은 필요 없는 글입니다. 글이 읽히면 책이 많이 팔리고, 조회수가 많아지고, 강의 섭외도 많아집니다.

마지막 세 번째 질문입니다.

"어떻게 글을 써야 독자가 읽어 주나요?"

독자가 쉽고 편하게 읽게 하고 끌리게 글을 써야 합니다. 철저히 독자 입장에서 써야 합니다. 단기간에 100억 원을 번 웹소설 『전지적 독자 시점』은 전형적인 독자를 위한 글입니다. 독자들이 편하게 읽도록 짧은 글과 대사로 이어나가고, 회사 스트레스에 힘들어하는 독자들을 잠시나마 판타지 세계로 이끌었습니다.

이런 웹소설의 등장으로 문학을 순문학이니 비문학이니 하고 분류하고 있습니다. 저는 이 분류를 별로 좋아하지 않습니다. 독자가 읽어 주지 않는데 문학이 어떻게 존재할까요? 중요한 것은 지금 순문학은 돈이 안 된다며 순문학을 지향하던 작가들이 대거 웹소설로 옮겨가고, 순문학의 글 쓰는 흐름도 웹소설 흐름과 같아지고 있다는 사실입니다. 독자가 읽어 주지 않는 글은 자본을 얻을 수 없다는 것을 작가 스스로 깨달은 것입니다.

이제 제가 왜 비즈니스 글쓰기를 한다고 하는지 이유를 아셨을 겁니다. 저는 동화를 쓰기에 앞서 아이들이 좋아할 만한 사례, 동물, 문체를 철저히 연구했습니다. 예술이 목적이 아닌 아이들이 선택하고 좋아하는 글을 쓰기 위해 노력했습니다. 이런 이유로 저는 비즈니스 글쓰기를 한다고 말씀드리는 겁니다.

마지막으로 글쓰기를 문학의 틀에 가두어 놓은 편견 때문에 어떤 문제점이 발생하였는지 이야기하고 마무리하겠습니다.

글쓰기는 인간이 현대 사회에서 살아가기 위해 반드시 익혀야 할 사칙연산과 같은 지식이며 기능입니다. 글쓰기를 예술의 틀에 가둬 놓으니 글 쓰는 사람들은 나와 다른 사람들이라고 생각하고, 또한 "내가 무슨 문학이야." 하며 스스로 깎아내렸습니다. 여기까지 괜찮습니다. 문제는 다음입니다.

겁을 먹은 사람들은 글쓰기를 배우는 것 자체를 아예 포기했습니다. 이 책으로 이런 편견을 깨고 비즈니스 글쓰기로 새로운 인생을 계획하고 꿈을 성취하세요.

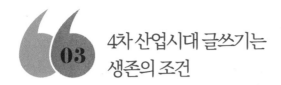

03 4차 산업시대 글쓰기는
       생존의 조건

글쓰기와 관련한 세 가지 이야기,
여러분의 모습이 아니길

4차 산업시대에 글쓰기는 필수 조건이라고 합니다. 그러나, 피부에 와 닿지 않습니다. 그저 남 이야기 같습니다. 제 경험 세 가지를 이야기하겠습니다. 여러분이 판단하기 바랍니다.

첫 번째 이야기입니다.

"좀 써 줘."

"선배님, 선배님 회사 일인데 제가 어떻게 써요?"

"내가 어떻게 쓰냐, 글 잘 쓰는 네가 써야지. 내가 대충 써서 보내줄게, 근로 감독관님이 잘 이해하게 써 줘."

"알았어요. 보내 봐요."

무슨 이야기일까요? 다른 회사에 근무하는 선배가 사 측에 부당행위를 당했습니다. 고용노동부에 시정 요청 민원을 넣어야 하는데 글을 못 쓴다고 저에게 부탁하는 내용입니다. 우리나라는 민원제도가 잘되어 있어 인터넷으로 접속해 글을 올리기만 하면 됩니다. 하지만, 글을 써야 한다는 부담감에 선배는 그동안 참고 근무해 왔습니다. "사소한 거니깐 그냥 참지

평생 돈 버는 비즈니스 글쓰기의 힘

뭐.”라고 말은 했지만 부당행위보다 글 쓰는 것이 더 두렵다고 말하는 것 같았습니다. 혹시, 여러분의 모습은 아닌가요?

두 번째 이야기입니다.

"이 주만 신경 써서 문서 작성하고 제출하면, 지원금 5천만 원이 나오는데 그래도 안 하겠어요?"

"그냥 일해서 벌면 되지 머리 아프게 뭐해. 다른 가게는 하는 것 같은데. 뭐, 나는 딱히."

"삼촌, 서류 작성하고 한번 발표하면 5천만 원이 생겨요. 5천만 원이면 가게에 새 기계 하나 생기는 건데 그래도 안 하실 거예요?"

"그래 생각 없어. 그냥 며칠 더 일해서 벌면 되지!"

기계 부품 가공사업을 하는 삼촌과의 통화입니다. 직원 네 명의 작은 사업체를 운영합니다. 국가에서는 작은 사업체를 위한 많은 지원금 제도를 운용하고 있습니다. 지원금은 빌려주는 것이 아니라 사용하라고 주는 돈입니다. 정당하게 사용하면 돌려주지 않아도 됩니다. 신청해보라고 독려하지만, 삼촌은 한결같이 고개를 젓습니다. 과연, 삼촌은 5천만 원을 일해서 벌면 된다고 생각하는 걸까요?

정부지원금은 산업계, 대학, 예술계 등 다양합니다. 정부가 정한 조건에 맞춰 문서를 준비하고 발표하면 끝납니다. 지원금 신청 방법을 아는 사람들은 자기 돈 안 들이고 사업을 합니다. 심지어 돈 들이고 사업하는 사람은 바보라고까지 하는 사람도 만나 봤습니다.

신청하는 사람과 신청하지 않는 사람, 이들을 나누는 것은 무엇일까요? 글쓰기의 자신감입니다. 삼촌은 일반 글쓰기도 부담스러운데 정부에 제출하는 서류라는 것에 두려움을 느껴 지레 포기한 겁니다. 이것도 여러분의 모습이 아닌가요?

세 번째 이야기입니다.

"아내가 공무직 지원 원서를 넣는데 자기소개서가 필요해서, 내가 읽어 봤는데 별로야. 네가 좀 써줄 수 없어?"

"그래 보내 봐라. 내가 해줄 수 있는 건 이것밖에 없으니깐."

친한 친구가 오랜만에 전화해서 아내 자기소개서를 부탁하는 내용입니다.

이제 어디를 가나 자기소개서가 필수인 시대가 되었습니다. 유명 유치원 입학에도 자기소개서를 써야 한다는 우스갯소리도 있습니다. 몇 년 동안 시험을 준비한 수험생들과 취업준비생들은 자기소개서에 예민할 수밖에 없습니다.

문제는 글쓰기 교육을 못 받았다는 데서 발생합니다. 어설픈 글 실력으로 인생을 좌우하는 자기소개서를 쓰라고? 자신이 없습니다. 첨삭을 받으려 해도 비용이 만만치 않습니다. 결국, 불안한 마음에 큰돈을 들여 전문가에게 자기소개서 대필을 부탁합니다.

문제는 또 발생합니다. 자기소개서의 내용이 비슷비슷합니다. 자기소개서 대필자가 한사람, 한사람 인터뷰하면서 쓸까요? 대필자는 있던 내용을 꺼내 비슷한 사례를 엮습니다. 좋은 내용의 자기소개서를 기대할 수 없습니다.

자기소개서 쓰기에 불안을 느끼고 엄두도 못 내는 모습은 혹시 여러분의 모습이 아닌가요?

글을 못 쓰는 것은
여러분의 잘못이 아닙니다

글쓰기를 힘들어하는 두 가지 이유가 있습니다.

첫째, 글 쓰는 법을 배운 적이 없다.

초등학교 때 독후감 쓰는 법에 대해 배운 적이 있습니까? 간단히 독후감이 어떠한 것이라는 것만 배웠지, 쓰는 법을 배운 기억은 없습니다. 심지어 가르쳐 주지도 않고 글쓰기 대회를 열어 평가만 했습니다. 상 받는 아이들을 보며 '나와 다른 세상의 아이구나.' 하는 생각을 했습니다.

둘째, 글쓰기를 문학의 범주에 가둬 놓았다.

국어 시간에 분석하고 배운 글들은 모두 문학적 가치가 높은 글입니다. 이런 글만 보니 '글은 문학을 하는 사람들만 쓰는 것이구나.'라는 생각을 합니다. 또한, 배운 것처럼 써야 한다는 생각은 글쓰기를 더 두렵게 해 글을 쓰지 않게 했습니다.

글을 못 쓰는 것은 여러분의 잘못이 아니었습니다.

기능적 논리 글쓰기는
누구나 할 수 있다

한 번도 글을 써본 적이 없는 사람도 글을 쓸 수 있을까요? 네, 쓸 수 있습니다. 그것도 짧은 시간에, 빠르면 1년 내에 유시민 작가와 같은 글을 쓸 수 있습니다. 『유시민의 글쓰기』에서 유시민 작가는 글쓰기를 문학 글쓰기와 논리 글쓰기 두 가지로 나눕니다. 논리 글쓰기는 노력하면 유시민 에세이 정도의 글은 쓸 수 있다고 말합니다. 믿기지 않죠?

설명을 위해 문학 글쓰기와 논리 글쓰기를 보기 좋게 범주로 나누겠습니다.

문학 글쓰기: 시, 소설, 희곡, 시(예술에 관계된 글)
논리 글쓰기: 에세이, 평론, 보고서, 칼럼, 판결문, 안내문, 사용설명서,
　　　　　　보도자료, 논문 등

문학 글쓰기는 재능을 요구합니다. 열심히 쓴다 해도 안도현 시인이나 조정래, 박경리 소설가를 따라갈 수 없습니다. 이들의 상상력, 감수성 등을 흉내 내기에는 어려움이 많습니다. 음악 작법을 배워도 모차르트처럼 작곡할 수 없는 것과 같습니다.

논리 글쓰기는 예처럼 일상적으로 사용하는 모든 글쓰기이며, 기능의 영역이라는 것을 알 수 있습니다. 논리 글쓰기는 벽에 타일을 붙이고 벽돌을 쌓는 것과 같습니다. 노력만 하면 따라 할 수 있습니다. 다만 몇 번의 연습을 통해서 습득하느냐만 다를 뿐입니다.

연습하면 유시민 작가 에세이 같은 글을 쓸 수 있는데 "글쓰기는 나와 먼 이야기야."라고만 할 건가요?

평생 돈 버는 비즈니스 글쓰기의 힘

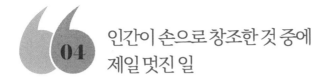

04 인간이 손으로 창조한 것 중에 제일 멋진 일

오웰의 글 쓰는 목적 4가지

글을 읽다 보면 세속적인 영달에 관심 없는, 그냥 좋아서 쓰는 것 같은 글을 자주 봅니다. 특히, 블로그와 브런치에서 자주 봅니다. 사람들은 왜 이런 글을 쓰는 걸까요? 제 물음에 이미 대답한 작가가 있었습니다. 『1984』로 유명한 조지 오웰입니다. 조지 오웰은 자신의 저서 『나는 왜 쓰는가?』에서 글 쓰는 목적을 네 가지로 말합니다.

첫째, 순전한 이기심입니다.

말 그대로 돋보이게 하려는 일종의 과시욕입니다. 나는 이렇게 똑똑하다고 자랑합니다. 죽은 뒤에도 나를 잘난 사람으로 기억해주기를 바랍니다. 정치나 과학 같은 한 분야의 내용을 꾸준히 블로그에 올려 전문가임을 드러내는 사람이 이런 예입니다.

둘째, 미학적 열정입니다.

자신이 보고 느낀 아름다움을 글로 표현하고자 하는 욕구입니다. 의미와 가치가 있다는 생각을 글로 타인과 나눕니다. 짝사랑의 아픔을 「엘리제를 위하여」라는 곡으로 만들어 내면을 표현한 베토벤처럼 우리는 글로 표현합니다. 또한, 시처럼 언어의 조합에 따른 아름다움을 말합니다.

셋째, 역사적 충동입니다.

사물을 있는 그대로 보고, 진실을 찾고, 그것을 후세에 전하기 위해 기록하는 욕망을 말합니다. 영원한 것에 대한 갈망입니다.

넷째, 정치적 목적입니다.

어떤 사회를 지향하며 분투해야 하는지 말합니다. 글을 통해 사람들을 설득해 바꾸고 싶은 욕망입니다.

오웰 자신은 이기심, 미학적 열정, 역사적 충동에 맞춰 쓴다고 했는데, 결국 네 번째 정치적 목적의 글을 쓰게 되었다고 합니다. 『1984』는 전체주의를 비판, 『동물농장』은 공산주의를 비판, 『카탈로니아 찬가』는 스페인 내전, 파시스트에 대한 저항의 기록으로 대표작들이 모두 정치적 목적의 글입니다.

다른 작가의 예로, 1980년에 사망한 프랑스 대 철학자 장 폴 사르트르와 『칼의 노래』로 유명한 김훈 작가를 들어 보겠습니다.

먼저 장 폴 사르트르입니다. 그는 언어를 '사물의 언어'와 '도구의 언어'로 분류했습니다. '사물의 언어'는 아무런 목적이 없는 언어, 자기만족을 위한 언어라고 하며 그 예를 시로 들었습니다. '도구의 언어'는 명확한 목적을 가진 언어입니다. 사람의 생각을 변화시켜 세상을 바꾸겠다는 의지를 담은 언어입니다. '도구의 언어'는 산문입니다. 사르트르는 평생 '도구의 언어' 산문은 썼지만 '사물의 언어'인 시는 쓰지 않았습니다.

어떻습니까? '사물의 언어'는 조지 오웰의 글 쓰는 목적 중 순전한 이기심, 미학적 열정, '도구의 언어'는 정치적 목적과 같지 않나요?

김훈 작가의 이야기로 넘어가겠습니다. 김훈 작가는 『라면을 끓이며』

라는 에세이를 출간한 후 방송에 출연해 자신이 글을 쓰는 이유를 이야기합니다.

"나는 여론 형성을 목적으로 하는 글쓰기를 하지 않습니다. 단지 나를 표현하려고 글을 씁니다."

김훈의 글 쓰는 목적은 오웰의 글 쓰는 목적 중 마지막 정치적 목적을 제외한 이기심, 미적, 역사적 충동 글쓰기라고 할 수 있습니다.
여기서 두 가지를 알 수 있습니다.

첫째, 사람들은 각자의 목적에 따라 쓴다.
둘째, 글 쓰는 목적은 오웰의 네 가지 범주를 벗어날 수 없다.

글을 쓰는 의미는 언제나 숭고하진 않습니다. 대작가들도 각자의 목적에 따라 편히 썼습니다. '내가 글을 쓰는 목적은 불순한 것 아닌가?'라며 불편한 의구심을 가질 필요도 없습니다. 편하게 마음 이끄는 대로, 쓰고 싶은 대로 쓰세요. 욕심내고 싶으면 욕심내세요. 아름다움을 그리고 싶으면 아름다움을 그리세요. 역사적 기록을 남기고 싶으면 남기세요. 글은 쓴다는 것 자체가 여러분에게 많은 것을 줄 테니까요.

글 쓰는 것은 행복 그 이상을 추구한다

글 쓰는 것이 목적 추구라는 것은 알았습니다. 글을 꾸준히 쓰는 사람들을 보면 글 쓰는 행위 자체에 무언가가 있는 것 같은 의심이 듭니다.

진정한 글쓰기에는 여러분이 글을 쓰게끔 끌어당기고 만드는 것, 어떤 심오한 무언가가 있을까요?

『몽실언니』와 『강아지똥』으로 유명한 권정생 선생의 일화를 이야기해 보겠습니다.

가난으로 국민학교도 겨우 졸업했습니다. 어린 나이에도 나무장수, 고구마장수, 담배장수, 일당 노동자 등 힘든 일을 했습니다. 19세 때는 늑막염과 폐병에 걸렸습니다. 보건소에도 항생제가 부족해 같은 병을 앓던 친구들은 하나둘 죽어갔습니다. 숨죽여 이를 지켜보던 그도 신장결핵, 방광결핵으로 온몸이 망가져 평생 오줌통을 몸에 차고 살아야 했습니다. 동생과 부모에게 더는 폐를 끼치고 싶지 않아 죽기 위해 떠난 3개월간 여행에서 되레 많은 분에게서 도움을 받습니다. 깡통에 밥을 눌러 담아 주던 아주머니, 허기에 쓰러져 있던 그에게 물을 떠준 할머니 같은 분들입니다.

부모도 세상을 떠나자 종지기로 교회 부속 토담집에 얹혀삽니다. 겨울이면 동상을 달고 살아야 하는 조악한 집이었으나 외로운 그에게 친구를 만들어 주었습니다. 여름엔 소나기가 내리면 뚫린 창호지 사이로 들어와 우는 청개구리, 겨울엔 추위를 못 견뎌 그의 겨드랑이를 파고드는 생쥐들이었습니다. 생쥐들에게 정이 들어 발치에 먹을 것을 두고 기다렸습니다.

극심한 고통 속에서도 함께하는 개구리와 생쥐, 굼벵이들을 벗 삼아 글을 쓰기 시작했습니다. 1969년에 월간 《기독교 교육》에서 단편동화 『강아지똥』으로 제1회 아동문학상을 수상합니다. 『강아지똥』의 주인공은 흰둥이가 싸 놓고 간 보잘것없는 '똥'이었습니다.

1981년 작 『몽실언니』 등의 베스트셀러를 집필하며 수억 원의 인세를 받았으나 그가 사는 곳은 교회 뒤편의 작은 흙집이었습니다. 평생을 검소하게 살았고 옷은 단벌이었습니다. 이웃들은 그가 가난한 사람인 줄로만 알았다고 합니다. 그의 재산은 유언에 따라 남북한과 분쟁지역 어린이 돕기에 사용되고 있습니다.

사람들이 그의 동화를 보고 아이들이 읽기엔 어둡지 않냐고 물으면 그는 이렇게 답했습니다.

"동화가 왜 그렇게 어둡냐고요? 그게 진실이기에 아이들에게 감추는 것만이 대수는 아니지요. 좋은 글은 읽고 나면 불편한 느낌이 드는 글입니다."

권정생 선생의 일화를 읽으면 아련함, 따뜻함, 존경, 연민, 고마움, 충만함 같은 단어가 떠오르지 않습니까? 저는 생쥐를 위해 아랫목에 먹을 것을 놔두었다는 표현에 목이 메었습니다.

그는 가난했지만 아름답고 감동적인 글을 남겼습니다. 우리가 생각하는 진정한 구도자의 삶을 사셨습니다. 권정생 선생이 글을 쓰는 이유는 글을 씀으로써 정신적 충만함 그 이상을 얻었기 때문이라고 생각합니다.

이렇게 글을 씀으로써 얻는 충만함을 저는 기쁨이라는 표현으로 다섯 가지로 나눕니다. 하나하나 설명하겠습니다.

첫째, 성장의 기쁨

글은 쓰면 쓸수록 성장하며 좋은 글이 됩니다. 10년 전에 쓴 글과 지금의 글을 보면 나의 성장을 알 수 있습니다. 한 줄의 문장이라도 멋지게 나오면 '나도 이제 이런 글을 쓸 수 있구나.' 하며 희열에 휩싸입니다. 매슬로우 욕구 5단계의 최고 욕구 단계인 성장을 느꼈기 때문입니다. 글을 씀으로써 성장의 기쁨을 느껴보세요.

둘째, 창조의 기쁨

인간은 무언가 창조해야 합니다. 창조하지 않으면 안 되게 태어났습니다. 글쓰기는 창조 덩어리입니다. 키보드 위에 손을 올리자마자 창조를 합니다. 단어의 창조, 문장의 창조, 글의 창조입니다. 위대한 콘텐츠의 시작은 작은 단어, 짧은 문장부터 시작입니다. 커서만 깜박이던 흰 모니터에 얼마 후 검은 글씨가 빼곡히 들어섭니다. 이제 우리는 작은 창조를 하나 했습니다. 글이라는 것을요.

셋째, 몰입의 기쁨

몰입은 인간만이 누릴 수 있는 기쁨입니다. 몰입에 빠지면 시간, 공간 모든 것이 멈춰 버립니다. 머리의 맑아짐과 동시에 몸의 개운함을 느낄 수 있습니다. 몰입에 들어가는 방법에는 여러 가지가 있는데, 그중 하나가 글쓰기입니다. 글을 쓰기만 해도 몰입의 순간을 느낄 수 있다니 글쓰기가 참 대단하지 않습니까?

넷째, 감정 배출의 기쁨

글을 통해 자신의 감정을 쓰면 이상하게도 마음이 안정됩니다. 논리적으로 쓰느라 감정이 정리되고, 사건을 남의 일처럼 객관적인 시각으로 보게 하고, 누군가에게 말을 한 것 같은 효과로 치유됩니다. 이는 과학적으로도 증명되었습니다. 미국 심리학자 제임스 페니베이커가 두 집단에게 일기를 쓰게 했습니다. 한 집단은 그날의 일만을 적고, 다른 집단은 그날의 느낀 감정을 적게 했습니다. 일만을 적은 집단은 변화가 없었으나 감정을 쓴 집단은 정신적, 육체적으로 건강해졌습니다.

『죽고 싶지만 떡볶이는 먹고 싶어』라는 베스트셀러가 있습니다. 백세희 작가가 자신의 기분부전장애와 불안장애를 치료하는 과정, 그때의 느낌을 쓴 책입니다. 읽는 내내 작가의 불안한 감정을 느꼈습니다. 세밀한 감

평생 돈 버는 비즈니스 글쓰기의 힘

정 표현에 젊은이들이 공감하여 베스트셀러가 되었고, 작가는 책을 씀으로써 건강해질 수 있었구나를 알았습니다.

다섯째, 앎과 깨달음의 기쁨

다양한 지식을 알고 많은 생각을 한 사람만이 깊이 있는 글을 쓸 수 있습니다. 글을 쓰기 위해서는 공부해야 합니다. 공부하고 글로 표출하다 보면 지식이 합쳐져 새로운 깨달음을 얻습니다. 자신이 지적으로 성장하는 것에 기쁨을 느낍니다.

글쓰기를 하는 것만으로 여러분은 새로운 삶을 살 수 있습니다. 비록 세속적인 부를 주지 않더라도, 인생에 그 이상의 기쁨과 충만함을 줍니다. 마지막은 고미숙 작가이자 고전평론가의 말로 마무리하겠습니다.

"인간이 손으로 창조한 것 중에 제일 멋진 일은 글쓰기다."

PART 2

글쓰기 기본기를
다지는 방법 7가지

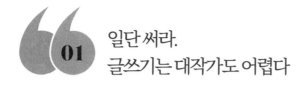

01 일단 써라.
글쓰기는 대작가도 어렵다

창작의 고통에 몸부림치다

어니스트 헤밍웨이, 버지니아 울프, 아쿠타가와 류노스케, 가와바타 야스나리, 김소월. 이들의 공통점은 무엇일까요? 창작의 고통에 몸부림치다가 자살로 생을 마감한 작가입니다.

『장수하늘소』의 이외수, 『진혼가』의 김남주, 『증묘』의 김문수. 이들의 공통점은 무엇일까요? 창작을 위해 스스로 감옥에 들어갔거나, 감옥에 갇힌 생활을 하였습니다. 이외수 작가는 수용시설 철창문을 방에 걸고 5년 동안 감금 생활을 하며 『벽오금학도』를 쓴 것으로 유명합니다. 다음 작품인 『황금비늘』까지 4년을 합하면 꼬박 9년을 스스로 감금하며 글을 썼습니다.

왜 이런 이야기를 하냐고요? 이들의 글쓰기는 문학적 글쓰기라 우리가 쓰는 논리적 글쓰기와는 다르지만, 대작가도 글쓰기는 어렵고 쓰는 데 고통받는다는 사실을 보여주려 했습니다.

사람은 왜 글쓰기를 어려워하는 걸까요? 이 물음에 진화론적 해석을 하겠습니다.

평생 돈 버는 비즈니스 글쓰기의 힘

글 쓰는 능력은 진화되지 않았다

결론은 "뇌는 글 쓰는 것을 싫어하게 진화가 되었다."입니다. 두 가지로
설명하겠습니다.

첫째, 뇌는 게으른 행동을 하게 설계되었다.

인류는 태어날 때부터 듣기가 발달했습니다. 주변의 작은 벌레 소리,
천적인 맹수의 울부짖음과 발소리, 바람 소리와 물소리 듣기는 생존을 위
한 필수 조건이었습니다. 뇌로 전달된 소리를 의미로 해석한 것은 180만
년 전 말이 만들어진 이후입니다.

반면, 문자는 기원전 3,500년 메소포타미아지역의 수메르인이 설형문
자를 최초로 만들었습니다. 영어의 기원인 라틴 문자와 그리스 문자는 각
각 기원전 7세기와 8세기에 만들어졌습니다. 말하기는 180만 년 동안 진
화했고 글쓰기는 5천 년 동안 진화했다는 것을 알 수 있습니다. 아니 5천
년의 기간은 진화되지 않았다는 것이 더 정확하겠네요.

먹을 것을 구하기 어려운 원시시대에는 에너지를 소모하지 않는 게으
른 개체의 생존확률이 높았습니다. 이것을 기억하는 몸속의 DNA는 많은
에너지를 소모하는 행위를 거부합니다. 180만 년의 과정 동안 진화된 말
하기는 행위를 할 때 에너지를 많이 소모하지 않아 거부하지 않습니다.
살기 위한 필수 행위로 오히려 장려합니다.

반면, 맞는 단어를 찾아 문장을 구성하고 얼개에 따라 배열하는 고도
의 정신활동을 하는 글쓰기는 많은 에너지를 소모합니다. 당연히 뇌는 글
쓰기를 거부합니다.

둘째, 예측 불가능한 모호한 행위를 하는 개체는 생존확률이 낮다.

원시시대에는 항상 위험이 존재했습니다. 행동은 항상 명확해야 했습니다. 모호하면 죽음으로 이어지니까요. 정해진 길, 정해진 행동을 해야 생존확률이 높았습니다. 먼저 도전하고 행동하는 개체가 죽음을 많이 당했습니다. 불확실한 도전은 죽음의 확률을 높이니 자연히 도전을 피하는 DNA만이 남게 되었습니다.

글쓰기는 설명처럼 뇌가 싫어하는 두 가지, 도전과 불확실성을 가지고 있습니다. 어떻게 시작하고 어떻게 끝내야 할지 모릅니다. 끝까지 쓸 수 있으려나 걱정도 생깁니다. 쓰더라도 못 썼다는 말을 들을까 봐 불안합니다. 하얀색 종이와 모니터 화면은 가슴을 더욱 옥죕니다. 글쓰기는 가장 힘든 도전입니다. DNA는 속삭입니다. "일단 피하고 봐, 쓰지 마."

글쓰기를 어려워하는 근본적 이유는 뇌가 거부하는 것이라는 사실을 알았습니다. 원시시대의 생존에 맞게 진화된 뇌는 현대와는 맞지 않습니다. 『클루지』라는 책에서는 이런 잘못된 진화를 오히려 이용하고 이겨내야 현대에 생존할 수 있다고 이야기합니다. 진화에 수긍하여 게으른 삶을 살지, 거부하여 혁신적인 삶을 살지 결정하는 것은 오늘 글을 쓰는 것으로 결정됩니다.

두려워하지 말고 일단 써라

글을 써야 하나 몸은 거부합니다. 매번 이겨내고 쓰기에는 힘이 부칩니다. 쉬운 방법이 없을까요? 네 가지 방법을 제시합니다.

첫째, 뇌를 급습하라.
뇌가 인지하기 전에 일단 쓰기 시작합니다. 뇌가 인식하기 전에 우선

평생 돈 버는 **비즈니스 글쓰기의 힘**

행동하여 당연한 행동이라고 인식하게 합니다. 고미숙 작가도 일단 키보드를 치기 시작하면 쓸거리가 생각난다고 합니다. 첫 문장에서 망설이는 순간 뇌에 패배합니다. 일단 뭐라도 칩니다. 제목도 어려우면 자신의 이름이라도 칩니다.

이 방법은 '작동흥분이론(work excitement theory)'으로 증명된 방법입니다. 독일 정신의학자 에밀 크레펠린은 말합니다. "뇌는 시동 걸리면 자동으로 작동하는 기계와 같다. 일단 일을 시작하면 뇌의 측좌핵 부위가 흥분하기 시작하여 관심과 재미가 없던 일에도 몰두하고 지속할 수 있게 만든다." 아셨죠? 머뭇거리면 실패합니다.

둘째, 수준 낮은 글을 쓴다고 고민하지 마라.

초보자들은 글을 쓰면서 맞춤법이 맞았나 틀렸나 고민합니다. 고민하지 말고 글의 내용에 집중해야 합니다. 사람의 인지 자원은 한정되어 있어 에너지를 다른 곳에 쓰면 글의 수준이 떨어집니다. 맞춤법 정도는 워드프로세서 인공지능이 알아서 잡아주니 내용에만 집중하세요.

또한, '내 글 구려 병'(초보 웹소설 작가들 사이의 유행병으로 내 글을 남의 글과 비교할 때 수준이 낮고 재미없어 보이는 현상)에 걸려 '내 글 수준이 낮구나!' 자책하며 쓰기 싫어하는 사례도 있습니다. 글은 쓰면 쓸수록 발전하는 것이고, 대작가들도 처음은 그저 그렇게 시작했다는 것을 명심해야 합니다. 오늘 내가 글을 쓰고 있다는 것에만 의미를 두세요. 의외로 퇴고하고 다듬다 보면 좋은 글이 됩니다. 헤밍웨이의 말처럼 "초고는 쓰레기"입니다.

'우선 한 문장만 쓰자, 이것 못쓴다고 죽고 살 일이 아니다.'라는 생각으로 시작해야 합니다.

셋째, 한 번에 하나씩 직렬적 사고를 하라.

앞서 말했듯이 글쓰기는 복합노동입니다. 다중작업을 강요합니다. 다중작업은 인간이 할 수 없는 일입니다. "나는 다중작업을 잘하는데."라고 말하는 분도 있을 것입니다. 이는 다중작업을 하고 있다는 착각에 빠진 것입니다.

MIT 뇌 신경학자 얼 밀러 교수는 우리의 뇌는 다중작업을 잘할 수 없도록 만들어졌다고 선언합니다. 한 가지 행동을 매번 빠르게 번갈아 수행하는 것에 불과하다고 말합니다. 바꿀 때마다 비싼 '인식의 비용'을 치릅니다. 많은 에너지를요. 어릴 적 텔레비전을 보며 숙제했는데 시간도 오래 걸리고, 하고 나면 매우 피곤했던 경험을 떠올려 보세요.

뇌의 방식을 이용해 글 쓰는 행위를 직렬적 순서로 구분합니다. 글의 얼개를 짤 때는 얼개만 짜고, 초고를 쓸 때는 초고만 쓰고, 맞춤법 검사를 할 때는 맞춤법 검사만 하고, 문장을 쪼갤 때는 문장만 쪼개고, 문단을 나눌 때는 문단만 나누는 것입니다. 동시에 하지 않습니다.

넷째, 독서와 질문으로 Think Bank(생각 은행)에 쓸거리를 저축하라.

글을 쓰려고 하는 데 진짜 쓸 이야기가 없을 때도 있습니다. 평소에 독서와 자문자답으로 Think Bank에 다양한 쓸거리를 저장해 둡니다. 저장해 둔 것들은 금세 복리로 불어납니다. 예금이 늘어나면 결국 쓰고 싶어집니다.

뇌를 이기고 글 쓰는 방법을 모두 알려 드렸습니다. 그래도 안 쓰겠습니까? 1920년대의 미국 시나리오 작가 레이 브래드버리의 말로 마무리하겠습니다.

"글을 써라, 그리고 무슨 일이 일어나는지 보자."

평생 돈 버는 비즈니스 글쓰기의 힘

02 글쓰기는 창조가 아니라 모방이다

글쓰기는 큐레이션부터 시작이다

정약용, 나카타니 아키히로, 루스 베네딕트. 이들의 공통점은 무엇일까요? 작가이면서 큐레이션 전문가라는 점입니다. 작가는 알겠는데 큐레이터라니요? 먼저 큐레이션의 정의부터 알아보겠습니다.

다른 사람이 만들어놓은 콘텐츠를 목적에 따라 분류하고 배포하는 일을 뜻하는 말이다. 〈중략〉 다양한 자료를 자기만의 스타일로 조합해내는 파워블로거, 각계각층의 사람들이 거대한 집단지성을 형성한 위키피디아, 스마트폰을 통해 주제에 따라 유용한 정보를 모아 제공하는 애플리케이션 등이 큐레이션의 한 형태라고 볼 수 있다.   _[네이버 지식백과] 큐레이션 [curation] (한경 경제용어사전)

큐레이터는 큐레이션을 하는 사람을 말합니다. 작가가 자료를 수집하는 큐레이터라고? 아직 감이 오지 않습니다. 제가 구구절절 설명하는 것보다 정희모, 이재성 작가가 쓴 『글쓰기 전략』에 설명이 잘되어 있어 인용하겠습니다.

많은 사람은 글이 마치 천재적 발상을 통해 금방 뚝딱 만들어지는 줄 아는데 그것이야말로 매우 잘못된 생각이다. 글을 써본 대부분 사람은 글이 머리에서 나오는 것이 아니라 자료에서 나온다고 말한다. 글에서 자료 찾기가 중요하다는 것은 글이 영감이나 천재성으로 되는 것이 아니라 준비나 노력으로 이루어진다는 것을 보여준다.

_정희모·이재성, 『글쓰기 전략』 中

글의 시작은 자료 수집부터입니다. 글을 못 쓰는 것은 아직 자료를 덜 찾아봤기 때문입니다. 자료를 많이 수집해야 더 좋은 글을 쓸 수 있습니다. 10만 권의 장서를 보관하기 위해 고양이 빌딩을 지은 일본 지성인 다치바나 다카시의 일화가 증명합니다. 다치바나 다카시는 〈바람이 분다〉 애니메이션 추천사를 쓰기 위해 항공공학, 영화의 배경이 되는 역사책 수십 권을 읽었고, 전후 도쿄대 연구소 변천의 역사까지 공부하였습니다. 그렇게 쓴 추천 글의 분량은 고작 2,400자에 불과했습니다.[1]

과연 일본의 존경받는 베스트셀러 작가이자 저널리스트라는 생각이 듭니다. 그의 글은 모두 10만 권의 장서에서 나왔습니다. 지식을 수집하고 분류하여 정리한 후 합하여 새롭게 창조했습니다.

"남의 자료를 가져다 쓴다. 그러면 이거 모방 아니야?" 하고 질문하는 분도 있을 것입니다. 그러면 저는 되묻습니다. 모방이 아닌 것이 어디 있나요? 이에 대해 강원국 작가는 『강원국의 글쓰기』에서 이렇게 말합니다.

---

1) 송숙희, 읽기와 쓰기를 다 잘하고 싶은 사람이라면 지금 당장 베껴 쓰기, 팜파스 참고

평생 돈 버는 **비즈니스 글쓰기의 힘**

모방에 돌팔매질할 수 있는 사람은 태초의 창조자 말고는 없다고 단언한다. 어차피 좋은 말은 아리스토텔레스가 다 해버렸다. 좋은 음악은 베토벤이 다 만들었다. 그나마 아리스토텔레스가 남겨 놓은 것을 니체가 다 써먹었다. 하늘 아래 더 이상 새로운 것은 없다.

_강원국, 『강원국의 글쓰기』 中

모방은 창조의 어머니이고 가장 훌륭한 학습 방법이라는 것을 명심하세요.

다음은 큐레이션 방법을 설명해야 하나, 처음 질문에 나온 세 사람이 왜 큐레이터인지 먼저 설명하겠습니다.

정약용이 평생 쓴 책은 500권이 넘고 시는 2,460편입니다. 유배생활 18년간 많은 저술을 남겼는데 『목민심서(牧民心書)』, 『흠흠신서(欽欽新書)』, 『경세유표(經世遺表)』가 유명합니다. 글 쓰는 작업에 몰두하느라 복사뼈에 세 번 구멍 나고 이와 머리카락도 빠졌습니다. 책을 읽으면 초록하고 자료를 모아 놓는 습관이 저술의 원천이었습니다. 두 아들에게도 독서를 하면서 메모와 기록하는 방법을 편지로 알려줍니다.[2]

나카타니 아키히로는 25세부터 글을 쓰기 시작하여 19년간 780권의 책을 썼습니다. 한 달에 5~6권의 책이 나올 정도입니다. 이것이 가능한 것은 대학 4년 동안 4,000편의 영화 감상과 4,000권의 소설을 읽었기 때문이라고 말합니다.

루스 베네딕트는 『국화와 칼』의 저자입니다. 맥아더가 일본 점령 후 통

---

2) 정민, 다산선생 지식경영법, 김영사 참고

치하는데 일본인들의 사고방식을 도무지 이해할 수 없었습니다. 할 수 없이 거금을 들여 일본인을 해석한 논문을 공모했는데, 루스 베네딕트의 『국화와 칼』이 채택되었습니다. 재미있는 사실은 일본인을 가장 잘 표현했다고 지금까지 인정받고 있는 책의 작가 루스 베네딕트는 자기 고향을 한 번도 떠난 적이 없고 일본인을 만난 적도 없다는 사실입니다. 큐레이션의 가장 좋은 모델입니다.

갈래를 만들어라

큐레이션 중 자료를 수집하는 방법을 설명하겠습니다. 23년간 233권의 책을 낸 강준만 교수와 유시민 작가, 그리고 필자의 방법입니다.

먼저 『글쓰기 바이블』에 나오는 강준만 교수의 방법입니다.

강준만 교수는 아침마다 한 시간 반씩 일간지와 주간지를 쭉 늘어놓고 스크랩을 합니다. 이렇게 정리한 자료는 봉투에 키워드를 적어 서가가 있는 방에 꽂아 놓습니다. 당연히 글을 쓸 때는 관련 키워드의 봉투를 가져와 옆에 두고 씁니다.

다음은 유시민 작가입니다. 저서 『표현의 기술』에 소개된 방법입니다.

공부하면서 쓰는 방법입니다. 관련 책들을 읽을 때 흥미로운 대목마다 색종이로 표시합니다. 표시된 책들은 따로 추리고 표시한 대목들을 발췌합니다. 발췌한 인용문을 큰 주제로 나누고 관련성 있는 것끼리 묶습니다. 다시 작은 주제로 또 나눕니다. 이후 목차를 만들고 생각을 보태 본문을 씁니다.

평생 돈 버는 비즈니스 글쓰기의 힘

마지막으로 필자의 방법입니다.

유시민 작가와 비슷합니다. 책을 쓰기 위한 관련 책들을 독서하면서 중요한 부분에 줄을 긋고 라벨지를 붙이며 왜 중요한지 간략히 메모합니다. 목차가 생기면 책을 한 권씩 보며 라벨지의 메모를 읽고 필요한 부분을 복사합니다. 복사한 자료를 목차에 맞춰 분류합니다. 이렇게 찾은 자료는 글을 쓸 때 참고하고 인용하고 융합하여 내 것으로 만듭니다. 이것이 큐레이션입니다.

책만 한정하여 자료 찾는 방법을 소개했는데 포털사이트, 유튜브, 신문, 잡지 등 다양한 매체에서도 찾습니다. 찾다 보면 자료들이 상호작용을 일으킵니다. 유튜브에서 본 내용을 책으로도 찾고 책의 내용을 유튜브에서도 찾습니다. 텔레비전 방송을 보다가도 대화를 하다가도 떠오릅니다.

적극적으로 자료를 사용하라

자료를 가져다 쓰면 표절하는 것 아닐까요? 답하기에 앞서 먼저 표절의 정의부터 보겠습니다.

> 표절: 다른 사람이 쓴 문학작품이나 학술논문, 또는 기타 각종 글의 일부 또는 전부를 직접 베끼거나 아니면 관념을 모방하면서, 마치 자신의 독창적인 산물인 것처럼 공표하는 행위를 가리킨다.
> (위키피디아)

자료를 찾아 쓰는 사람들은 항상 표절의 위험이 있습니다. 하지만 방법을 알면 걱정할 것 없습니다. 훌륭한 예술가와 작가 선배가 먼저 고민한 것을 보면 금방 방법을 알 수 있습니다.

먼저 피카소입니다.

"훌륭한 예술가는 가까운 곳에서 베끼고 위대한 예술가는 멀리서 훔친다."

다음은 미국의 극작가 윌슨 미즈너의 말입니다.

"한 작가의 것을 훔치면 '표절'이지만 많은 작가의 것을 훔치면 '연구'다."

개념을 세우셨나요? 자료를 훔치고 융합하여 연구하는 것입니다. 하늘 아래 새로운 것은 없습니다.

그래도 불안하면 인용 표시를 합니다. 또 문제가 생깁니다. 인용 표시를 어느 곳에 해야 할까요? 기준은 무얼까요? 역사서는 대부분이 다 인용입니다. 참 난해합니다. 결론은 "남의 것에서 가져온 아흔아홉 모두에 인용 표시할 필요는 없다."입니다. 표절의 정의처럼 중요한 문장이나 많은 양의 글을 가져올 때 인용 표시를 하는 정도면 충분합니다. 유시민 작가의 『거꾸로 읽는 세계사』는 각주가 전혀 없다는 것을 참고하는 것도 좋습니다. 다만 서문에 생략한다고 밝혀 두었습니다.

표절과 인용의 고민은 공정이용이라는 제도를 만들어냈습니다. 엄격히 표절을 적용하면 예술과 문화가 발전할 여지가 없기 때문입니다. 작가와 예술가, 창작자들은 법원을 다니느라 바쁠 것이고, 문화와 예술은 답보할 것입니다. 공정이용의 정의를 위키피디아에서 찾았습니다.

공정이용(公正利用, fair use, 공정 사용): 기본적으로 저작권으로 보호되는 저작물을 저작권자의 허가를 구하지 않고 제한적으로 이용할 수 있도록 허용하는 미국 저작권법상의 개념이다. (위키피디아)

말 그대로 제한적입니다. 표절과 같습니다. 거꾸로 말하자면 조금씩은 사용해도 된다는 뜻입니다. 인용의 설명처럼 전체나 중요내용이 아니면 사용할 수 있습니다. 다만, 선배들의 말처럼 한번 가공하거나 변형하는 것이 좋겠지요. 국내의 「저작권법」에는 공정이용의 사용 방법에 대해 자세히 나왔으니 창작자를 꿈꾼다면 미리 찾아보는 것이 좋습니다.

마지막으로 인용 표시의 효과에 관해 설명하겠습니다. 출처를 정확히 명시하여 표절의 위험을 없애는 효과가 가장 크지만 세 가지 부수효과가 있습니다. 이것을 적절히 이용하면 독자와 원저작자를 배려하는 좋은 글이 됩니다.

첫째, 남의 권위를 빌려 온다.

"내가 이렇게 주장한다."보다 유명인이나 존경받는 사람의 말 중에 내 주장과 비슷한 것을 빌려 오면 읽는 이들이 더 빨리 수긍합니다. 설득력을 높입니다. 난쟁이가 거인의 어깨에 탄 것 같은 효과가 생깁니다.

둘째, 원저자에 대한 고마움과 감사의 인사

먼저 했던 연구나 사색의 결과를 바탕으로 나의 사상을 확립하고, 고민을 해결할 수 있습니다. 그분들의 고민이 있었기에 더 멀리 나갈 수 있음에 감사합니다. 글을 쓰는 사람으로서의 예의입니다.

셋째, 더 깊이 알려 하는 독자를 위한 배려

사실에 대해 더 알고 싶은 독자가 쉽게 관련 자료를 찾아 공부하게 합니다.

현대 고전 『총, 균, 쇠』와 『사피엔스』를 보면 책 뒤에 인용자료가 많습니다. 이는 세계 석학들은 큐레이터이며, 이들이 만들어 낸 책들이 모두 자료 수집의 결과물이라는 것을 알 수 있습니다. 적극적으로 자료를 수집하고 적극적으로 사용하세요. 쓸거리가 없다면 당장 자료를 찾으세요.

🙶 **03** 꾸준한 독서와 메모는
글과 생각의 기본 조건

글 쓰는 사람에게 독서는
선택이 아니라 필수

독서는 하지 않는 사람도 좋다고 할 정도로 다 추천합니다. 글 쓰는 사람은 선택이 아니라 반드시, 독서를 해야 합니다. 왜 반드시 일까요? 네 가지로 설명하겠습니다.

첫째, 체계적인 자료를 얻을 수 있다.

글의 시작은 자료 수집입니다. 책은 지식이 체계적으로 정리되어 있어 자료를 구분 짓고 갈래 잡기가 쉽습니다. 자료 수집에 최적화된 수단입니다. 자료가 중요한 이유는 앞서 설명하여 생략하겠습니다.

둘째, 어휘력이 좋아진다.

어휘력은 단어의 뜻이 무엇인지 아는 능력입니다. 어휘력이 높을수록 사물이나 현상을 묘사할 방법이 많아집니다. '죽었다'를 '운명하셨다', '타계하셨다', '숨이 끊어졌다', '눈을 감았다' 같이 다양하게 표현할 수 있습니다.

머리에서 생각을 형상화할 때 제일 먼저 하는 것이 적절한 단어를 뽑아내는 것입니다. 문장은 단어의 조합입니다. 글을 못 쓰는 이유는 부족한 자료 때문도 있지만, 적절한 단어를 찾지 못해서 못 쓰는 경우도 많습니다. 스티븐 킹은 "어휘력은 공구가 많이 들어가 있는 연장통이다."라고 했습니다. 필요한 공구를 바로 빼 쓰기 위해 평소 독서로 연장통을 채우라고 친절하게 방법까지 설명합니다.

셋째, 생각이 떠오른다.

톨스토이는 『어떻게 살 것인가?』라는 책에서 지혜를 얻는 방법 세 가지를 말합니다. 명상과 모방, 경험입니다. 책에는 다양한 삶의 경험이 있습니다. 책을 읽으면서 감정이입하며, 그들의 행동을 글로 읽으며 따라 합니다. 마지막으로 책을 읽고 생각, 명상을 합니다. 책 한 권으로 톨스토이가 말한 모든 경험을 다 할 수 있습니다.

넷째, 좋은 글이 어떤 글인지 알게 된다.

미술을 하는 사람은 보는 눈을 키우고, 음악을 하는 사람은 듣는 귀를 키워야 합니다. 어떤 것이 잘하는 것인지, 어떤 것이 못난 것인지를 구분하지 못하는데 따라 할 수 있을까요? 독서는 좋은 글이 어떤 글인지 알게 해주는 좋은 교재입니다. 글 쓰는 사람에게 정확한 목표를 제시합니다.

메모로 스쳐 지나가는
생각을 잡아라

독서를 하면 다양한 생각이 나옵니다. 생각을 구체적으로 형상화하는 행위가 메모입니다. 스마트폰의 발달로 다양한 메모 애플리케이션이 출시되었지만 저는 아직도 수첩을 사용합니다. 이유는 말 그대로 스쳐 지나가는 생각의 휘발성 때문입니다.

스마트폰 애플리케이션에 메모하는 순서를 나열해 보겠습니다. 길을 걷거나 잠을 청하려 할 때 문득 아이디어나 문장이 떠오릅니다. 스마트폰을 찾습니다. 잠금 화면을 해제합니다. 메모 애플리케이션을 찾습니다. 애플리케이션을 실행시킵니다. 기록할 해당 페이지를 찾습니다. 막상 기록하려니 기록할 것이 생각나지 않습니다.

겪어 보지 않으셨나요? 저는 많이 겪어 봤습니다. 단계별로 뇌가 집중하여 실행해야 합니다. 뇌에 잡아두려던 아이디어와 생각이 이 과정 중에 휘발되어 사라져 버립니다.

반면, 수첩 기록을 설명하겠습니다. 문득 아이디어가 떠올랐습니다. 주머니나 가방에서 수첩을 꺼냅니다. 쓸 페이지에 이미 볼펜이 끼워져 있어 그냥 펴서 쓰면 됩니다.

단순합니다. 날아가려는 생각을 잡아 메모지에 박제합니다. tvN의 〈알아두면 쓸데없는 신비한 잡학사전〉에 출연하는 김영하 작가를 유심히 보면 방송 중간에 수첩을 꺼내 메모하는 장면이 자주 나옵니다. 메모를 전문적으로 하는 작가가 아날로그 방식을 고집하는 이유는 저와 같은 생각일 겁니다.

꾸준한 독서와 메모가 생각의 갈래를 만들고 쓸거리를 가져다줍니다. 글을 쓰기 위해서는 독서가 우선이고 메모로 떠오른 생각을 잡아 두어야 합니다.

평생 돈 버는 비즈니스 글쓰기의 힘

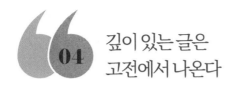

04 깊이 있는 글은
고전에서 나온다

인생과 세계에 대한 탐구로
강한 울림을 주는 것이 고전이다

단테의 『신곡』, 『파우스트』, 『순수이성비판』, 동양의 『논어』, 『맹자』, 『한비자』. 듣기만 해도 머리가 아픕니다. 이런 책들을 고전이라고 합니다. 과연 고전은 이름의 '古(옛 고)'자 대로 오래된 책만을 말하는 걸까요? 기준은 몇 년일까요? 『초등 1학년 공부, 책읽기가 전부다』를 쓴 송재환 작가는 30년이라고 합니다. 그러면 그 이전에 나온 책들은 다 읽어도 좋은 책들일까요? 답이 애매합니다.

해답은 우리나라의 유일한 고전평론가 고미숙 작가가 내려 주었습니다. 이분이 2017년 9월 27일 JTBC의 〈차이나는 클라스〉에서 "인생과 세계에 대한 탐구로 강한 울림을 주면 그게 고전이다. 옛날에 나온 것도, 지금 나온 것도 상관없다."라고 정의했습니다.

다시 문장을 짧게 조각내서 정의하겠습니다.

첫째, 고전은 인생과 세계에 관한 탐구다.
둘째, 강한 울림을 줘야 한다.
셋째, 작품의 생성 시기는 상관없다.

이대로 적용한다면, 현대에 나온 『사피엔스』, 『총, 균, 쇠』도 고전입니다. 강한 울림을 주는 『강아지똥』, 『아낌없이 주는 나무』, 『마당을 나온 암탉』도 고전입니다. 잠깐, 동화까지 고전이냐고요? 이미 독일 발도르프 학교에서는 고전의 범주에 신화와 동화를 넣어 아이들에게 읽히고 있었습니다. 유유출판사에서 나온 『발도르프 공부법 강의』의 일부분을 인용합니다.

> 우리 몸에 양분을 주는 음식처럼 동화는 우리의 영혼을 살찌우는 양식이다. 동화나 전설, 신화 없이 자란 아이는 겉으로 그렇게 보이지 않을지 몰라도 속은 궁핍하기만 하다. 왜 그럴까? 이러한 이야기가 인간의 발달에서 매우 심오한 무언가를 보여주기 때문이다.

강원국 작가도 『나는 말하듯이 쓴다』에서 니체의 『자라투스트라는 이렇게 말했다』, 미셸 푸코의 『감시와 처벌』, 프로이트의 『꿈의 해석』을 연이어 읽고는 고전은 서로 통하고 고전끼리 관통하는 에너지, 고전만의 묵직한 울림이 있다는 것을 느꼈다고 말합니다.

이제 고전의 의미를 조금 느끼셨나요?

고전이 사고를 폭발시킨다

왜 고전을 읽어야 할까요? 뇌의 발달과 기능, 두 가지로 나눠 설명하겠습니다.

첫째, 뇌의 발달입니다.

미국 시카고대학은 1890년에 석유재벌 존 D. 록펠러가 설립했는데,

1929년까지는 별 볼 일 없는 학교였습니다. 하지만, 5대 총장 허치슨이 취임하고 세계의 위대한 고전 100권을 달달 외울 정도로 읽지 않는 학생은 졸업시키지 않는다는 '시카고 플랜'을 시작했습니다. 놀라운 변화가 일어났습니다. 이때 이후로 지금까지 80명 넘는 노벨상 수상자를 배출하였습니다.

또한, 전교 꼴찌였던 윈스턴 처칠, 초등학교 입학한 지 3개월 만에 퇴학당한 토머스 에디슨, 학습부진아 반에 들어갔던 아이작 뉴턴도 고전 읽기로 새롭게 태어났습니다.

이렇게 고전은 뇌를 변화시켜 사람의 인생까지 바꿉니다.

둘째, 기능적 부분입니다.

1984년 1월 22일 워싱턴 레드스킨스와 로스앤젤레스 레이더스와의 슈퍼볼 경기 방송 중 애플이 중간 광고를 합니다. 신제품 매킨토시 광고였습니다. 단 한 번 광고했는데 매킨토시 판매량이 70,000대로 폭증합니다. 이 광고는 최근까지 100대 광고 중 38위로 기념되며 지금도 사람들에 회자하고 있습니다. 이유는 1984년을 기념하여 조지 오웰의 소설 『1984』에서 영감을 가져와 광고를 만들었기 때문입니다. 『1984』는 지금도 하버드에서 가장 많이 팔리는 고전이고 '읽지 않았으면서도 읽었다고 거짓말하는 고전' 1위에 있습니다.

고전은 확장성을 갖고 현대인에게 영감과 상상의 씨앗을 줍니다.

뇌의 발달과 기능, 이 두 특징을 공통으로 관통하는 것이 있습니다. 바로 사고의 확장, 즉 생각의 확장에 있습니다. 생각을 확장하는 과정에서 뇌가 활발히 움직입니다. 뇌가 변하여 둔재가 영재가 됩니다. 고전을 바탕으로 또 다른 이야기가 탄생합니다. 생각이라는 원천적 씨앗을 줍니다. 시카고 대학생들이 노벨상을 받은 이유도 고전을 통한 사고의 확장에 있습니다.

근원적 질문이 고전의 힘이다

고전에 왜 이런 힘이 있을까요? 고미숙 작가의 고전에 대한 첫 번째 정의를 보면 알 수 있습니다. "고전은 인생과 세계에 관한 탐구다." 쉽게 풀이하면 고전은 인간과 세계에 본질적인 고민을 하게 만듭니다. 위대한 고전을 뽑으라 하면 『성경』, 『불경』, 『논어』입니다.

세 고전 모두 인간이 어떻게 사는 것이 옳은가에 대한 치열한 고민이 있습니다. 해답을 얻기 위해 예수님은 광야에서 헤매시고, 싯다르타는 보리수나무 밑에서 수양하시고, 공자님은 식사도 적게 하고 언제나 혼자 자문자답하셨습니다.

발도르프 학교는 고전교육을 통해 아이들에게 다음과 같은 질문을 스스로 하도록 합니다.

'나는 누구인가?'
'다른 사람들과 나의 관계는 무엇인가?'
'삶의 의미는 무엇인가?'

이런 내면의 질문을 하며 커온 아이들이 어찌 성숙하지 않을 수 있을까요?

이런 치열한 본질적 고민이 있기에 글 쓰는 사람은 반드시 고전을 읽어야 합니다. 본질적 사고를 하지 않고 글을 쓴다면 글의 깊이는 얕아집니다. 본질적 질문을 하지 않고 생각지 않으면, 남들과 같은 글만 씁니다. 뻔한 주장을 하고 남들과 같은 표현을 쓰고 같은 주장을 하는데 누가 읽어줄까요? 그리고 심연에 가라앉은 나의 마음도 꺼내 쓸 수 없습니다. 나의 마음도 모르는데 어찌 남을 이해할까요? 결과적으로 상대에 대한 이해의 폭도 좁아집니다. 이 모든 게 합쳐지면 쓸거리도 없습니다. 본질적 질문을

평생 돈 버는 비즈니스 글쓰기의 힘

해야 사고가 다양해져 다양한 글쓰기를 할 수 있습니다.

이처럼 『성경』, 『불경』, 『논어』가 천 년을 지나도록 계속 감동을 주는 이유는 인류의 사랑과 올바른 삶에 대한 처절한 근원적 고민이 있었기 때문입니다.

고전을 읽고 본질적 질문을 하는 것은 생각하는 힘을 만들어 주고 깊이 있는 다양한 글쓰기를 만듭니다.

고전, 쉬운 것부터 읽어라. 안 읽히면 읽지 마라

고전은 어떻게 읽어야 할까요? 고전을 읽어야 한다는 것은 알았지만 쉽게 엄두가 안 납니다. 『톰 소여의 모험』을 쓴 미국 작가 마크 트웨인은 이렇게 말합니다. "고전은 누구나 한 번쯤 읽기를 바라지만, 사실 아무도 읽고 싶어 하지 않는 책이다." 재미있죠? 글로 밥을 먹고 사는 작가도 어려워하다니요. 이건 미국 작가만의 현상이 아닙니다.

제 일화를 소개하겠습니다. 이지성 작가의 『리딩으로 리드하라』를 읽고 고전을 읽어야 한다는 의욕이 충만해졌습니다. 저는 무작정 고전 중의 고전 단테의 『신곡』과 『파우스트』를 선택했습니다. 너무 어려웠습니다. 문장 자체를 이해할 수 없었습니다. 책을 찢어 버리고 싶었습니다. 그런데 서평에는 깨달음을 얻었다느니, 기쁨을 느꼈다느니 하는 찬사가 대단했습니다. 문장 자체가 이해 안 되어 줄까지 그어가며 읽은 저는 바로 기가 죽었습니다. 난독증이 있나 고민도 했습니다.

하지만, 박완서 작가의 『그 많던 싱아는 누가 다 먹었을까?』를 읽고 나서 제가 잘못되지 않았음을 깨달았습니다. 박완서 작가는 책 속에서 말합니다.

> 『파우스트』나 『신곡』은 그런 맹목적인 사명감이 아니었더라면 난해해서 도저히 읽을 수가 없었습니다. 그러나 억지로 읽은 걸 결코 잘했다고 생각하지 않습니다. 무슨 뜻인지 이해도 못 하고 읽었지만, 하여튼 읽긴 읽었다고 생각했기 때문에 다시는 안 읽었습니다. 누가 그런 책을 좋아한다고 하면 정말 알고 그럴까? 열등감 반 의심 반으로 받아들였습니다.
> _박완서, 『그 많던 싱아는 누가 다 먹었을까?』 中

고전은 대작가도 읽기 어려워했습니다. 고전을 읽기 어렵다고 고백한 작가로는 유시민 작가도 있습니다. 독일어와 한글 번역으로 두 번이나 칸트의 『순수이성비판』 서문을 읽어도 이해할 수 없었다고 『표현의 기술』에서 고백합니다. 더 재미있는 사실은 글쓰기 강의 동안 청중 수천 명에게 "『순수이성비판』을 완독하신 분?" 하고 물으니 오직 한 사람만 있었답니다. 수천 명에서 오로지 한 사람입니다.

이 두 사례에서 고전이 왜 읽기 어려운지 알 수 있고 고전을 어떻게 읽어야 하는지 방법을 찾을 수 있습니다. 어려운 이유를 세 가지로 분류하고 쉽게 읽는 방법을 설명하겠습니다.

첫째, 고전 내용 자체가 어렵다. 아니 어려운 고전을 선택했다.
둘째, 고전적 문체로 읽기 어렵다.
셋째, 번역이 잘못되었다.

첫째, 고전 내용 자체가 어렵다. 아니 어려운 고전을 선택했다.
어려울 수밖에 없습니다. 마르크스의 『자본론』은 "잉여가치론과 공황

평생 돈 버는 비즈니스 글쓰기의 힘

이론"을 칸트의『순수이성비판』은 "인간에게는 순수이성이 없다."라는 이야기를 합니다. 말하고자 하는 주제 자체가 어렵습니다. 이런 어려운 고전을 '교양인을 위한 추천도서 100선', '학생들이 반드시 읽어야 할 고전 50'이라며 추천합니다. 박완서 작가 말대로 사람들이 읽어 보기나 했을까? 하는 생각이 듭니다.

어려운 고전은 포기하세요. 읽어도 남는 게 없는데 왜 읽습니까? 읽고 싶다면 쉬운 해설서부터 읽고 도전하세요. 여러분이 이상한 것이 아닙니다. 어려우면 읽지 않아도 됩니다.

대신 쉬운 고전, 이야기로 된 고전을 읽으세요. 조지 오웰의『1984』는 전체주의 사상,『동물농장』은 공산주의의 비판, 톨스토이의『안나 카레니나』는 세 커플의 삶에 대한 고민이 들어 있습니다. 주인공 레빈의 고민은 톨스토이의 고민입니다.『톨스토이 단편선』,『어린왕자』등은 짧은 책이라 부담도 없습니다.

고전이 어려운 것이 아니라 어려운 고전을 선택했기 때문입니다. 중학교 때 필독으로 읽는 근대 단편소설도 좋습니다. 김동인의『감자』는 복녀와 남편이 돈에 도덕심이 굴복해 가는 과정을 보여줍니다. 자본에 대해 깊은 고민을 하게 합니다.

어려운 고전을 들고만 다니기보다 중학교 필독서인 단편소설『소나기』,『메밀꽃 필 무렵』부터 찾아 읽으세요.『메밀꽃 필 무렵』은 저작권이 풀려 인터넷에서도 읽을 수 있습니다.

둘째, 고전적 문체로 읽기 어렵다.

『칼과 송곳니』라는 단편소설을 쓸 때였습니다. 청동기 시대가 배경인데 옛말이 안 들어가 소설에 맛이 없었습니다. 옛 단어를 배우기 위해 우리말의 보고인『토지』를 읽었습니다. 박경리 작가에게 죄송하지만 1부만 읽고 말았습니다. 문체가 너무 부드러웠고 사건 흐름 자체가 느렸습니다. 저에게는 안 맞았습니다.

대신 방향을 틀어 조선 시대 보부상의 삶을 다룬 김주영 작가의 『객주』를 읽었습니다. 문장에 힘이 있고 사건 흐름이 빨라 재미있게 읽었습니다.

현대 문체는 서술과 묘사를 줄이고 빠르게 사건을 이끌어 갑니다. 하지만 과거의 책들은 서술과 묘사가 많고 흐름이 느립니다. 여기에 더해 문장도 만연체입니다. 이 당시는 이런 문장과 흐름이 정답이었습니다. 백 년 전 작가들은 경쟁자도 적고 독자가 몇 명 없어 문체 자체를 신경 쓰지 않았습니다.

현대 문체에 익숙한 독자가 과거의 문체를 읽으려니 잘 읽힐까요? 여러분이 잘못된 것이 아니라 읽기 어렵게 쓰여 있어서입니다. 억지로 읽다 보면 부작용으로 자신도 모르게 글을 만연체로 씁니다. 문체가 다르다는 것을 반드시 알아야 합니다.

읽기가 어렵다면 문체를 의심해 보세요. "문체가 어려운 거야." 하고 읽으려는데도 안 읽히면 자책하지 말고 빠르게 덮으세요. 여러분의 잘못이 아닙니다. 첫 번째와 같습니다. 안 읽히면 읽지 마세요. 읽기 쉬운 고전을 찾아 읽으세요.

지금 설명대로 『1984』와 『노인과 바다』를 보면 작가 조지 오웰과 어니스트 헤밍웨이가 왜 대작가로 칭송받는지 알 수 있습니다. 지금 소설과 비교해도 차이를 전혀 느낄 수 없습니다.

셋째, 번역이 잘못되었다.

한국 사람이라면 반드시 읽어야 하는 책으로 『백범일지』가 있습니다. 이제 고백하지만 중학교 때는 읽는데 이해가 잘 안되었습니다. 성인이 되어 병원에 입원했을 때 다시 읽었습니다. 일제 강점기 때나 사용한 단어가

평생 돈 버는 비즈니스 글쓰기의 힘

여전히 있었습니다. 인터넷으로 하나하나 검색하고 뜻을 적으며 읽으니 이해되고 김구 선생의 나라 사랑하는 마음이 가슴에 와닿았습니다. 『백범일지』는 원래 국한문 혼용체로 쓰여 있었습니다. 이를 춘원 이광수가 한글로 윤문(읽기 편하게 함)하였고, 그 책을 지금 우리가 읽고 있습니다. 윤문할 당시가 1947년입니다. 이때 사용하던 단어와 만연체로 쓰인 글을 1970년대생의 중학생이 1990년에 읽으니 제대로 읽힐까요? 읽어도 뜻을 정확히 이해했을까요?

『호밀밭의 파수꾼』을 읽을 때였습니다. 후배 책꽂이에 책이 꽂혀 있었습니다. 호기롭게 뽑아 읽었는데 읽히지 않았습니다. 이때도 나의 독서 실력을 탓하며 포기했습니다. 그런데 웬걸, 몇 달 뒤 다른 출판사의 책이 있어서 다시 읽어 보니 술술 읽혔습니다. 두 권을 펼쳐 문장을 비교해 보니 번역은 비슷했지만, 호흡, 리듬 자체가 달랐습니다.

지금은 나아졌지만, 예전의 고전은 대부분 중역본이었습니다. 그리스어, 라틴어, 옛 중국어로 쓰인 고전을 영어나 일본어로 번역한 것을 다시 우리말로 옮겼습니다. 대부분 일본에서 옮겨 왔습니다. 이렇게 여러 단계를 거치다 보니 뜻이 잘못 전달되는 것도 있고, 조사와 수동태를 많이 쓰는 일본말의 흔적이 남아 읽히지 않습니다.

지금도 이런 문제는 계속되고 있습니다. 미국 장편 판타지 소설을 읽는데 중간에 문체도 바뀌고 등장인물 이름도 조금씩 바뀌기도 했습니다. 이상했습니다. 인터넷을 찾아보니 저와 같은 불만을 토로하는 글이 많았습니다. 책은 출간해야겠고 전문 번역가를 두어 번역하기에는 돈이 안 되어 한 권의 책을 나눠 대학생들에게 주고 번역한 겁니다. 그리고 이걸 받아서 편집해서 출판했고요.

이것이 출판계의 현실이라니. 잘못 번역된 책은 읽기도 어렵고 뜻도 정확히 알 수 없습니다. 괜히 시간과 책값만 버립니다. 그러면 어떻게 해야할까요? 번역가가 직접 번역한 것을 찾습니다. 지금은 책날개에 작가 소개와 함께 번역가 소개도 있습니다. 번역가가 해당 작가의 언어계통 전문가여야 합니다.

그리스 로마 시대의 고전은 아직도 중역이 많습니다. 구매 전에 반드시 번역가의 소개를 보고 라틴어 전문가인지 확인하세요. 안 그러면 괜히 돈만 버리고 고전에 대한 인식도 나빠집니다.

설명한 세 가지 이유로 책을 좋아하는 사람들도 고전이라면 어려워하며 안 읽으려 합니다. 고전에 대한 설명과 정의, 선택법, 읽는 법을 가르쳐주지 않았기 때문에 발생한 현상입니다. 고전, 알고 보면 재미있습니다.

통찰이라는 말이 있습니다. 사전적 의미로 "예리한 관찰력으로 사물을 꿰뚫어 본다."입니다. 글 쓰는 사람은 통찰이 필요합니다. 고전을 통해 울림을 넘어 통찰로 나아가야 합니다. 사람을 이해시키고 설득하는 것만이 아닌 내 성장을 위해서입니다.

05 통찰을 위해 걷고 또 걸어라

위대한 철학자들은 걷고 또 걸었다

일곱 살 벤이 창에 매달려 있습니다. 장난기 가득한 눈으로 맞은편 대문을 바라보고 있습니다. 시계를 보니 얼마 안 남았습니다. 그분이 나올 때를 기다립니다.

-끼익!

아니나 다를까 맞은편 집 대문이 열립니다. 차가워진 가을 날씨에 맞춰 두꺼운 재킷을 걸친 노인이 지팡이를 짚고 나옵니다.

"엄마, 네 시야. 할아버지가 나왔어."

"벌써, 칸트 선생님이 산책 나올 시간이구나."

엄마는 책을 읽다 말고 벽걸이 시계를 봅니다.

"벽걸이 시계가 오 분 늦구나. 시간을 다시 맞춰야겠다."

벤은 칸트 선생과 벽걸이 시계를 번갈아 봅니다.

무슨 모습일까요?

『순수이성비판』, 『형이상학서론』, 『실천이성비판』 등을 쓴 독일의 위대한 철학자 칸트의 산책 모습입니다. 칸트는 죽을 때까지 자신이 태어난 독일 쾨니스베르크를 떠나지 않았습니다. 또한, 오후 4시면 어김없이 산책을 나섰습니다. 시민들이 칸트가 산책하는 것을 보고 시간을 맞추고 쾨니스베르크의 시계라는 별명을 붙일 정도였습니다. 그가 매일 같이 다닌 길 중 일부는 '철학자의 길'이라는 이름을 붙였습니다. 이런 이유로 사람들은 칸트를 '생각하는 칸트, 걷기 칸트'라고 부릅니다.

그에게 산책은 어떤 의미였을까요? 그는 궁핍한 마구(馬具) 직공의 넷째 아들로 태어났습니다. 양쪽 어깨가 어긋나 있는 기형 가슴의 아주 병약한 상태로 태어났습니다. 그에게 산책은 건강을 유지하는 수단이었지만, 걷기를 통한 산책은 건강을 넘어 사유의 폭을 넓히고 그의 철학을 완성하게 했습니다.

걷기로 사유한 철학자가 칸트뿐일까요? 프레데리크 그로가 쓴 『걷기 두 발로 사유하는 철학』에는 '숲속에서 오랫동안 배회하며 스스로에게 끊임없는 질문을 던졌다'라는 장 자크 루소, '난 그저 걸어 다니는 사람일 뿐 그 이상도 그 이하도 아니다.'라는 프랑스 시인 아르튀르 랭보, '끊임없이 계속되는 고통의 순간에도 오로지 걷고 걸었던' 니체 등을 예로 듭니다. 너무나 많습니다. 걷기는 위대한 철학자에게 사유와 통찰을 주었습니다. 통찰과 사유까지는 아니더라도 창조적 활동, 글을 쓰기 위해서는 걷기가 필요합니다.

쓰기 위해 걷고 또 걸어라

『셜록 홈즈』라는 고전 소설이 있습니다. 홈즈는 생각을 정리할 때 방안을 이리저리 오갑니다. 조그마한 공간에서도 걷습니다. 『셜록 홈즈』의 저자 코난 도일은 의사였기에 걷기의 효과를 알고 있었습니다. 그래서 고민할 때 홈즈를 걷게 했습니다. 코난 도일도 글의 영감을 얻기 위해서 홈즈처럼 걷지 않았을까요?

평생 돈 버는 **비즈니스 글쓰기의 힘**

글 쓰는 사람은 반드시 걸어야 한다는 것을 병원에 입원했을 때 경험했습니다. 다리를 다쳐 한 달 동안 휠체어 신세를 지고 있었습니다. 산림문학에서 이메일이 왔습니다. 역사상 최대 산불인 '2022년 울진 삼척 산불'을 기억하는 글을 써달라고요. 호기롭게 글을 쓰기 시작했습니다. 하지만, 뒤로 갈수록 막혔습니다. 단어나 문장 흐름, 다음 전개가 떠오르지 않았습니다. 아쉬운 대로 급하게 마무리했습니다.

낙담하고 있을 때, 유명 웹소설 작가의 언니를 만나 비슷한 이야기를 들었습니다. 작가인 동생도 에스컬레이터에서 넘어져 복사뼈가 골절되었습니다. 1년간 고생했는데 그 1년간 글을 못 썼답니다. 언니가 "다리 다친 것하고, 글 쓰는 것하고 무슨 상관이야?" 하고 물었지만, 온전히 나을 때까지 글을 못 썼답니다.

필자는 산책하는 동안 글을 어떻게 쓸 것인가 계획하고 소재를 생각합니다. 글을 쓰다 보면 갑자기 아무 생각도 안 나는 현상이 생깁니다. 저는 이것을 '블로킹(blocking)'이라고 이름을 정했습니다. 생각 흐름이 벽에 막혔습니다. 이때는 잠을 자거나 산책하러 갑니다. 걷다 보면 머리로 피가 올라와 맑아지는 것을 느낍니다. 『크리스마스 캐럴』의 작가 찰스 디킨스도 글쓰기에 열중할 때는 런던 밤거리를 25km나 걸었습니다.

걸으면 몸의 변화가 생기고 오감이 열립니다. 『돈의 속성』으로 유명한 김승호 회장은 부자가 되기 위해 무언가 하려면 일단 운동화를 신고 걸으라고 했습니다. 글을 쓰기 위해 걸어야 합니다. 모니터만 보지 말고 운동화 끈을 질끈 묶고 걸으세요. 걸어야 글이 써집니다.

06 질문으로
생각을 키워라

질문 못하는 기자

"없나요? 아무도 없나요?" (No, no takers, no takers)

아무 답도 없습니다. 장 내를 둘러보던 오바마는 작은 한숨을 쉽니다. 그러고는 질문 기회를 중국 기자에게 줍니다.

무슨 상황일까요? 2010년 G20 폐막기념식에서 있던 일입니다. 개최국 역할을 훌륭히 한 한국에 보답이라며 당시 미국 대통령 오바마가 한국 기자들에게 질문 기회를 줍니다. 하지만, 아무도 손들지 않습니다.

세계의 대통령이라 할 수 있는 미국 대통령에게 직접 질문할 수 있는 인생에 한 번 있을까 말까 한 기회인데 왜 안 했을까요? 오바마가 연설을 잘해서일까요? 아니면 진짜 질문이 없어서일까요?

두 가지로 답할 수 있습니다.

첫째, 질문하는 법을 배우지 못했다.
둘째, 질문을 통한 생각의 씨앗을 만들지 못했다.

Think Bank에 저장된 질문들

글쓰기 이야기에서 질문 이야기가 갑자기 튀어나와 의아할 겁니다. 질문 이야기를 왜 할까요? 글을 못 쓰는 가장 큰 이유가 자기 생각이 없는 것이고, 이런 생각을 다듬고 키우는 것이 질문이기 때문입니다.

즉, 질문력이 글쓰기 실력입니다. 앞선 설명과 같이 질문은 생각을 만들고 다듬습니다. 다듬어진 생각은 글의 쓸거리입니다. 글을 쓸 때 생각하는 것이 아니라 Think Bank(생각 은행)에 미리 저장했다가 필요할 때 꺼내 씁니다. 같은 생각이 아니라도 저장한 생각들이 다른 생각과 융합하여 이자같이 또 다른 생각을 만듭니다. 조금 다른 이야기도 척척 쓰는 힘이 생깁니다. Think Bank는 보기보다 금리가 상당히 높은 은행입니다.

우리나라 최고의 지성 이어령 교수의 『이어령의 보자기 인문학』이란 책이 있습니다. 책 한 권이 보자기에 관한 이야기입니다. "왜 보자기일까?"라는 질문으로 결국 한국문화, 포스트모더니즘까지 가며 보자기처럼 융통성 있게 변화되는 인재가 새로운 시대에 살아남을 수 있다고 끝을 맺습니다. 보자기 하나를 통해 깨달음을 주는 글을 쓰셨습니다. 그리고 그 시작은 Think Bank의 "왜 보자기일까?"입니다. 즉, 작은 질문이 시작이었습니다.

독서로 생각을 파편화하고 씨앗을 만들어라

그러면 질문을 어떻게 만들어야 할까요? 다양한 강의를 듣고 독서를 합니다. 내가 당연시했던 것들이 깨져 나가는 아픔을 느껴야 합니다. 『문명의 충돌』과 『문명의 공존』을 읽으면서 이슬람과 기독교 문명의 공존을 알고, 『문명의 붕괴』를 읽고 『르완다 학살』이 인종청소가 아니고 땅이 없는 이들의 분노에 따른 학살이란 사실을 깨닫습니다. 다큐멘터리를 보면서 '후쿠시마 원전 사고'는 배수펌프에 전력을 주는 변전소를 낮은 지대에 설치한 설계 실수와 원전이 폐기되는 것이 아까워 바닷물을 공급하지 않은 욕심의 결과라는 사실을 보며, 기존의 생각들이 여지없이 깨져 나갑니다.

못생긴 원석이 깨지고 다듬어져 찬란한 보석이 되듯, 막연한 생각들은 독서라는 활동으로 깨어지며 구체적 질문으로 다듬어집니다. 생각의 파편들은 보석의 파편과 달리 또 다른 생각의 씨앗이 됩니다. 생각의 씨앗은 또 다른 질문으로 커갑니다.

'모르는 것을 물어보라, 의문을 갖는다, 반문하라.'

이것들이 질문의 씨앗이 됩니다. 더 많은 질문이 생기면, 독서와 강의로 질문의 해답을 찾습니다. 이 과정을 반복할 때, 자문자답하며 생각을 다듬습니다.

글을 쓸 때 첫 질문

글을 쓰려면 질문으로 Think Bank의 예금을 찾아야 합니다. 그 질문은

'무엇에 관해 쓰지?'

'왜 쓰지?'

'어떻게 쓰지?'입니다.

이 질문을 하자마자 Think Bank의 생각들이 융합되어 창조적인 생각을 배출합니다. 이제 쓰기만 하면 됩니다. 망설이지 말고 쓰세요.

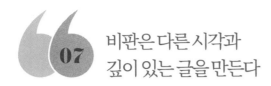

07 비판은 다른 시각과 깊이 있는 글을 만든다

비판하는
악마의 대변인(Devil's advocate)

악마의 대변인은 누구일까요? 이름 자체가 무시무시합니다. 어디서 사용하는 명칭일까요?

악마의 대변인은 다수 의견에 의도적으로 비판과 반론을 제기하는 사람을 말합니다. 원래는 가톨릭에서 사용한 말로, 성직자가 더 높은 직급으로 올라가는 심의에서 일부러 후보자의 결점과 미심쩍은 점을 지적하는 역할을 하였습니다. 가톨릭에서는 왜 이런 사람을 두었을까요?

미국 예일대학 심리학과 어빙 재니스 교수는 1972년에 출간한 『집단사고의 희생자들』에서 말합니다. "아무리 개인 지식수준이 높아도 동질성이 짙은 사람이 모이면 의사결정의 질이 현저히 저하된다."라고요. 말 그대로 가톨릭 신자들은 자신의 성직자를 아무 의심 없이 믿고 따르는 경향이 있습니다.

이렇게 믿고 따르던 신자들이 성직자를 객관적으로 판단할 수 있을까요? 따라서, 반대하는 사람을 두어 꼼꼼히 심사토록 한 제도를 만들었습니다. 이 제도에서 무조건 반대하는 이가 악마의 대변인입니다. 이 제도는 1983년 폐지되었지만, 이점이 많아 다른 곳에서 계속 사용되고 있습니다.

대표적인 예가 케네디의 쿠바 핵미사일 배치 사건에 대한 대응입니다. 1961년 케네디의 허가에 실행된 쿠바 피그스만 침공작전이 참혹한 실패로 끝납니다. 피델 카스트로에게 공산화된 쿠바에 훈련시킨 망명인 1,500명을 상륙시켜 카스트로 정권을 전복시킨다는 공상 같은 작전이었습니다. 작전은 시작되자마자 100명이 죽고 나머지는 포로가 되었습니다. 이후 케네디는 남동생 로버트 케네디 법무장관과 시어도어 소런슨 대통령 고문에게 회의 시 반대의견을 집중적으로 내는 '악마의 대변인' 역할을 시켰습니다. 이런 조치로 이후 1년 반 뒤 소련이 쿠바에 핵미사일 배치로 제3차 세계대전이 벌어질 위기에 현명하게 대처했습니다.

세종대왕도 어전회의 때마다 최악의 경우를 생각하여 문제를 집요하게 파고드는 예조판서 허조를 참석시켜 이 역할을 맡겼습니다. 집단 사고가 잘못 작동되는 것을 방지하기 위함이었습니다.

설명처럼 악마의 대변인이 하는 것은 비판입니다. 올바른 비판은 편향된 시각에서 벗어나 다양한 시각에서 사건, 사물을 바라보게 합니다. 보고 싶은 것만 보는 확증편향 된 시각을 바꿔 줍니다.

남들과 같은 시각으로 글을 쓰고 논리를 펴가며 비유한다면 아무런 감흥도 없고 깊이도 없습니다. 그냥 봐도 뻔한 글을 누가 읽겠습니까? 따라서, 글을 쓰는 사람은 비판력이 필요합니다. 또한, 비판하는 중에 생각의 파편이 생기면서 많은 질문이 생깁니다. 이 질문들은 또 다른 생각 씨앗을 낳습니다. 비판 또한 생각의 원천 중 하나입니다.

평생 돈 버는 비즈니스 글쓰기의 힘

비판과 비난의 경계, 논리성

이제 비판이 글 쓰는 사람에게 필요하다는 것을 알았습니다. 그러나 비판을 잘못하면 사람들에게 미움을 받기에 실천하기는 어렵습니다. 누가 자기 말에 반론하는 걸 좋아할까요? 자기 의견과 주장에 비판하는 사람에게 "너 무슨 불만 있니?", "자네는 왜 자꾸 삐딱선이야?"라는 말을 듣기 쉽습니다. 또한, 비판을 잘못하면 비난으로 갈 수 있습니다. 하긴 해야 하는데 어렵습니다. 비판과 비난 둘의 차이점은 무엇일까요?

정의부터 살펴보겠습니다.

> 비판: 현상이나 사물의 옳고 그름을 판단하여 밝히거나 잘못된 점을 지적함. 사물을 분석하여 각각의 의미와 가치를 인정하고, 전체 의미와의 관계를 분명히 하며, 그 존재의 논리적 기초를 밝히는 일
> 비난: 남의 잘못이나 결점을 책잡아서 나쁘게 말함

비판의 정의에 논리적 기초를 밝힌다는 말을 가장 눈여겨봐야 합니다. 비판은 상대 주장에 논리적으로 지적합니다. 논리적이지 않으면 내 주장은 단순히 비난, 남의 결점을 책잡아서 나쁘게 말하는 것이 됩니다. "논리적이다." 이 문장이 핵심입니다. 논리성이 들어가야 비판이 됩니다.

짧고도 사소한
글쓰기 스킬 9가지

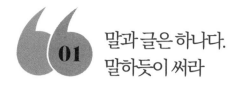

01 말과 글은 하나다. 말하듯이 써라

처음으로 기록한 것은
말이다

서기전 5세기경 붓다가 입적(승려의 죽음)한 후 첫 번째 우기, 마가다 왕국의 수도 라자그리하의 삿사파니 굴에 석가의 제자 500명이 모였습니다. 목적은 두 가지였습니다. 첫째, 석가의 가르침 정리, 둘째, 싯다르타의 뜻을 따르기로 한 출가자들의 모임인 승단의 규율 정하기였습니다.

어떻게 했을까요? 붓다의 말씀을 500명이 함께 암송합니다. 암송 중 한 사람이라도 틀리면 암송을 멈춥니다. 그리고는 서로의 기억이 맞는지 치열하게 묻고 답합니다. 합의에 이르면 500명이 문제의 부분을 같이 암송하고 다음으로 넘어갔습니다. 마지막에는 다 같이 붓다의 말씀을 암송하고 고향으로 돌아가 전했습니다.

이런 모임을 서기전 4세기에 또 한 번, 인도 대륙을 통일한 아소카 왕에 의해 서기전 251년에 세 번째, 서기전 1세기 밧타가마니 아바야 왕 시절, 네 번째로 합니다. 네 번째 모임에서는 처음으로 붓다 말씀을 문자화합니다.

불교계에서는 이 모임을 결집이라 하며, 순서대로 1차 결집, 2차 결집, 3차 결집, 4차 결집이라 하고 의미를 둡니다. 불교에서는 결집을 왜 주기적

평생 돈 버는 비즈니스 글쓰기의 힘

으로 했을까요? 기록이 안 되었기 때문입니다. 이때는 문자가 없었습니다. 있더라도 뜻을 표현하기에는 부족했습니다. 머릿속에만 있는 붓다의 가르침은 소실되거나 왜곡될 가능성이 컸습니다. 필사로 적은 성경도 수도사가 일부러 빼고 적는 부분이 있는데 사람의 기억 속에 있는 말씀을 과연 믿을 수 있을까요? 주기적으로 모여 암송하며 기억을 맞추는 것이 최고의 방법이었습니다.

1871년에 실시한 5차 결집에서는 아예 729장의 대리석에 불경을 새겼습니다.

왜 이 이야기를 하느냐고요? 두 가지를 설명하기 위함입니다.

첫째, 글은 원래 말이다.

둘째, 입말이 되지 않으면 잘못된 글이다.

문어체는 없다. 구어체가 글이다

첫째, 글은 원래 말이다.

문자가 만들어진 이후 인류가 가장 먼저 기록한 것은 앞서 설명처럼 위대한 선구자와 성현의 말씀입니다. 모든 문화권의 공통 현상입니다. 『불경』, 『성경』, 『논어』를 생각하면 알 수 있습니다. 세 개의 경전을 보며 글이라는 것은 본래 말을 문자로 옮겨 놓은 것이라는 것을 다시 한번 깨닫습니다.

글을 평할 때 "문어체다. 구어체다."라고 합니다. 앞서 말했듯이 글은 원래 말이었습니다. 말을 기록한 것이 글인데 문어체다 구어체다 하며 구분하는 것이 이상하지 않습니까? 핵심은 문어체는 구어체보다 어렵다는 것에 있습니다. 즉, 어려운 글, 문어체는 잘못 쓴 것입니다.

문어체가 잘못된 것이라면 구어체에는 과연 어떤 이점이 있을까요?
두 가지 이점이 있습니다.

이점 하나는 쉽게 읽습니다. 눈으로 글을 읽지만, 귀로 듣는 것 같은
효과가 생깁니다. 시오노 나나미의 『로마인 이야기』를 한참 빠져 읽을 때
였는데, 갑자기 한밤중에 시오노 나나미 작가가 제 귀에 이야기하는 것
같은 착각에 빠졌습니다. 온몸에 소름이 확 돋는 순간이었습니다.

다른 이점은 꾸미지 않아 쉽고 전달력이 높습니다. "여기 20대 말끔하
고 키 큰 청년이 맑은 호수에 실수로 빠져 허우적대고 있습니다. 살려 주
세요."와 "사람 살려." 어느 것이 사람을 살릴까요? 꾸민 말은 어렵고 전달
력이 낮습니다. 단순한 말로 전하세요.

둘째, 입말이 되지 않으면 잘못된 글이다.

글을 쓰면 반드시 소리 내어 읽어야 합니다. 글은 말에서 왔는데 말처
럼 읽히지 않는다면? 잘 못 쓴 글입니다. 꾸며서 쓰고 쓸모없는 조사나 접
속사가 들어가 호흡이 안 맞습니다. 말하는 것처럼 읽히는 글이 좋은 글
입니다.

생각을 말로 먼저 표현하라

말이 글이라는 것을 알았습니다. 현대는 다양한 SNS와 매체로 말이
먼저인지 글이 먼저인지 구분이 모호합니다. 말처럼 문자 메시지로 주고
받습니다. 이런 상황에서도 말을 먼저 하는 것이 이점이 있습니다. 세 가
지 이유를 설명하겠습니다.

첫째, 생각이 정리된다.

생각을 말로 표현하면 생각이 정리됩니다. 막연한 고민도 말하다 보면 문제가 무엇인지 명확해지고 어떻게 풀어야 할지 정리되고 고민이 아니라는 것도 깨닫습니다.

글을 어떻게 써야 할지 고민하다 주제에 관해 동료에게 이야기하면 갑자기 글의 흐름이 잡힙니다. 동료는 듣기만 했는데 말이지요. 논술학원에서는 이런 이유로 글을 쓰기 전에 말로 표현하라고 가르칩니다. 하버드대학 학생들은 토론으로 자기 생각을 날카롭게 다듬습니다. 말을 뱉어내기 전에 뇌가 정리하는 것을 이용했습니다. 시험기간 친구를 가르쳐 주는 방법으로 공부하는 학생은 이것을 이용한 것입니다.

둘째, 새로운 생각이 난다.

구글의 사무실은 파티션이 낮아 옆 사람과 대화하기도 쉽습니다. 어느 공간을 가더라도 3분 이내에 다른 직원을 만날 수 있습니다. 만나면 대화를 합니다. 대화하면 새로운 생각이 떠오릅니다. 자연스러운 만남 속에서 혁신의 아이디어를 만들라는 회사의 의도가 숨겨져 있습니다. 자신들도 모르게 회사를 위해 일하고 있습니다.

셋째, 독자의 반응을 알 수 있다.

저자는 독자를 직접 만날 수 없지만, 말은 청자가 앞에 있습니다. 바로 반응을 알 수 있습니다. 설명했는데 이해하지 못하거나 시큰둥하면 주제와 사례, 예시, 방법을 바꿔야 합니다. 말의 가장 큰 효과입니다.

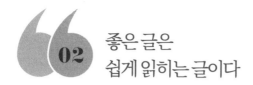

02 좋은 글은
쉽게 읽히는 글이다

좋은 글은 감동을 주고
영원히 기억된다

남북 전쟁에서 가장 참혹했던 게티즈버그 전투 4개월 후, 숨진 병사들을 위한 국립묘지 봉헌식이 열렸습니다. 당대 최고 웅변가 에드워즈 에버렛의 연설과 미합중국 대통령의 헌정사가 준비되었습니다.

식순에 의해 에버렛은 연설을 시작했습니다. 13,607단어의 연설을 2시간 가까이합니다. 다음은 대통령 링컨의 헌정사였습니다. 단상에 선 링컨은 다음 말로 시작합니다.

"여든 하고도 일곱 해 전, 우리의 선조들은 자유 속에 잉태된 나라, 모든 사람은 평등하다는 믿음에 바쳐진 새 나라를 이 대륙에 낳았습니다."

그리고 "인민의, 인민에 의한, 인민을 위한 정치가 지상에서 영원히 사라지지 않도록 우리 모두 다 같이 노력합시다."로 끝났습니다.

2분짜리, 266단어 연설이었습니다.

이 연설은 지금까지 거론되고 있습니다. 애국적 행동의 전통이 되었으며 학생들이 이 연설을 외우고 있습니다. 많은 문필가와 시인이 인용합니다. 반면, 같은 장소에서 한 에버렛의 연설은 기억하지 못하고 있습니다.

평생 돈 버는 비즈니스 글쓰기의 힘

여기서 두 가지를 알 수 있습니다.

첫째, 좋은 글과 나쁜 글이 있다.

내가 아무리 쉬운 내용을 전달하더라도 독자가 받아들이기 어렵다면, 난해한 철학서 『순수이성비판』을 읽는 것과 같습니다. 나쁜 글입니다. 글과 말은 받아들이는 사람, 독자의 몫이라는 것을 명심해야 합니다. 독자를 배려하여 최대한 쉽게 써야 합니다.

둘째, 좋은 글은 감동을 주는 글이다.

당연한 말입니다. 링컨의 마지막 짧은 문장은 미국의 모든 국민에게 감동을 줬습니다. 심지어 1958년 프랑스 헌법에 프랑스 공화국을 "사람들을 위한, 사람들에 의한, 사람들의 정부(gouvernement du peuple, par le peuple et pour le peuple)"로 규정합니다. 좋은 글은 공간과 시간을 넘어 사람들 가슴에 영원히 기억됩니다.

좋은 글을 쓰는 방법 12가지

좋은 글과 나쁜 글이 있다는 것과 좋은 글은 강력한 힘이 있다는 것을 알았습니다.

어떻게 하면 감동을 주는 좋은 글을 쓸 수 있을까요? 상세방법을 알아보겠습니다. 열두 가지 방법이 있습니다.

첫째, 짧게 써라.

링컨의 연설에서 알 수 있듯이 좋은 글의 기본 조건은 짧아야 합니다. 실학자 중에서 제일 박식했던 이덕무 선생은 다음과 같이 말했습니다.

"간략하되 뼈 다 드러나지 말아야 하고, 상세하되 살찌지 않아야 한다."

둘째, 쉬운 말로 써라.

어려운 용어를 쓴다고 수준 높은 잘 쓴 글이 아닙니다. 어려운 용어는 풀어쓰고 누구나 이해하게 써야 합니다. 기자에게는 중학교 1학년, 2학년 수준으로 쓰라고 합니다. 그러나 저는 가끔 초등학교 5학년 수준에 맞춰 씁니다. 독자 눈높이에 맞춰 쉬운 말로 써야 합니다.

셋째, 요점을 명확하게 집어 줘라.

글을 읽어도 무슨 말인지 모르는 경우가 있습니다. 나쁜 글쓰기입니다. 한눈에 글쓴이의 의도를 알 수 있게 요점과 주제가 보이게 써야 합니다. 주제와 요점을 콕콕 집어 주어야 합니다.

넷째, 정확한 사례를 들어라.

사례는 공인되고 근거가 명확한 것을 사용합니다. 불분명한 사례와 예시는 글의 신뢰를 떨어뜨립니다.

다섯째, 죽은 은유, 직유, 비유를 하지 마라.

흔히 사용하는 표현을 사용하지 마세요. '불 보듯 뻔하다', '내 마음은 호수' 같은 표현은 글을 지루하게 합니다. 새로운 표현을 찾으세요.

여섯째, 수치는 머리에 연상되게 하라.

"새로 건설되는 경기장은 16,000m²입니다."와 "새로 건설되는 경기장은 축구장 두 개가 들어갑니다." 어느 것이 연상이 잘 되나요? "30%가 감염되었습니다."라는 표현보다 "열 명 중 세 명이 감염되었습니다."로 표현하는 것이 더 빠르고 확실하게 연상됩니다.

일곱째, 사실을 써야 한다.

주장이 아니라 사실을 써야 합니다. 자기가 생각한 것만 쓰면 글이 힘이 없습니다. "일을 그렇게 하면 목표치에 도달하지 못할 것입니다."가 아니라 "일을 그렇게 하면 생산력이 30% 떨어져 목표치에 도달하지 못할 것입니다."로 사실을 써야 합니다.

여덟째, 구성을 잘하라.

글의 전체적인 구성, 얼개를 잘 짜야 전달력이 높아집니다. 흐름을 타고 독자가 알기 쉽게 읽습니다. 구성, 얼개를 잘못 짜면 주제가 흐트러지고 방향이 달라집니다. 읽고 나서 독자가 내 생각과 다르게 이해할 수 있습니다.

아홉째, 리듬을 만들어라.

"인민의, 인민에 의한, 인민을 위한 정치" 링컨의 마지막 말로 대신하겠습니다. 글의 문장을 짧게 조합하면 좋은 리듬이 생깁니다. 읽을 때 흥이 납니다.

열째, 입말로 써라.

글과 말은 하나입니다. 글이 말이고 말이 글입니다. 즉, 말하듯이 써야 합니다.

열한째, 여운이 없는 명확한 결론의 글을 써라.

마무리 짓지 않고 여운을 남기는 작가도 있습니다. 독자는 짜증 납니다. 독자가 말합니다. "그래서 어쩌라고!" 명확한 결론이 없는 글은 읽을 필요가 없는 글을 만듭니다.

열두째, 반복해야 한다.

내 주장, 글의 요점을 정확히 전달하기 위해서는 글에서 두 번 이상을 전달해야 합니다. 글의 얼개 중 가장 많이 사용하는 '결론우선형'입니다. 『대통령의 글쓰기』에도 김대중 대통령은 다 알아듣는 것 같아도 기억하는 사람은 많지 않다며 강원국 작가에게 반복할 것을 주문했다는 내용이 나옵니다.

모두 살펴봤습니다. 좋은 글 쓰는 방법이 무려 열두 가지나 됩니다. 열둘이라는 숫자가 다소 부담스럽게 느껴지기도 합니다. 쓰는 방법을 자세히 가르쳐 주지도 않았습니다. 갑자기 글을 쓰는 것이 두려워집니다.

하지만, 걱정하지 않아도 됩니다. 다른 꼭지에 각각의 항목별로 상세한 설명과 익히는 방법을 자세히 설명해 놨습니다. 따라 하기만 하면 쉽고 빠르게 익힐 수 있습니다.

지금 여러분이 알아 둘 것은, 좋은 글이란 독자들이 쉽게 읽고 편하게 이해하는 글이라는 사실입니다. 열두 가지 방법이 이 한 가지 목적을 두고 있습니다. 글을 쓸 때는 언제나 좋은 글을 써야 한다고 생각하고 열두 가지 방법을 이용하세요. 좋은 글은 감동과 깨달음을 줍니다.

평생 돈 버는 비즈니스 글쓰기의 힘

독자를
앞에 놓고 써라

독자를 명확히 설정해야 하는
두 가지 이유

"모든 소설가에게는 반드시 한 명의 가상 독자가 있다고 생각한다. 그리고 소설을 쓰는 동안 작가들은 이따금 이런 생각을 하게 마련이다. 그독자는 이 부분을 읽으면서 어떤 생각을 할까." 세계적인 스릴러 작가인 스티븐 킹이 『유혹하는 글쓰기』에서 한 말입니다.

'글을 쓸 때 독자가 있다고 생각한다.' 소설가 스티븐 킹만의 창작 기법일까요? 아닙니다. 글 쓰는 사람은 반드시 자신의 글을 읽어 줄 독자를 세워 놓고 써야 합니다. 두 가지 이유가 있습니다.

첫째, 독자라는 이정표를 세워 목적에 충실한 글을 쓰기 위해서입니다. 메시지, 이메일, 보고서 등 기능적 글을 쓸 때 세 가지를 고민합니다.

1. 글을 쓰는 목적
2. 독자는 누구인가?
3. 어조는 어떻게 할까?

보고서의 목적은 설득이고, 상사가 독자입니다. 어조는 공경하게 작성해야 합니다. 유치원 가정통신문의 목적은 전달입니다. 독자는 부모와 선생님으로 친근한 어조로 씁니다. 기획서는 설득이 목적이고 고객이 독자입니다. 믿음 있는 어조를 써야 합니다. 독자를 잘못 설정하면 글의 큰 방향이 틀어집니다. 명확한 독자 설정은 사례, 예시, 근거를 독자에 맞춰 치밀하게 준비하게 합니다. '독자가 원하는 것'이라는 이정표를 잘 세워야 글이 정확한 방향을 찾아 앞으로 나아갑니다.

둘째, 명확한 독자는 다양한 이야깃거리를 만듭니다.

여러분에게 독자를 지정해 주지 않고 '사랑'에 관해 쓰라는 숙제를 냈습니다. 몇 줄이나 쓸 수 있을까요? 두 줄 쓰고 말 겁니다. 다른 숙제를 내겠습니다. 딸이나 아들, 사랑스러운 아내, 믿음직한 남편, 언제나 나를 믿어주는 엄마, 아빠 중 한 사람에게 보내는 '사랑'에 관한 글을 쓰라고 합니다. 말이 떨어지기 무섭게 쓸 겁니다. 둘만의 행복했던 순간, 섭섭했던 순간이 떠오르며 이야깃거리가 막 샘솟습니다.

독자가 막연하면 생각도 막연해집니다. 어떻게 모든 사람을 만족시킬까요? 모든 사람을 만족시키는 글을 써야 한다는 생각은 작은 상자에 사고를 고정하는 잘못을 저지릅니다. 이렇게 쓴 글은 추상적이거나 일반론으로 흐르는 공허한 글이 됩니다.

글을 쓰는 목적 설정과 함께 명확한 독자를 정해야 합니다.

어떻게 독자를 분석할까요?

독자를 설정했습니다. 이제 무엇을 해야 할까요? 독자를 분석해야 합니다. 독자의 상황에 따라 예시, 사례, 어조, 접근법, 흐름 등이 바뀝니다. 목적을 위해 전략을 세우는 기초자료가 됩니다. 『손자병법』의 지피지기(知彼知己) 중 '지피(知彼)', 바로 적을 아는 부분입니다. 분석은 다음을 따릅니다.

- 나이와 세대
- 성별
- 교육 수준
- 나와의 관계: 친구 / 동료 / 고객 / 상사 / 부하직원
- 종교
- 취미
- 정치적 성향
- 내가 말하고자 하는 내용에 관한 그들의 생각이나 신념

"지피지기 백전불태."라고 했습니다. 글을 쓰는 목적은 독자에게 감정의 변화를 주거나 변화된 행동을 끌어내는 것입니다. 정확한 독자 분석은 최소한 끝까지 읽게 만듭니다.

마음속의 독자와 소통하라

『글쓰기 바이블』에서 강원국 작가는 『강원국의 글쓰기』를 쓸 때 예전 직장에서 같이 일했던 30대 여성을 마음속 독자로 정한 일을 이야기합니다. 큰 이유는 글쓰기 책은 30대 여성 독자가 많이 읽기 때문이었습니다. 또한, 그분과 상상 속에서 대화도 하며 그분의 목소리를 듣고 그분이 모를 것 같으면 더 자세하게 썼습니다.

필자도 아이들 듣기, 말하기, 읽기, 쓰기 책인 『하버드 키즈 상위 1%의 비밀』을 쓸 때 40대 초에 초등학생인 두 딸과 세 살 늦둥이 아들을 둔 엄마인 여동생을 독자로 삼았습니다. 가끔 전화해 "너는 학부모로서 이것에 대해 어떻게 생각해?" 하며 물어보고 답하듯 썼습니다.

실제 존재하지 않더라도 마음속 독자와 소통하며 독자가 필요로 하고 부족한 것을 채워주는 글을 쓰면 좋은 글이 됩니다. 독자와 소통하세요.

버지니아 울프의 말로 마무리하겠습니다.

"독자가 누구인지 알면 글을 어떻게 써야 하는지 알 수 있다."

04 문장과 단락,
짧고 촘촘히 잘라라

글이 안 읽히는 이유

"기장님 글이 안 읽혀요. 일단 단문으로 쪼개고, 문단도 촘촘히 나눠 주세요."

무슨 말일까요? 다리 부상으로 병원에 있을 때였습니다. 한 조종사에 게 연락이 왔습니다. 2022년 3월 국내 최대 산불이었던 '울진 삼척 산불' 을 기억하는 에세이 공모전에 출품하는데 도와달라는 것이었습니다.

힘들게 글을 배운 필자는 도움을 뿌리칠 수 없었습니다. 당연히 원고 를 메일로 보내라고 했습니다. 메일의 첨부파일을 연 순간 머리가 복잡해 지고 눈이 핑핑 돌았습니다. 왜일까요?

문장이 길어 무슨 말인지 이해할 수 없었습니다. 문단도 안 나눠져 있 어 주장이 뭔지 알 수 없었습니다. 이 말 하다 저 말 하고 있었습니다. 첨 삭 자체가 아예 불가능했습니다.

조종사에게 단문으로 쪼개는 요령과 문단 나누는 방법을 가르쳐주고 수정 후 다시 보내라고 했습니다. 다음 원고부터는 읽을 수 있게 되어, 첨 삭지도를 해주었습니다. 세 번의 첨삭 끝에 무사히 공모전에 출품하였고, 한 달 뒤 장려상을 탔다는 연락을 받았습니다.

문장은 짧게, 단어도 짧게, 짧은 것이 바르다

문장은 쪼갤 수 없을 때까지 쪼개야 합니다. 즉, 단문으로 써야 합니다. 이유를 다섯 가지로 설명하겠습니다.

첫째, 쓰기가 쉽다.
둘째, 늘어지지 않아 독자가 강력하게 받아들인다. 신뢰감이 있다.
셋째, 이해하기 쉽다.
넷째, 단문으로 쓰면 문법에 어긋날 확률이 낮아진다. 아니, 아예 없다.
다섯째, 리듬감이 있다.

첫째부터 넷째 이유까지 함께 설명하겠습니다.
우리나라 문장은 '주어(나는) + 서술어(걷는다)'가 기본입니다.
여기에 다른 성분인 목적어와 보어를 넣겠습니다.

- 목적어: 주어(나는) + 목적어(산책로를) + 서술어(걷는다)
  ➡ 나는 산책로를 걷는다.
- 보어: 주어(나는) + 보어(느리게) + 서술어(걷는다)
  ➡ 나는 느리게 걷는다.
- 목적어, 보어: 주어(나는) + 보어(느리게) + 목적어(산책로를) + 서술어(걷는다)
  ➡ 나는 느리게 산책로를 걷는다.

점점 늘어집니다. 뇌는 글자를 읽고 쓰는 능력에 진화가 안 되었다고 이미 이야기했습니다. 글이 길어지면 에너지를 많이 소모해 뇌는 읽지 말

평생 돈 버는 **비즈니스 글쓰기의 힘**

라고 명령합니다. 문장을 쓴 사람도 무슨 말을 하는지 모릅니다. 자신이 쓴 글을 암호해독 하듯 읽습니다.

글은 말이요, 말은 글입니다. 대한민국 대표 아동 전문가 오은영 박사가 말합니다. 36개월 아이의 행동교정을 할 때 짧고 간결하고 분명히 말하라고 합니다. 그만큼 짧은 글이, 짧은 말처럼 강력하다는 증거입니다.

문장도 짧게 쓰면 문법이 어긋날 수 없습니다. 주어, 술어가 불분명하다, 복문이다, 겹말이다, 단어가 중복된다, 호응이 안 된다와 같은 안 좋은 문장 요소는 모두 제거됩니다. 아예 생기지 않습니다. 문장이 짧으면 글쓰기도 쉽습니다. 글을 못 쓰는 사람이 문장을 길게 씁니다.

짧은 문장이 쓰기도 편하고 효과적인데 왜 긴 문장으로 쓰려고 할까요? 이유는 우리나라 국어 교육에 있습니다. 국어 교과서에서 완성도 높은 긴 문장을 좋은 문장으로 소개합니다. 이를 모범으로 여기고 학생들은 따라 쓰고요. 이 긴 문장을 쓴 사람은 글쓰기에 최고의 경지로 오른 사람이고, 앞뒤 글은 짧은 글이라는 사실까지는 안 배웠기 때문입니다.

'문장이 짧으면 내가 하고 싶은 말을 모두 전달하지 못한다.', '내용이 충실하지 않게 된다.' 이런 불만이 나올 수 있습니다. 설명 대신 국내에서 문학작품으로 300쇄를 인쇄한 『난장이가 쏘아올린 작은 공』의 예를 들겠습니다. 소설 첫 문장입니다.

> 수학 담당 교사가 교실로 들어갔다. / 학생들은 그의 손에 책이 들려 있지 않은 것을 보았다. / 학생들은 교사를 신뢰했다. / 이 학교에서 학생들이 신뢰하는 유일한 교사였다.

짧은 글의 연속입니다. 형용사, 부사 아무것도 없습니다. 사실만 적었습니다. 이야기를 풀어나갈 때 문장 개수를 늘려 보충 설명하듯 이어갑니다. 이것이 중요합니다. 문장은 짧게 자르되 부연 설명이 필요하면 문장 개수를 늘립니다. 이어 붙여 나갑니다. 20년 전에 이 소설을 읽을 때 부담 없이 쉽게 읽었던 기억이 있습니다. 지금에서야 문장이 짧아서였구나 하는 생각이 듭니다.

다섯째 이유인 리듬감이 있다. 이를 설명하면 사람들은 의아해합니다. 어떻게 글에 리듬감이 있을까? 이해를 위해서 시조를 예로 들겠습니다.

동창이 밝았느냐

남구만

동창이 밝았느냐 노고지리 우지진다
소치는 아이는 상기 아니 일었느냐
재 너머 사래 긴 밭을 언제 갈려 하나니

많은 사람이 들어봤을 유명한 시조입니다. 외우다 보면 저절로 리듬이 타지지 않나요? 운율을 보면 3434 / 3434 / 3543입니다. 시조가 이렇게 운율을 지키는 이유는 이 운율을 따르면 자연스럽게 리듬이 맞춰지기 때문입니다. 랩의 라임을 맞춘 가사를 보면 음악을 듣지 않아도 읽을 때 저절로 라임이 맞춰집니다.

현대판 시조가 랩입니다. 이렇게 문장에 리듬이 숨어 있습니다. 짧은 글은 시조처럼 리듬을 탑니다. 맞추기 쉽습니다. 하지만 이렇게 단문만 쓰면 숨이 가쁠 수 있습니다. 중간에 장문을 섞어 주는 것도 요령입니다. 어떻게 섞냐고요. 제 글을 예로 보여 드리겠습니다.

단문 예문을 읽으면 속도와 리듬감이 생깁니다. 그러나 쉬는 포인트가 없어 아쉬움이 남고 리듬의 변화도 없어 단조롭다는 느낌입니다. 수정문 중간의 두 문장을 하나로 붙이자 잠시 숨을 돌릴 수 있게 되며 리듬의 변화가 생깁니다.

글쓰기를 배우는 단계라면 무조건 단문장으로 써 내려가는 것이 방법입니다. 단, 퇴고할 때 리듬감을 살려 수정합니다. 이 기술은 기자들이 짧은 기사나 사설을 쓸 때 쓰는 비법입니다. 리듬을 타야 독자가 읽기 쉬우니까요. 참고로 연설문에도 이 방법을 쓰면 좋습니다.

문단을 촘촘히 나눠라

문단이 무얼까요?

문단은 하나의 중심 생각을 바탕으로 다른 문장들로 이루어진 언어 단위입니다. 그러므로 사고 전개 단위이며, 글의 내용이 어떻게 전개되는지 일목요연하게 파악해줍니다. 왜 문단을 설명했을까요? 문단을 촘촘히 나누는 이유를 알려면 문단의 역할을 알아야 하기 때문입니다.

앞서 조종사의 사례를 가져와 설명하겠습니다. 제가 조종사의 에세이 초고를 읽기 어려워했던 이유는 문장이 긴 것도 있지만, 무슨 말을 하려는지 알 수 없었기 때문입니다. 조종사는 자기가 지금 무슨 이야기를 하는 줄도 모르고 순간순간 왔다 갔다 하고 있었습니다. 문단을 나누지 못해 한 문단에 여러 생각을 담는 전형적 사례였습니다.

한 가지 작은 이야기, 한 장면, 한 사례, 즉 "한 주장을 설명할 때는 한 문단이다."라는 걸 모르고 있었습니다. 제가 조종사에게 자신이 이 부분에서 나타내고 싶은 한 주장, 한 장면 단위로 문단을 작게 자르도록 했습니다. 그렇게 조각나 다시 돌아온 글은 읽혔습니다.

한 문단에는 한 주장, 쉽게 말해 지금 하고 싶은 이야기, 사례, 예시, 장면설명으로 촘촘히 나눕니다. 이렇게 하면 심연에 가라앉았던 내가 하고 싶은 이야기가 떠오릅니다. 내 생각이 스스로 정리됩니다. 생각이 레고블록처럼 덩어리가 됩니다. 이제 블록을 집어 들고 글의 흐름에 맞춰 이리저리 끼워 맞춥니다. 너무 작은 조각으로 나눴다면 다시 붙입니다. 내가 하고 싶은 이야기를 내가 먼저 아는 것이 중요합니다.

자르는 분량은 정해져 있다

왜 문장을 짧게 자르고 촘촘히 나누는지 알았습니다. 가장 중요한 핵심 질문이 남았습니다. 얼마의 분량으로 자르고 촘촘히 나누면 될까요?

문장부터 설명하겠습니다.
국내 워드프로세스 프로그램의 대표주자 〈한글〉을 실행시킵니다. 그러면 글씨 10Point로 초기화면이 뜹니다. 아무것도 건드리지 말고 이대로 키보드를 두드려 문장을 완성할 때 한 줄의 70%까지가 가장 적당한 길이 입니다. 명심하세요. 70%입니다. 최대로 길 때는 한 줄 하고 다음 줄 중간 까지입니다.

어떤 책들은 글자 수 30~50자, 12~15개 단어라고 설명하는데 전혀 쓸 모없는 수치입니다. 글쓰기도 힘든데 글자 수와 단어 수를 세고 있다니요. 말이 안 됩니다. 눈으로 바로 확인 가능한 70%와 한 줄 반입니다. 기억 또 기억하세요.

다음은 문단입니다.

문단은 문장이 3~5개 정도가 적당합니다. 간혹 45개에서 최대 64개 단어를 넘지 말라고 단어 개수로 설명하는 책도 있는데 이것도 무시하세요. 문장 3~5개, 명심하세요. 문장의 개수는 한 번에 확인 가능합니다. 만일, 블로그나 SNS에 올리는 글이라면 문단을 더 잘게 나누세요. 그래야 스마트폰이나 모니터에서 읽기 편해 가독성이 높아집니다.

마지막으로 다시 강조합니다.

- 절대 원칙 하나: 문장은 70%가 적당하고 최대 한 줄 반을 넘기지 마라.
- 절대 원칙 둘: 한 문장은 하나의 개념, 한 문단은 하나의 주장만 넣는다.

05
힘 빼는 수동형 문장은 절대 쓰지 마라

수동적 행동과 생각이
기운 빠지게 한다

시대가 바뀌었습니다. "요즘 군대 뭐가 힘들어."라는 사람도 있습니다. 객관적으로 비교하면 군대, 과거보다 매우 좋아졌습니다. 급식, 숙소는 웬만한 기숙사보다 낫고 구타와 인신 모욕은 거의 없습니다. 만일 했다면 형사고발로 실형을 살아야 합니다. 스마트폰 지급으로 외부와 연락도 할 수 있고 원하면 학업도 계속할 수 있습니다. 하지만, 군대는 힘듭니다. 여러 이유가 있지만 크게 두 가지에서 발생합니다.

첫째, 인신의 구속
둘째, 수동적 행동과 생각의 강요

첫째, 인신의 구속은 교도소를 생각하면 됩니다. 내가 원하지 않아도 군대에 가야 하고, 정해진 숙소, 울타리 안에서 생활해야 합니다.

둘째, 수동적 행동과 생각의 강요는 군대에 다녀오지 않은 사람은 잘 느끼지 못합니다. 용사들은 정확한 지시와 매뉴얼을 의심과 질문 없이 따라야 합니다. 능동적 생각과 지시는 오로지 장교만이 합니다. 종일 수동적으로 움직이다 일과 후 자유시간 3~4시간 만이 능동적 사고를 할 수 있는

평생 돈 버는 비즈니스 글쓰기의 힘

시간입니다. 4차 산업에 맞춰 능동적이고 자유분방한 교육을 받은 이들이 수동적 행동과 생각을 강요받으니 얼마나 힘들까요?

수동적 행동과 생각의 강요는 사람을 피곤하고 나태하게 합니다.

더 지치게 만드는 수동형 문장

수동적인 것이 얼마나 나쁜지 알았습니다. 그런데 나쁜 수동형 문장을 생각 없이 쓰고 있다는 것에 문제가 있습니다. 그것도 의식하지 못하고요. 먼저 능동형 문장과 수동형 문장의 정의를 살펴보겠습니다. 능동형 문장은 주어가 행동하게 하는 것이고, 수동형 문장은 주어가 행동 받는 것입니다. 예를 들겠습니다.

> 철수가 보고서를 작성했습니다. (능동형)
> 보고서는 철수에 의해 작성되었습니다. (수동형)
>
> 손님이 문을 열었습니다. (능동형)
> 문이 손님에 의해 열렸습니다. (수동형)

느낌이 어떤가요? 능동형 문장이 더 깔끔합니다. 수동형 문장이 몸을 움츠리게 한다면 능동형 문장은 몸을 펴게 합니다. 대작가 스티븐 킹도 『유혹하는 글쓰기』에서 수동태를 사용한 문장을 한 페이지 읽으면 진이 빠진다고 말합니다. 습관적으로 여러분의 말과 글에 수동형 문장을 사용해서 상대방을 지치게 하고 있지는 않나요?

능동형 문장을 쓰기 위해서는
능동적으로 행동하라

우리말 문법에서 수동형 문장을 피동문이라 합니다. 우리말 문법에는 수동태가 없다고 하는데, 없는 것이 아니라 미국말과 달라서 다르게 표현한 것뿐입니다.

미국, 일본, 한국의 수동형 문장의 문법을 정리하겠습니다.

미국 : 수동태, be+현재분사
예) ~되다, ~되어지다

일본 : 수동태, 행동의 영향을 받는 사람이 주어일 때
예) 박 씨는 김 씨에게 칭찬받았습니다.
사역수동태, 행동하는 사람이 주어일 때
예) 박 씨는 김 씨가 시켜서 칭찬했습니다.

한국 : 피동문, 동사 끝에 '이, 히, 리, 기' 중 하나를 붙인다.
예) 보다 ➡ 보이다, 먹다 ➡ 먹히다

여기서 주의해서 봐야 할 것은 미국은 수동태라는 문법 형태가 있고, 일본은 수동태에 더해 사역수동태라는 문법이 하나 더 있습니다. 우리나라는 수동보다는 뜻이 조금 약한 피동문이라고 표현합니다. 유추하여 언어에 수동적 표현을 많이 쓰는 나라순으로 분류하면 일본, 미국, 한국입니다. 이것을 잘 기억하세요.

우리말 문장에 수동형이 많이 쓰이기 시작한 것은 영어가 들어 왔을 때부터다, 일제 강점기 때부터다, 하며 책마다 조금씩 다릅니다. 일제 강점

평생 돈 버는 비즈니스 글쓰기의 힘

기는 1910년, 신미양요는 1871년입니다. 별 차이 없습니다. 동일시기입니다.

문제는 일본의 모든 신기술은 서구, 즉 영미권에서 받아들이고, 수동태가 있는 영미 서적을 사역수동태가 하나 더 있는 일본이 번역한 것에 있습니다. 수동태에 사역수동태까지 수동형 문장이 얼마나 많을까요? 이것을 우리는 또 직독직해로 번역해서 받아들입니다. 한창 받아들일 때가 일제 강점기이고 한국어 말살 정책을 펼칠 때니 어땠을까요?

숨죽이며, 눈치 보며 살아온 이들의 삶이 보입니다. 우리도 어찌 보면 일제 강점기 이후 좌우 대립과 군사정권 속에서 살기 위해 수동형 문장을 써온 것은 아닐까요? 여기서 우리는 수동형 문장의 사용 방법을 알 수 있습니다. 내 뜻을 말하지 않고 교묘히 감추며 도망갈 곳을 만듭니다. 수동형 문장은 처신하기 위한 선택이 아니라 목숨을 구하기 위한 필수였습니다.

능동적으로 생각하고 행동해야 능동형 문장이 나옵니다. 내가 수동형 문장을 쓰고 있으면 내 마음이 무언가에 갇혀 있지 않은가, 책임을 회피하고픈 욕망은 없는가 생각해 보세요. 능동형 문장으로 고쳐 쓰세요. 마음이 수동형에서 능동형으로 바뀝니다. 능동적으로 행동해야 무언가라도 이룹니다.

수동형 문장 안 쓰는 법,
주어는 앞으로 동사는 짧게 써라

가장 쉬운 방법은 주어를 살아있는 생물로 바꿉니다. 무생물로 쓰면 당연히 수동태를 써야 합니다.

전등이 철수에 의해 켜졌다. (수동형)
철수가 전등을 켰다. (능동형)

보고서가 철수에 의해 제출되었다. (수동형)
철수가 보고서를 제출했다. (능동형)

주어의 위치만 바꿨을 뿐인데 능동형으로 바로 바뀝니다.

문장을 쓰다 보면 수동형 문장을 쓸 수밖에 없습니다. 필요하면 당연히 써야 합니다. 쓸 때 주의할 점은 이중 피동문이 되지 않게 하고, 피동사에 더해 피동형 문장을 만들지 말아야 합니다. 영어의 수동태와 비교하면 수동태에 또 수동태로 하지 말고, 수동태 단어에 더해 수동형 문장을 만들지 말라는 의미입니다. 문제는 잘 모르고 사용하는 것에서 발생합니다. 미국과 일본의 수동태를 직독직해해서 우리말이 오염된 흔적입니다.

이중 피동문 예를 들겠습니다.

잘 닦여진 도로 ➡ 잘 닦인 도로

'닦인'이라는 말에 이미 수동적인 의미가 있습니다. 여기에 굳이 '~여진'을 붙여 수동을 더 강조합니다. 이것을 이중 피동문이라 합니다.

손바닥에 쓰여진 글씨 ➡ 손바닥에 쓰인 글씨
끈으로 묶여진 상자 ➡ 끈으로 묶인 상자

과일이 담겨진 접시 ➡ 과일이 담긴 접시
영웅으로 불리어진 사나이 ➡ 영웅으로 불린 사나이
눈에 덮여진 산봉우리 ➡ 눈 덮인 산봉우리

피동사에 더한 피동형 문장

깊게 파진 구명 ➡ 깊게 파인 구멍
배가 뒤집어졌다. ➡ 배가 뒤집혔다.
정성이 모아지고 있다. ➡ 정성이 모이고 있다.

_한겨레, 김철호의 〈교실 밖 국어여행〉 참고

수동형을 강조하다 보니 발생한 현상입니다. 해결하는 방법은 수동형으로 쓰인다고 생각하면 동사나 문장을 짧게 쓰세요. 예시 문장처럼 정상적인 문장은 대부분 짧습니다.

퇴고하는데 글에 힘이 없다고요? 수동형 문장을 많이 쓴 것은 아닌지 다시 살펴보세요.

글에 힘을 넣고 싶다고요? 그러면 능동형 문장을 사용하세요. 능동형 문장을 써야 글에 힘이 생깁니다.

06 스토리로 밤새워 읽게 만들어라

기승전결, 이야기 구조에는 좋으나 정보를 넣어 전달하는 글에는 어렵다

이야기에서 가장 많이 쓰는 구조가 기승전결입니다. 4컷 만화, 단편소설은 이 구조를 따르고 긴 드라마나 영화는 기승전결 안에 작은 기승전결을 넣어 이야기를 진행합니다. 기승전결 구조를 설명하겠습니다.

- 기(起) : '일으켜 세울 기', 주제를 일으키는 단락으로 이야기의 시작입니다.
- 승(承) : '이을 승', 기에서 세운 주제를 발전시켜 나가는 단계이며 내용을 본격적으로 이어가는 부분입니다.
- 전(轉) : '구를 전', 장면이 전환되거나 갈등이 최고조를 달하고 사건 변화가 있습니다.
- 결(結) : '맺을 결', 갈등이 해소되고 이야기가 마무리되며 결론이 납니다.

이야기 구조에 적용해보겠습니다. 『춘향전』을 예로 들겠습니다.

> - 기 : 이 도령과 춘향이가 사랑에 빠진다.
> - 승 : 이 도령은 과거시험 보러 가고 춘향은 변 사또의 수청을 거절하여 옥에 갇힌다.
> - 전 : 비렁뱅이인 줄 알았던 이 도령이 암행어사가 되어 나타나 변 사또를 벌하고 춘향을 구한다.
> - 결 : 이 도령과 춘향이 행복하게 산다.

기승전결 중에서 '전'이 제일 중요합니다. 사건의 진행 방향이 갑자기 바뀌는 것이 중요합니다. "헉!"하면서 관객이 깜짝 놀라고 호기심을 갖게 하는 지점입니다. 이 기승전결을 논리적 글쓰기에 적용하겠습니다. 박종인 기자가 쓴 『기자의 글쓰기』를 참고했습니다.

> - 기 : 설날에 아이들과 함께 부산하게 큰집에 간다.
> - 승 : 큰어머니와 아내가 부엌에서 바쁘게 상을 차린다. 남자들은 그냥 앉아만 있다.
> - 전 : 과거 뉴질랜드에서 마오리족에게 설날에 초대받은 이야기를 한다. 남자들이 훈제 돼지고기 요리를 준비하여 여자, 아이들이 도리어 즐겁게 설날을 즐긴다.
> - 결 : 우리도 설날 문화를 바꿔야 한다.

24년이 넘는 기자의 내공이 보이는 구조입니다. 글의 전개에 기승전결을 넣어 독자가 흥미를 느끼고 끝까지 단숨에 읽게 하는 재미가 있습니다. 글쓰는 이가 추구해야 할 구조입니다.

하지만 단점이 있습니다. 내공이 받쳐 주지 않는 이상 쓰기가 어렵습니다. 그러면 어떻게 해야 할까요? 재미있게 들었던 옛날이야기의 재미 요소를 분석해 보면 알 수 있습니다.

이야기 네 가지 요소를
조금씩이라도 넣어라

옛날이야기의 재미 요소는 네 가지로 교훈, 갈등, 시련, 행복한 결말입니다. 『콩쥐팥쥐전』과 『신데렐라』에 대입해 생각하면 됩니다. 교훈과 갈등은 너무 쉬워 설명하지 않겠습니다. 주목할 것은 시련과 행복한 결말입니다.

시련은 독자를 이야기에 빠져들게 만듭니다. 주인공이 못 헤쳐나올 것 같은 시련일수록 독자들은 더욱더 재미있어합니다. 시련을 극복한 주인공이 행복한 결말을 맞으면 독자들은 자신과 동일시 하며 카타르시스를 느낍니다. 결말이 주인공의 성장이면 더욱더 좋습니다.

이야기 재미 요소 네 가지를 알았습니다. 어떻게 글 속에 넣어야 할까요? 두 가지 방법이 있습니다.

첫째, 사례에 짧은 이야기로 넣는다.
"초등학교 입학한 지 3개월 만에 퇴학당한 토머스 에디슨도 고전으로 새롭게 태어났습니다."보다 "한 아이가 있었습니다. 사물에 호기심이 많았습니다. 질문과 궁금증이 많아 학교에 적응하지 못하고 3개월 만에 퇴학당했습니다. 어머니는 이런 아이와 함께 고전을 읽었습니다. 훗날 이 아이는 세계적인 발명가가 되었습니다. 누굴까요? 에디슨입니다. 고전으로 다시 태어났습니다." 단순한 사례에 살을 붙여 짧은 이야기로 만들었습니다. 사례 대부분이 시련, 갈등 속에서 성공하는 것으로 삽입하기가 쉽습니다.

평생 돈 버는 비즈니스 글쓰기의 힘

둘째, 글의 처음에는 사연, 중간에는 논리, 마지막에는 성장을 넣는다.

서문에 이 글을 쓰는 이유를 이야기로 풀어갑니다. 고민으로 쓰는지, 후배의 간절한 부탁으로 쓰는지, 아니면 사회에 말을 하고 싶은 건지 사연을 이야기로 만듭니다. 이후에 논리를 전개해 나갑니다. 마지막에는 논리에 대한 결론을 내고 내가 심적으로 어떤 성장을 했는지 설명하고 끝을 맺습니다.

2016년 한우성 작가의 『아름다운 영웅 김영옥』 독후감 대회에서 이런 구조로 노병의 성장을 담아 공군 1등으로 참모총장상을 수상했습니다. 글 속에 서사적 이야기 구조는 반드시 들어가야 합니다. 그래야 독자의 관심을 끌고 재미있게 읽습니다. 콘텐츠 속에 이야기를 넣으면 머릿속에 5%밖에 남지 않던 내용이 65%나 남게 되고, 단순히 기억하는 것만이 아니라 깊은 유대감까지 생깁니다. 기승전결 구조로 전체적으로 이야기를 끌고 가는 것이 이상적이지만 일반인은 시련과 성장 코드가 담긴 사연을 글의 처음과 마지막에 부분적으로 넣습니다.

마무리는 소설 『정글북』의 저자 러디어드 키플링의 글로 대신하겠습니다.

"역사를 이야기로 가르치면 절대 잊어버리지 않을 것이다."

07 제목과 첫 문장, 마지막 문장으로 마음에 갈고리를 걸어라

글을 읽고 싶게 만드는 것들

『You Excellent: 칭찬의 힘』, 책 제목입니다. 읽고 싶어지나요? "글쎄요." 라고 답할 겁니다. 그러면 『Whale done』은 어떨까요? 직역하면 "고래가 해 냈다."입니다.

이것을 의역하면 "Well done.", "잘했다."입니다. 과연 무슨 책들일까요? 두 책 제목은 『칭찬은 고래도 춤추게 한다』의 원래 제목입니다. 제목만 바꿔 베스트셀러가 되었습니다.

"하나의 유령이 유럽을 떠돌고 있다. 공산주의라는 유령이."
"만국의 노동자들이여. 단결하라!"

어떤 책의 처음과 끝입니다. 필자는 예시의 첫 문장을 읽고 소름이 돋았던 기억이 있습니다. 바로 마르크스와 엥겔스가 쓴 『공산당선언』의 첫 문장과 마지막 문장입니다. 강력한 호기심으로 사람을 끌어들이고 선동으로 마지막을 장식합니다. 누구라도 빠져들 수밖에 없습니다. 강력한 갈고리 같은 첫 문장과 마지막 문장으로 사람의 마음을 잡았기에 공산주의 광풍이 반세기 동안 지구를 휩쓸었습니다.

제가 제목과 첫 문장, 마지막 문장을 왜 이야기했을까요? 글에 관심을 끌게 만드는 것은 제목, 마음에 갈고리를 걸어 글을 읽게 만드는 것은 첫 문장, 글을 계속 기억하게 만드는 것은 마지막 문장이기 때문입니다.

제목, 첫 문장, 마지막 문장 순서로 설명하겠습니다.

제목은 글의 나침반

'30-3-30' 법칙이 있습니다. 무엇일까요? 제목의 중요성을 나타내는 법칙입니다. 30초 동안 제목과 부제를 보고 독자는 읽을지 말지 갈등합니다. 읽기로 하면 3분간 집중해서 글의 앞부분을 읽습니다. 마음에 들면 나머지 글을 30분 동안 끝까지 읽는다는 법칙입니다. 글을 읽게 만드는 제목을 정하는 고려사항은 두 가지가 있습니다.

첫째, 글의 성격과 방향을 알게 한다.
'글이 어떤 성격이고 어떤 식으로 흘러갈 것이다.'라는 것을 독자가 예측하게 합니다. 무엇에 대한 설명이냐, 주장이냐, 강조냐 같은 정보를 독자에게 미리 줍니다. 또한, 글 쓰는 이에게는 나침반 같은 역할을 합니다. 글을 쓰다 보면 주제가 흔들리고 벗어나는 경우가 있습니다. 제목을 보며 '아! 내가 이런 주제로 글을 쓰려고 했지.' 하며 글의 기수를 바른 항해노선으로 들어가게 합니다.

이처럼 글을 쓰기 전에는 반드시 제목을 정해 놔야 합니다. 제목을 정하지 않고 글을 쓰는 것은 방향 없이 배를 항해하는 것과 같습니다. 물론, 글쓰기 시작 전에 제목을 정하는 시간을 많이 소비하면 안 됩니다. 허접하고 중구난방이라도 빠르게 정하고 글쓰기에 들어갑니다. 글을 다 쓴 후에는 전체 글을 보고 반드시 세련된 제목으로 바꿉니다. 이때는 많은 시간을 두고 고민해야 합니다.

둘째, 핵심 내용이 가장 먼저 눈에 들어와야 한다.

글의 내용을 알게 하라는 것입니다. 신문 기사의 경우, 제목과 첫 문장만 봐도 기사의 80% 의미를 알 수 있습니다. 독자가 제목만 봐도 정보를 알 수 있게 제목을 정합니다.

끝까지 읽게 만드는 강렬한 첫 문장

"어느 날 아침 그레고르 잠자가 불안한 꿈에서 깨어났을 때, 그는 자신이 침대 속에 한 마리의 커다란 해충으로 변해 있는 것을 발견했다."

설문할 때마다 세계에서 가장 위대한 첫 문장으로 꼽는 프란츠 카프카의 『변신』의 첫 문장입니다. 주인공의 모습이 내 모습이 아닌가 하며 재미있게 읽었던 작품입니다. 이 문장에 첫 문장을 어떻게 써야 하는지 답이 들어 있습니다. 독자의 입장과 작가의 입장으로 나눴습니다.

독자의 입장은 첫 문장으로 계속 읽게 만들어야 합니다. 사람이 해충으로 변했다. 궁금증이 크게 몰려오며 다음이 궁금해집니다.

작가의 입장은 첫 문장은 계속 쓸 수밖에 없도록 만들어야 합니다. 의미심장하게 화두를 던졌는데 여기서 멈출 수가 없습니다. 떡밥을 던졌으면 어떻게든 회수해야 하는 게 작가의 의무입니다.

어떻게 시작해야 할까요? 여섯 가지 방법이 있습니다. 백승권 작가의 『글쓰기가 처음이다』의 분류법을 참고했습니다.

평생 돈 버는 비즈니스 글쓰기의 힘

첫째, 개요로 시작한다.

'오늘 하고자 하는 얘기는 ○○○하는 것입니다.', '○○에 대해 설명하겠습니다.'라며 '내 글은 이렇다.'라고 이야기합니다. 특별한 연출도 필요 없고 안정적입니다.

둘째, 정의를 내립니다.

'일자리는 최고의 복지입니다.', '부동산 가격은 그 자체가 서민 생활입니다.' 노무현 전 대통령 연설의 시작 문장입니다. 첫 문장 이후 다음부터는 첫 문장의 정의에 관해 설명해나갑니다. 중반까지 무난하게 흘러갑니다.

셋째, 질문을 던집니다.

'글은 왜 쓰기 어려울까요?', '첫 문장은 왜 중요할까요?' 질문을 던지는 순간 독자는 작가의 앞으로 끌려 옵니다. 제3자가 되어 읽던 독자는 어느 순간 자신이 답을 해야 한다고 생각합니다. 답이 나올 때까지 계속 읽습니다. 작가는 답을 논리적으로 달기만 하면 됩니다. 쓰기도 편합니다. 필자가 자주 쓰는 방법입니다.

넷째, 에피소드로 시작한다.

하고 싶은 주제에 딱 맞는 사례로 시작합니다. 이야기를 좋아하고 오래 기억하는 인간의 습성을 이용합니다. 상당히 강력한 무기입니다.

다섯째, 인용으로 시작한다.

인용은 남의 권위를 빌려 오는 행위입니다. 첫 문장을 인용으로 시작하면 글에 권위를 얹을 수 있습니다. 인용문은 본문에서 주장하는 것이 무엇인지 알 수 있고, 자기주장의 타당성을 높일 수 있는 것이 좋습니다.

여섯째, 엉뚱한 이야기로 시작한다.

엉뚱하게 시작하여 관심을 끌고 마지막에 숨겨져 있는 내용을 이야기하여 독자에게 통찰을 줍니다. 치밀하게 구성되어야 합니다. 작가가 권위가 있을 때만 사용할 수 있습니다. 만일 일반인이 쓰면 앞부분만 보고 의도를 오해할 수 있습니다. 글을 치밀하게 끌고 가거나 권위가 생기기 전에는 쓰지 않는 것이 좋습니다.

강렬하고 유명한 첫 문장을 예로 살펴보고 끝내겠습니다.

- 버려진 섬마다 꽃이 피었다. 김훈, 『칼의 노래』
- 사람들은 아버지를 난장이라고 불렀다. 조세희, 『난장이가 쏘아올린 작은 공』
- 내 아버지는 사형 집행인이었다. 정유정, 『7년의 밤』
- 엄마를 잃어버린 지 일주일째다. 신경숙, 『엄마를 부탁해』
- 박제가 되어버린 천재를 아시오? 이상, 『날개』

마음과 행동에 변화를 주는 마지막 문장

마지막 문장에는 세 가지 기능이 있어야 합니다.

첫째, 지금까지 읽은 글의 내용을 다시 환기하고 기억하게 한다.

글을 읽고 생각하느라 지쳤습니다. 처음에 무슨 말을 했는지 헷갈립니다. 글쓴이가 말하고 싶은 주제가 머릿속에 정리될듯하면서 되지 않습니다. 이때, 주제가 담긴 함축된 마지막 문장은 글이 무엇을 말하려고 했던

가를 독자가 알게 합니다.

둘째, 글의 내용을 장기간 기억하게 한다.

책을 읽고 덮을 당시는 내용이 생각나지만, 며칠 지나면 휘발되어 사라집니다. 힘 있고 감동 있는 마지막 문장은 글의 감동과 느낌, 주제를 길게 가져가게 합니다. 마지막 문장을 떠올리면 책을 읽었을 때의 감동이 살아나고 책 내용이 생각납니다.

셋째, 행동과 감정에 변화를 일으킨다.

글의 전체적인 느낌, 따뜻함, 여운, 쓰라림, 글에서 느꼈던 감정을 더욱 강하게 만들어 줍니다. 행동의 변화에 대한 설명은 "만국의 노동자들이여, 단결하라!"『공산당선언』의 마지막 문장으로 마무리하겠습니다. 행동 변화를 너무나도 잘 끌어내어 반세기 동안 지구가 혼란스러웠습니다.

마지막 문장을 쓰는 방법은 열한 가지가 있습니다.
1. 주제를 다시 강조한다.
2. 제안하거나 호소, 당부한다.
3. 미래의 청사진을 제시한다.
4. 약속한다.
5. 남의 말을 인용하여 끝낸다.
6. 결론 낸다.
7. 요약한다.
8. 해법을 제시한다.
9. 판단과 결정을 내린다.
10. 앞부분의 주장을 다시 강조한다.
11. 질문한다.

잘 쓰는 방법 말고 피해야 할 금기도 있습니다. 마무리를 질질 *끄*는 것입니다. 설명은 소설가 안정효 작가의 『글쓰기 만보』의 내용을 인용하는 것으로 대신하겠습니다.

> 장황한 종결은 낭비다. 그것은 꽃상여와 비슷하다. 살아서는 뼈 빠지게 가난하여 누더기만 걸치고 옹색하게 살았던 사람이 죽은 다음 만장을 휘날리며 꽃상여를 타고 가서 어쩌겠다는 말인가?
>
> _안정효, 『글쓰기 만보』 中

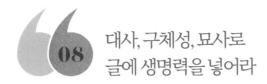

08 대사, 구체성, 묘사로
글에 생명력을 넣어라

서술로만 쓰는 재미 없는 글

글을 쓰고 읽는데 글이 힘이 없고 밋밋합니다. 글을 계속 읽고 싶은
마음도 들지 않습니다. 무엇이 문제일까요?

해결책은 대사를 넣고, 구체적으로 표현하고, 묘사를 넣는 것입니다.
대사, 구체성, 묘사를 이야기하기 전에 먼저 왜 내 글이 밋밋하고 재미없는
지 설명하겠습니다. 바로 글을 쓸 때 서술만 사용하기 때문입니다.

> 서술:
> 차가 전신주를 들이받았다. 구급요원들이 출동하여 운전자를 구했다.

대부분 이렇게 시간의 흐름에 따라 말합니다. 이것을 서술이라 합니다.
쓴 사람의 의도가 금방 드러납니다. 단점은 긴박감이나 상황이 드러나지
않습니다. 재미가 없습니다. 이렇게 재미없는 서술로만 쓰는 이유는 왜일
까요? 서술만 배웠기 때문입니다.

대사, 구체성과 묘사로 글을 바꿔 보겠습니다.

> 대사, 구체성, 묘사:
> 검은색 차가 큰 길가 옆의 전신주를 들이받았다. 범퍼가 깨지고 앞 유리에 검붉은 운전자의 피가 튀었다.
> "비키세요!"
> 들것을 들고 뛰어오는 소방관이 소리쳤다. 땀이 눈을 지나 볼까지 흐르고 있었다.

현장을 보는 것 같지 않나요? 느낌이 확 달라졌습니다. 영화처럼 장면이 그려집니다. 중요한 점을 깨닫습니다. 글을 쓸 때 "설명하지 말고 보여줘라."입니다. 이때 쓰는 도구가 대사, 구체성, 묘사입니다.

대사를 쓰면 문장이 짧아져 가독성이 높아진다

> 서술:
> 조종간을 잡으라고 부조종사에게 소리쳤습니다.
> 대사:
> "조종간을 잡아!"
> 부조종사에게 소리쳤습니다.

조종실의 긴박감이 느껴지나요? 대사는 그 자체가 짧은 문장이며 구어체라 읽기 쉽고 긴박감을 표현하기 좋아 가독성을 높입니다. 긴 설명 없이 현장 분위기와 감정까지 느낄 수 있습니다.

독자는 생각하거나 고민하지 않습니다. 이런 특성으로 가독성이 중요한 웹소설에서 주로 사용합니다. 심지어 의성어나 의태어까지 대사처럼 사용합니다. 자칫 지루할 것 같은 에세이나 기행문 중간중간에 재미있는 대사를 한두 개씩 넣으면 독자가 끝까지 흥미롭게 읽습니다.

구체적 표현은
장면 현장으로 독자를 이끌고 간다

스티브 잡스의 스탠퍼드대학 졸업 축사 영상을 보았습니다. 경험, 일과 사랑, 죽음에 관한 내용을 고민하게 하는 내용이었습니다. 잡스의 청년 시절이 눈앞에 생생히 그려지며 재미가 있었습니다. 연설을 잘해서일까요? 영상을 다시 보니 아니었습니다. 답은 구체성에 있었습니다. 잡스는 친구 집에 얹혀살며 고달팠던 이야기를 다음처럼 말합니다.

> "5센트짜리 코카콜라 병을 팔아서 끼니를 때우기도 했습니다. 매주 일요일 밤이면 7마일을 걸어 모처럼 제대로 된 음식을 먹기 위해 하리 크리슈나 사원의 예배에 참석하기도 했습니다. 정말 맛있었습니다."

빈 병이라 하지 않고 5센트짜리라 말하고, 멀리 걸었다 하지 않고 7마일이라 하고, 사원이라 하지 않고 하리 크리슈나 사원이라고 이야기합니다. 구체성으로 청중들이 연상하게 하였습니다. 구체성은 청중들이 그림을 그리게 하며 현실이라 믿게 만듭니다.

이처럼 사람들은 구체성을 좋아합니다. "어려운 이웃을 돕자." 하는 것보다 "16살 소녀 가장인 지은이를 도와주세요."로 목적을 정할 때도 "내년에는 매출을 50억까지"가 아니라 "내년 10월까지 연 매출 50억을 이루기 위해서는 한 달에 5억 원의 매출에 도전합시다."라고 해야 합니다.

글을 쓸 때는 "촌에 다녀 왔다."가 아니라 "충북 청주 무심골에 다녀 왔다.", "차를 타고"가 아니라 "10년 된 ○○회사 △△모델 차를 타고", "네가 어렸을 때"가 아니라 "네가 6살로 □□유치원에 다닐 때" 이렇게 구체적으로 표현합니다. 자기소개서에 "나는 부지런합니다."가 아니라 부지런하게 행동한 사례를 씁니다. 지명이나 명칭을 잘 모르겠으면 인터넷으로 검색하세요. 구체적 표현 하나가 글을 살립니다. "악마는 디테일에 있다."를 명심하세요.

오감으로 묘사하라

묘사의 사전적 뜻은 "어떤 대상이나 사물, 현상 따위를 언어로 서술하거나 그림을 그려서 표현한다."입니다. 그림을 '그려서 표현'이란 말에 집중해야 합니다. 말 그대로 그립니다. 거실의 모습, 친구가 웃는 모습, 데이트를 위해 한껏 꾸미고 나온 이성 친구의 모습 등을 글로 그립니다.

묘사를 사용하면 글의 표현이 풍부해지고 글맛을 살려 줍니다.

1951년 작 『호밀밭의 파수꾼』이란 책이 있습니다. 주인공 홀든 콜필드가 고등학교에서 퇴학당하는데 친구가 묘사 글쓰기 숙제를 부탁합니다. 퇴학당하는 친구에게 숙제를 부탁한다? 웃깁니다. 눈여겨볼 것은 숙제가 '묘사'라는데 있습니다. 미국은 글쓰기에서 묘사의 중요성을 알고 이미 학교에서 중요하게 가르치고 있다는 것을 알 수 있습니다. 글을 쓰는 사람은 묘사하는 법을 반드시 배워야 합니다.

평생 돈 버는 **비즈니스 글쓰기의 힘**

묘사를 빨리 잘하는 방법은 없을까요? 방법이 있습니다. 오감으로 씁니다. 한 상황에 대해 시각, 청각, 미각, 후각, 촉각 다섯 가지로 느낌을 그립니다. 글이 풍부해지고 감정이입이 쉽게 됩니다. 다음의 예문을 읽으며 서술과 묘사의 차이를 느끼고 몇 가지 감각이 들어갔는지 확인하세요. 오감 쓰기는 묘사의 시작입니다.

> 서술:
> 맞아서 아팠다.
> 오감 활용 묘사:
> 한 대 맞으니 골이 흔들리고 입에서 피 맛이 나고 흙냄새가 확 올라왔다. 귀에서는 계속 '웅웅' 소리가 났다.

관심과 관찰이 묘사력을 높인다

장기적으로 묘사력을 키우는 방법에는 무엇이 있을까요? 주변과 환경, 모든 것에 관심을 두고 관찰하는 것이 방법입니다. 일화를 소개하겠습니다.

프랑스 문단에서 『보바리 부인』으로 유명한 귀스타브 플로베르에게 소설가가 되고 싶은 청년이 찾아갔습니다. 스승은 소설은 안 가르쳐주고 "들어올 때 밟고 온 층계가 몇 개냐?" 하고 묻습니다. 청년이 모른다고 하자 스승은 "너는 소설가가 될 수 없다." 합니다. 오기가 생긴 청년은 나가서 계단을 셉니다.
"서른여섯 개요."

청년이 답하자 스승은 "일곱 번째 계단에서 무엇을 발견했나?"하고 또 묻습니다. 청년이 다시 나가 일곱 번째 계단을 보니 못이 빠져 있었습니다. 이번엔 스승은 어떤 소리가 나냐고 묻습니다. 청년은 나가서 계단을 밟아 봅니다. 청년은 스승이 무엇을 가르쳐 주려고 하는지를 깨닫습니다.

이 청년은 누굴까요? 자연주의 문학을 대표하는 작가로 명석한 문체와 훌륭한 인물·풍경·심리묘사 등의 천재라는 기 드 모파상입니다. 우리에게는 『여자의 일생』의 작가로 잘 알려져 있습니다. 스승인 플로베르는 묘사를 위해서는 주변 사물 및 사건에 관해 관심을 두고 관찰해야 한다는 것을 모파상 스스로 깨닫게 했습니다.

● 한눈에 보는 말하기(서술)와 보여주기(대사, 구체성, 묘사)의 차이 ●

말하기(서술)	보여주기(대사, 구체성, 묘사)
작가가 내린 결론과 해설을 독자에게 전한다. 독자가 스스로 생각할 기회를 안 준다. 대신, 독자가 어떻게 생각해야 하는지만 말한다.	독자에게 구체적이고 생동감 넘치는 세부 사항을 충분히 전달한다. 독자가 스스로 결론을 이끌어낸다.
추상적이다.	독자 머릿속에 구체적이고 상세한 그림을 그려낸다.
사실을 전달한다.	감정을 불러일으킨다.
서술적 요약이다.	극적 각색이다.
이야기 속 사건과 인물에 거리를 두게 한다. 수동적으로 정보를 받아들인다.	독자가 이야기에 들어가 능동적으로 참여한다. 적극적으로 정보를 받아들인다.
수동적 분위기	능동적 분위기

* 참고: 샌드라 거스 지음, 지여울 역, 묘사의 힘, 윌북 출판

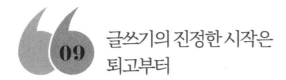

09 글쓰기의 진정한 시작은 퇴고부터

퇴고는 글쓰기의 시작

"고수는 글을 쓰고 나면 이제 시작이라고 생각하지만, 하수는 다 끝났다고 생각한다."

사람이 왜 글쓰기를 어려워하는지와 고쳐쓰기가 왜 중요한지 잘 설명해 주는 문장입니다. 이 고쳐쓰기를 퇴고라고 합니다.

글을 한 번에 완성하는 것은 대문장가나 가능한 일입니다. 대문장가처럼 쓰려니 글이 안 써질 수밖에 없습니다. 이런 마음 때문에 글을 못 쓰고 글쓰기에 소질이 없다고 자책합니다. 반면, 고수는 고치기를 통해 글이 완성된다는 것을 알고 있습니다. 부담 없이 초고를 가볍게 씁니다. 다 쓴 후 고쳐쓰기, 퇴고를 통해 글을 완성합니다. 작가는 쓰는 사람이 아니라 고쳐 쓰는 사람입니다.

글을 다 썼다고요? 끝난 게 아닙니다. 이제부터 시작입니다.

반복된 퇴고는 글의 완성도를 높인다

"어제 하나도 공부 못했어." 하며 백 점 맞는 친구가 있습니다. 과연 사실일까요? 거짓말인 것을 압니다. 그런데 책을 며칠 만에 쓰고, 한 번에 썼다는 분들이 있습니다. 믿어야 할까요? 제가 말씀드리겠습니다. 다 거짓말입니다. 이런 사례 때문에 글은 재능이 있어야 한다는 유언비어가 생겼습니다. 두 가지 사례를 설명하겠습니다.

첫째, 중국 당송팔대가(唐宋八大家) 중 한 사람인 소동파 일화입니다.

친구가 오자 소동파는 "방금 시 한 편을 단숨에 지었네." 하며 「적벽부」를 보여줬습니다. 일필휘지로 시를 짓다니 친구는 놀랍니다. 소동파가 접대를 위해 자리에서 일어났을 때 친구는 소동파의 방석 밑에 깔린 종이 뭉치를 발견합니다. 무슨 종이 뭉치인가 유심히 본 친구는 그것이 소동파가 수없이 「적벽부」를 고쳐 쓴 종이라는 것을 깨닫습니다.

둘째, 1950년대 미국 비트 세대의 왕 잭 케루악의 『길 위에서』입니다.

『길 위에서』는 70년이 지났지만, 타임이나 뉴스위크에 100대 명저로 포함되는 소설입니다. 케루악은 『길 위에서』를 마약에 취해 3주 만에 써냅니다. 미국의 작가 지망생들은 이 에피소드를 믿고 그를 선망합니다. 한국판 책 표지에도 이 이야기가 실렸었고 저도 사실로 믿었습니다.

비밀은 출판일에 있었습니다. 소설이 완성된 해는 1951년, 출간된 해는 1957년입니다. 6년 동안 꾸준히 퇴고한 것입니다. 케루악을 연구한 학자는 이 책의 출간 50주년 기념일 인터뷰에서 다음과 같이 말합니다.

"케루악은 자신이 즉흥적인 작가이고 한 번 쓴 글은 절대 고쳐 쓰지 않는다는 미신을 일부러 키웠습니다. 하지만 그건 사실이 아니에요. 그는

평생 돈 버는 비즈니스 글쓰기의 힘

정말로 최고의 장인이었고, 글쓰기와 글 쓰는 과정에 헌신했습니다."[3]

한 번에 썼다는 이들은 겸손함과 약간의 마케팅 요소를 위해 전설을 만들었다는 것을 알 수 있습니다. 이 사례가 주는 교훈은 "한 번에 쓰는 것은 없다. 글은 끊임없는 퇴고를 통해 완성한다."입니다.

"초고는 쓰레기다."라는 말을 남긴 헤밍웨이는 『노인과 바다』를 200번 이상, 『무기여 잘 있거라』는 50번 이상 다시 썼습니다. 존 F. 케네디 도서관 엔 결말이 서로 다른 『무기여 잘 있거라』가 47권이나 있습니다. 이건 약과 입니다. 괴테는 『파우스트』를 60년 동안 썼습니다. 알겠지요? 다시 말하지 만, 일필휘지는 없습니다. 퇴고를 통해 글은 완성됩니다. 열심히 퇴고하면 여러분도 할 수 있습니다.

퇴고는 성장이라는 욕구를 만족시킨다

퇴고의 주목적은 글의 완성이지만 퇴고하면서 또 다른 즐거움을 느낍 니다. 매슬로우의 인간 욕구 5단계 중 최고단계인 성장입니다. 잘못된 글 을 발견하고 퇴고의 원칙과 문장의 원칙으로 고치면 더 나은 문장과 글 이 탄생합니다. 그 문장을 다시 읽을 때의 짜릿함이란 어떠한 것과도 바 꿀 수 없습니다. 원석을 보석으로 가공한 것과 같은 기분입니다. 앉아 있 는데도 아드레날린과 도파민이 넘칩니다. 글을 쓸 때 가장 재미있고 맛날 때가 퇴고할 때입니다.

---

3) 라이언 홀리데이, 창작의 블랙홀을 건너는 크리에이터를 위한 안내서, 흐름출판 참고

마음가짐이 더 중요한 퇴고

퇴고 방법을 설명하기에 앞서 퇴고할 때 어떤 마음가짐을 가져야 하는지 먼저 설명하겠습니다. 마음가짐이 안 되어 있으면 퇴고 방법을 정확히 적용할 수 없기 때문입니다. 마음가짐을 다섯 가지로 분류하였습니다.

첫째, 내 글에 고칠 것이 있다고 생각하고 본다.

항공기 정비는 실수 하나만으로도 큰 사고로 이어질 수 있습니다. 선배 정비사들은 후배 정비사들에게 "항상 결함이 있다고 생각하고 봐라. 그래야 결함이 보인다."라고 가르칩니다. 퇴고할 때도 고칠 것이 있다는 생각으로 보면 더 많이 볼 수 있고 고칠 수 있습니다.

둘째, 다양한 시각으로 본다.

사람은 원래 가지고 있는 생각이나 신념을 확인하려고 하는 확증편향 성향 때문에 글을 쓰고 바로 보면 고칠 것이 없습니다. 확증편향을 깨는 두 가지 방법이 있습니다. 첫 번째는 시간 간격을 두고 보는 것입니다. 글을 쓰고 난 후 잠시 산책을 갔다 와서 보고, 하룻밤 자고 나서 보고, 출근할 때 보고, 화장실 가서 봅니다. 스티븐 킹은 소설을 쓰고 나면 구석에 던져놨다가 3개월 뒤에 다시 봤습니다. 시차를 두고 환경을 바꾸세요. 두 번째는 보는 매체를 바꾸는 것입니다. 모니터로 보고 종이로 출력해서 보고 다시 모니터로 봅니다. 중간에 글자체도 바꿔서 봅니다. 새롭게 보입니다. 제일 중요한 것은 제3자의 시각으로 봐야 한다는 것입니다.

셋째, 목적의식을 가지고 본다.

퇴고 방법을 한꺼번에 적용해 퇴고하려면 잘 안 보입니다. 한번 퇴고를 할 때 퇴고 방법을 하나씩 정해서 봅니다. "처음에는 문장을 짧게 만들고, 두 번째는 문장을 나누고, 세 번째로는 어휘를 바꿔본다."라는 식으로 한번 할 때마다 하나씩의 뚜렷한 목적을 가지고 봅니다.

넷째, 초고의 70%만 남긴다.

글은 줄이면 줄일수록 주제가 더욱 선명해집니다. 제 사례 두 가지를 소개하겠습니다. 2017년 병영문학상에 『칼과 송곳니』라는 단편소설을 출품할 때였습니다. 처음 공고는 A4 용지 25매로 나왔는데 나중에 20매로 줄었습니다. 5매를 과감히 삭제했습니다. 결과는 어땠을까요? 첫 출품에 입선이었습니다. 2021년 공직문학상에 『비돌이의 꿈』을 출품할 때였습니다. 원래 이 작품은 타 공모전에 출품했다가 떨어진 작품으로 원고도 20 매였습니다. 공직문학상 출품기준은 15매였습니다. 이번에도 5매를 과감히 날려 버렸습니다. 결과는 동화 부분 금상 국무총리상을 받았습니다. 명심하세요, 초고의 70%만 남기고 글을 줄이는 것이 좋습니다.

다섯째, 토할 때까지 본다.

글은 언제까지라는 것이 없습니다. 최고의 장점이자 최고의 단점이기도 합니다. 경험해 보면 알겠지만 보면 볼수록 고칠 것이 생깁니다. 언제까지 퇴고할까요? 토할 때까지 보세요. 그래야 좋은 글이 나옵니다.

퇴고는 내가 무슨 생각으로 글을 썼는지 알기 시작할 때부터

퇴고하는 방법을 I부 퇴고와 II부 퇴고로 나눴습니다. I부는 기본적인 글을 만드는 부분이고, II부 퇴고는 글의 완성도를 높이는 부분입니다.

Ⅰ부 퇴고

1. 문장을 짧게 잘라라.

　일단 자를 만큼 자르고 나중에 리듬을 붙여 나갑니다. 처음은 무조건 짧게 자릅니다.

2. 문단을 작게 나눠라.

　여기까지가 중요합니다. 문단을 나누다 보면 내가 무슨 말을 하고 싶어 했는지 보입니다. 자신도 헷갈리는데 퇴고가 될까요?

3. 중복된 단어를 빼라.

　문장을 자르고 문단을 나눴기 때문에 중복된 단어가 보이기 시작합니다.

4. 수동태를 능동태로 바꿔라.

5. '그리고, 그래서, 그러므로, 하지만' 등의 접속사를 빼라.

　빼서 말이 되면 빼세요. 접속사는 맥을 끊습니다.

6. '을/를, 이/가'를 뺄 수 있으면 빼라.

7. 입말로 해서 막히는 부분이 있으면 고쳐라.

8. 단어를 짧은 것, 상세한 것으로 바꿔라.

　그것이라는 표현보다는 정확한 명칭 이름을 넣어줘서 독자의 머리에 그려주세요.

　여기까지가 Ⅰ부 퇴고 방법입니다. 가장 기본적인 부분입니다. 이 부분을 두세 번 시도하면 문장에서 내가 하고 싶은 말이 뚜렷이 보입니다. 이때 Ⅱ부 퇴고로 들어갑니다.

Ⅱ부 퇴고

1. 중요한 부분을 서술한 곳을 찾아 묘사로 바꿔라.

　강조하고 싶은 부분을 서술로 하지 말고 묘사로 바꾸면 글의 집중도가 높아집니다.

평생 돈 버는 비즈니스 글쓰기의 힘

2. '매우, 많이, 너무, 아주' 등의 부사를 사용하지 말아라. 머리에 그려지는 표현
   으로 바꿔라.
3. 대사가 들어갈 부분은 없는가 찾아라.
4. 주제는 알기 쉬운가?
5. 예시와 사례는 적절한가?
6. 글의 흐름은 적절한가?
7. 비슷하고 같은 말을 반복하지 않는가? 과감히 삭제하라.
8. 진부한 표현은 없는가?
9. 필요 없는 문장, 비문은 없는가?
10. 단위를 바로 인지할 수 있게 바꿔라.
    30%면 10명 중 3명, 50%는 전체의 반으로 표현하여 독자의 머리가 복잡하
    지 않게 합니다.

퇴고할 때 문장에서 구절중복, 의미중복, 겹말, 주어와 서술어의 호응, 목적어와 서술어의 호응, 논리적 호응 등을 보라는 책들도 있습니다. 첫 번째 순서대로 문장을 짧게 완벽히 바꾸면 이런 것은 신경 쓸 필요가 없습니다. 아예 발생하지 않습니다. 조금이라도 말이 어려우면 무조건 잘라보세요. 내가 하고 싶은 말이 보입니다.

I부 퇴고를 두세 번 한 후 글이 뚜렷해지면 II부 퇴고를 합니다. 여기까지 마치면 I부 퇴고와 II부 퇴고를 섞어서 다시 합니다. 전체적인 흐름이 잡혔다고 생각하면 마지막으로 입말을 하면서 글의 리듬을 만드세요. 짧은 글만 있으면 리듬이 단조로우니 중간중간 두 문장을 합쳐 하나의 문장으로 바꿔 줍니다.

비밀병기 F8 키를 이용하라

컴퓨터가 없던 때는 글을 쓰고 수정이 필요하면 실제로 가위와 종이, 테이프, 풀을 들고 해당 부위를 잘라 필요한 부분에 붙였습니다. 컴퓨터의 보급과 발달로 수정이 쉬워져 필자 같은 사람도 글을 쓸 수 있게 되었습니다. 일단 쓰고 이리저리 수정하면 되니까요.

지금은 인공지능(AI)의 비약적 발달로 더 쉬워졌습니다. 워드프로세서 〈한글〉 프로그램에서 글을 쓴 후 키보드의 F8 키를 누르면 '맞춤법/교정' 기능이 작동합니다. 맞춤법뿐만 아니라 문맥의 흐름을 살려 수정할 곳을 알려주고, 예시도 보여줍니다. 어떻게 써야 할지 모르면 일단 쓰고 F8 키를 누르세요. 인공지능이 친절히 가르쳐 줍니다. 글을 오래 쓸 거라면 〈한글〉 프로그램을 최신 버전으로 사용하세요. 친절한 인공지능을 만날 수 있습니다. 알려주는 대로 고치다 보면 글 실력도 같이 성장합니다.

PART 4

맛깔난 고난도
글쓰기 스킬

01 글은 문장에서 시작한다

글쓰기는 문장부터 시작이다

글쓰기에 대한 철학을 강조하는 부분에서 이미 말했지만, 매우 중요하기에 다시 설명하겠습니다. 말의 시작은 어휘입니다. 다음은 어휘가 합쳐지는 문장입니다. 나머지는 문장이 합쳐져 이뤄지는 문단입니다. 문단을 구성하는 것은 여러 문장을 쓴 이후입니다. 문장을 잘 구성하지 않으면 문단을 조리 있게 배열한다고 해도 전달력이 없어 독자가 읽지 않는 글이 됩니다.

설명처럼 문장은 좋은 글의 시작이라 할 수 있습니다. 거꾸로 문장만 잘못 쓰지 않는다면 나쁜 글이 되지 않습니다. 가까운 예로 문자 메시지를 들 수 있습니다. 문자 메시지를 보낼 때 평균 세 줄 이상 보내지 않습니다. 문단을 구성하지 않고도 의미와 내용을 전달합니다. 잘 쓴 문장의 메시지를 받으면 기분이 좋습니다. 왜 그럴까요? 이유는 뇌가 글을 해독하는 데 에너지를 소모하지 않기 때문입니다.

문장은 기능의 영역이다.
많이 읽고, 많이 생각하고, 많이 고쳐라

PART 2, 3까지 배움의 단계를 설명했습니다. 배움을 끝냈으니 이제는 습, 習(익힐 습) 익혀서 내 것으로 만드는 단계입니다. 부수의 羽(깃 우)처럼 새가 날갯짓을 의식하지 않아도 저절로 나오게 만드는 과정입니다.

태권도로 전국대회 3위에 올랐던 선생님 이야기를 하겠습니다. 선생님은 고고 선수 시절 기상과 동시에 아침 운동을 하러 갈 땐 앞차기로 2km, 돌아올 때는 옆차기로 같은 거리를 왔습니다. 갔다 오면 점심시간이 되었습니다. 주먹을 얼마나 오래 쥐었는지 엄지손가락이 주먹 쥔 형태에서 안으로 더 굽어지지 않았습니다. 태권도 경기는 발차기 위주입니다. 기본이 되는 발차기를 끊임없이 갈고 닦아 전국 3위까지 할 수 있었습니다.

문장을 연습하는 것은 마치 태권도 선수가 발차기를 연마하는 것과 같습니다. 사람들은 글쓰기를 마치 지식만 익히면 될 것처럼 생각합니다. 글쓰기 책만 읽고 관련 지식을 쌓으면 글쓰기 실력이 늘어날 것이라고 생각합니다. 연습도 하지 않고 바로 글을 쓰려고 합니다. 하지만 습(習), 기능적으로 익히지 않으면 절대 안 됩니다. 실력이 쌓인다 해도 늦게 쌓입니다. 대부분의 글쓰기 책은 이 부분을 그냥 넘어갑니다.

그러면 우리는 어떻게 해야 할까요?

우선, 글을 쓸 때 문장을 잘 쓰는 기본항목을 이해하고 무조건 외웁니다. 이 부분은 머릿속에 박혀 있어야 합니다. 기본이기 때문에 저절로 나오게 해야 합니다. 이것도 외우지 않고 글을 쓰겠다고 하지 마세요. "나는 못 외워." 같은 나약한 소리는 절대 금지입니다. 큰 제목만 외우면 됩니다. 숨 쉬듯, 태권도 선수의 발차기가 저절로 나오듯, 습관화합니다.

다음으로 다양한 사례를 읽고 경험합니다. 나쁜 사례들은 이런 것이 있고, 이 부분을 이렇게 바꾸면 좋은 글이 되는구나 하고 느낍니다. 이런 느낌을 느껴야 퇴고도 가능합니다. 다시 강조하지만, 계속 문장을 보고 머릿속에서 고쳐야 머리의 뇌 구조가 바뀝니다. 이렇게 익힌 기술은 글을 쓸 때와 퇴고 시에 활용합니다.

책을 다 읽고 이 꼭지만 시험공부 한다는 생각으로 여러 번 보세요. 색종이로 좋은 문장을 가리고 틀린 문장을 먼저 보고 어떻게 고칠까 생각하고 종이를 내려 확인하며 연습하세요. 이곳의 예문을 복사하거나 책을 옆에 두고 글을 쓰기 전이나 퇴고하기 전에 꼭 한 번씩 읽어 보세요. 몇 번만 하면 뇌가 자동으로 기억하여 글을 쓸 때나 퇴고 시에 저절로 도출합니다. 어느 순간 버스나 지하철의 안내 문구, 고궁 안내판의 문장을 고치고 있는 자신을 발견할 것입니다.

문장을 잘 쓰는 기본항목

무조건 단문으로 써라. 간결하게 써라.

계속해서 강조합니다. 하나의 문장에 한 문장만 넣습니다. 단문으로 쓰는 것만으로도 잘못 쓰는 문장을 막아줍니다. 초고를 쓸 때부터 단문으로 쓰는 연습을 해야 합니다. 단문, 단문 명심하고 꼭 명심하세요. 아무리 강조해도 모자람이 없습니다.

'그리고, 그래서, 그러므로, 하지만' 같은 불필요한 접속사는 쓰지 않는다.

쓰지 않을 수 있다면 아예 쓰지 마세요. 글을 처음 쓰는 사람은 흐름이 끊길까 봐 접속사를 많이 넣습니다. 빼도 읽어지는 경우가 많습니다. 빼고 읽어진다면 과감하게 지우세요. 불필요한 접속사는 읽는 이의 리듬을 끊습니다.

수동태는 쓰지 않는다. 절대 피해야 한다.

다시 말하지만, 수동태는 글의 힘을 빼버립니다. 읽는 이의 힘까지 빼버립니다. 능동태로 써서 글에 힘을 줘야 합니다.

단어 중복을 피하라.

발음이 반복되면 문장 형태와 리듬이 매끈하지 않고 의미전달을 방해합니다. 반복된 패턴에 읽는 이가 질립니다. 다른 단어나 문장으로 바꾸세요. 웹소설은 가독성을 위해 등장인물들 이름의 자음도 다르게 합니다.

'을/를, 이/가'를 생략할 수 있으면 생략하라.

조사를 빼면 가독성이 높아지고 글이 늘어지는 것을 막아줍니다. 빼보세요. 글의 흐름이 빨라집니다.

'매우, 아주, 예쁜, 가장' 등 형용사와 부사는 사용하지 마라. 아니면 구체적으로 써라.

막연하고 보편적인 표현은 글의 신뢰와 흥미를 떨어뜨립니다. 읽는데 문제없으면 빼는 것이 좋습니다. 아니면, 구체적으로 표현합니다. 현대적 글쓰기에는 필요하지 않습니다. 오죽했으면 『유혹하는 글쓰기』의 저자 쓴 스티븐 킹은 "지옥으로 가는 길은 부사로 덮여있다.", 18세기 프랑스 대표적 계몽사상가이자 작가인 볼테르는 "형용사는 명사의 적이다."라고 했을까요.

주어와 서술어는 최고로 가깝게 붙여라.

주어와 서술어로 글과 말이 이해됩니다. PART 3의 4절 "문장과 단락, 짧고 촘촘히 잘라라."의 설명처럼 주어와 서술어가 멀어지면 누가 무슨 말을 했는지 헷갈립니다. 사람은 누가 무엇을 했는지에만 관심이 있습니다. "아! 그래서 네가 어떻게 했냐고?" 하는 말을 자주 듣는 이유입니다. 뇌도 이것에 맞춰 진화했습니다. 관련 있는 분야에는 에너지를 집중해 듣고, 관련 없는 부분은 흘려들어 에너지를 아낍니다. 물론, 관련 있는 부분은 주어와 서술어입니다. 이것을 모르고 주어와 서술어를 떨어뜨려 놓으면 독자는 계속 신경 써서 읽어야 합니다. 뇌는 과다한 에너지를 소모합니다.

이런 이유로 주어와 서술어는 무조건 딱 붙여 놓아야 합니다. "아침에 일찍 일어나 부지런히 학교 갈 준비를 한 아들은 마지막에 신발을 신었다." 부연 설명은 기억 못 해도 아들이 신발을 신은 것은 기억합니다. 주어가 뒤에 있어 읽기가 편했습니다. 부연 설명이 길면 무조건 주어를 뒤로 빼고 서술어 앞에 가져다가 놓습니다. 부연 설명은 기억 못 해도 누가 무엇을 하려 했는지 중요한 부분은 정확히 기억합니다. 읽기가 쉬워집니다.

목적어가 있는 문장구조는 "주어 + 목적어 + 서술어"이지만 목적어가 길다 싶으면 무조건 주어를 서술어 옆에 옮겨 놓으세요. "목적어 + 주어 + 서술어" 형태로 써서 뇌의 에너지를 보존하세요.

어려운 한자어 쓰지 마라. 전문용어는 풀어서 쓰거나 사용하지 않는다.

한자어가 섞인 글은 이해력을 떨어뜨립니다. 한글에도 좋은 표현이 많은데 굳이 쓸 필요가 있을까요? 우리를 어여삐 여겨 한글을 만들어 주신 세종대왕에 대한 보답이 아닙니다. 초고에서는 어쩔 수 없이 썼더라도 퇴고 시 한자어가 나오면 반드시 사전을 열어 유의어를 확인하세요.

또한, 전문용어를 사용한다고 해서 글의 수준이 높아지지 않습니다. 전문가처럼 보이지도 않습니다. 독자의 수준을 고려하지 않은 나쁜 글일 뿐입니다. 최악은 사전에도 안 나오는 전문용어의 약어를 사용하는 사람들입니다. 남들이 읽어 주지도 않는 글을 썼다는 것을 그 사람들은 아는지 모르겠습니다.

스티븐 호킹 박사는 『시간의 역사』라는 책에서 어려운 물리학을 일반인의 눈높이에서 설명합니다. 『총, 균, 쇠』와 『사피엔스』는 세계의 역사를 통찰하는 어려운 내용이지만 쉽게 써서 현대 고전이 되었습니다. 진정한 전문가는 단 몇 마디로 모르는 사람을 이해시키는 사람입니다. 어려운 단어를 늘어놓는 사람은 전문가처럼 보이고 싶은 사람입니다.

'의'는 무조건 빼라.

무의미하게 자주 쓰는 조사입니다. 빼보면 말이 되는 경우가 대부분입니다. 일본말의 잔재가 우리말에 남은 흔적으로 거리낌 없이 자주 쓰고 있습니다. '의'는 일본말의 の(노)입니다. 우리말의 문법대로 하면 일곱 가지 '격조사'로 쓰이며 스물한 가지 뜻이 있습니다. 만능 조사로 모든 곳에다 들어갑니다. 문제는 이 の(노)를 기계적으로 '의'로 해석한다는 데 있습니다. 『우리말 바로 쓰기』에서 예문을 빌려 오겠습니다.

> きのう私は私の家のうらの私の家の畑の私の家の桃をとってたべました。

여기서 の(노)를 '의'로 바꿔 보면

> 어제 나는 나의 집의 뒤의 나의 집의 밭의 나의 집의 복숭아를 따 먹었습니다.

직역할 때 '의'가 8개나 나옵니다. 이것을 우리말로 의역하면

> 나는 어제 우리 집 뒤에 있는 우리 밭 복숭아를 따 먹었습니다.

가 됩니다. 일제 강점기, 그리고 고전 부분에서 설명했듯이 일본 서적의 무분별한 번역으로 '의'를 남발하게 되었습니다. 국민동요 '나의 살던 고향은 꽃피는 산골'도 원래는 '내가 살던 고향은'이 돼야 합니다. 일제 잔재를 지우는 것만 아니라 '의'를 넣으면 글이 늘어지고 운율이 죽습니다. 문장의 힘도 빠져 수동태를 읽는 것과 같습니다. 읽기도 나쁘고 듣기도 나쁩니다. 일단 빼고 시작하세요.

어떤 책은 리듬을 맞추기 위해 넣고, 빼라 하지만 필자는 반대합니다. 일반인들은 무조건 빼는 것으로 시작해야 합니다. 나중에 고수가 되어 좋은 글이 무언지 알게 되면 그때 넣거나 빼면서 리듬을 만듭니다. 초보는 쓸 생각도 마세요. 저는 지금도 뺄 수 있으면 빼고 있습니다.

문장을 잘 쓰는 기본항목

- 무조건 단문으로 써라. 간결하게 써라.
- '그리고, 그래서, 그러므로, 하지만' 같은 불필요한 접속사는 쓰지 않는다.
- 수동태는 쓰지 않는다. 절대 피해야 한다.
- 단어 중복을 피하라.
- '을/를, 이/가'를 생략할 수 있으면 생략하라.
- '매우, 아주, 예쁜, 가장' 등 형용사와 부사는 사용하지 마라. 아니면 구체적으로 써라.
- 주어와 서술어는 최고로 가깝게 붙여라.
- 어려운 한자어 쓰지 마라. 전문용어는 풀어서 쓰거나 사용하지 않는다.
- '의'는 무조건 빼라.

※ 반드시 외우세요.

평생 돈 버는 **비즈니스 글쓰기의 힘**

02 초보에서 전문가까지 좋은 문장 익히기

초보자를 벗어나는 문장 기술

무조건 단문으로 써라. 간결하게 써라.

연기가 월천교 일대의 담수지를 서서히 덮으면서 이제는 담수가 불가능하여 담수지를 가곡천교 일대로 옮겼다.

> → 연기가 월천교 일대의 담수지를 서서히 덮었다. 이제는 담수가 불가능하였다. 담수지를 가곡천교 일대로 옮겼다.

모두가 초긴장하고 전국의 산불 상황을 수시로 점검하였다.

> → 모두가 초긴장하였다. 전국의 산불 상황을 수시로 점검하였다.

갑작스러운 친구의 이사로 주말에 일을 도와주게 되면서, 여자친구와의 약속을 변경하게 되었지만, 새로 이사 가는 곳이 바로 옆 동네라 약속을 바꾸지 않았다.

> → 갑작스러운 친구의 이사로 주말에 일을 도와주게 되었다. 여자친구와의 약속을 변경하게 되었다. 다행히 새로 이사 가는 곳이 바로 옆 동네라 약

속을 바꾸지 않았다.

'그리고, 그래서, 그러므로, 하지만' 같은 불필요한 접속사는 쓰지 않는다.

아침에 늦잠을 잤다. **그래서** 직장에 지각했다. **그러나** 사장님이 안 계셨다.

→ 아침에 늦잠을 잤다. 직장에 지각했다. 다행히 사장님이 안 계셨다.

서울은 한국 수도입니다. **그리고** 뉴욕은 미국 수도입니다.

→ 서울은 한국 수도입니다. 뉴욕은 미국 수도입니다.

나는 공부하기가 싫었다. **그래서** 꼴찌를 했다.

→ 나는 공부하기가 싫었다. 당연히 꼴찌를 했다.

수동태는 쓰지 않는다. 절대 피해야 한다.

그는 왕이라고 불리었다.

→ 사람들은 그를 왕이라고 불렀다.

선장의 지시에 의해 그물이 던져졌다.

→ 선장의 지시에 따라 그물을 던졌다.

굴착기는 작업자에 의해 작동됩니다.

> → 작업자가 굴착기를 운전한다.

단어 중복을 피하라.

우리 집은 **우리** 마을에서 제일 크다.

> → 마을에서 우리 집이 제일 크다.

직장에 다닐 수 **있고** 일을 할 수 **있고** 동료들과 이야기를 할 수 있는 것만으로도 행복한 인생이다.

> → 직장에서 일하고 동료들과 이야기할 수 있는 것만으로도 행복한 인생이다.

범인의 가방은 남자친구 돈**으로** 산 것**으로** 밝혀졌다.

> → 범인의 가방은 남자친구 돈으로 산 것이 밝혀졌다.

나만 이런 고민을 하는 **것이** 아닌 **것**을 알게 된 **것이** 너무 기쁘다.

> → 나만 이런 고민을 하는 것이 아닌 사실을 알게 되어 너무 기쁘다.

'을/를, 이/가를 생략할 수 있으면 생략하라.

청소를 했다.

> → 청소했다.

아들은 서울대를 가는 게 목표다.

> → 아들은 서울대 가는 게 목표다.

적용이 된다.

> → 적용된다.

사용이 된다.

> → 사용된다.

모두가 긴장했다.

> → 모두 긴장했다.

생기지가 않습니다.

> → 생기지 않습니다.

긴장을 놓을 수가 없다.

> → 긴장을 놓을 수 없다.

평생 돈 버는 비즈니스 글쓰기의 힘

'매우, 아주, 예쁜, 가장' 등 형용사와 부사는 사용하지 마라. 아니면 구체적으로 써라.

그는 **가장** 우수한 군인이다.

> → 그는 우수한 군인이다.
> → 그는 **사격이 일등인** 군인이다.

끝까지 잊지 않는 태도가 **가장** 중요하다.

> → 끝까지 잊지 않는 태도가 중요하다.

어린 왕자에게 장미는 제일 **예쁜** 꽃이었다.

> → 어린 왕자에게 장미는 **사랑이란 감정을 갖게 해준** 꽃이었다.

매우 주의하시기 바랍니다.

> → **특별히** 주의하시기 바랍니다.

그 친구는 **아주** 나쁜 사람입니다.

> → 그 친구는 나쁜 사람입니다.
> → 그 친구는 **거짓말을 밥 먹듯이 하는 나쁜** 사람입니다.

주어와 서술어는 가능한 한 가깝게 붙여라.

학생들은 변화된 수능시험과 다양한 입시제도 속에 정확한 정보를 얻을 방법이 제한되어 있어 어려움을 겪고 있다.

> → 변화된 수능시험과 다양한 입시제도 속에 정확한 정보를 얻을 방법이 제
> 한되어 있어 **학생들이** 어려움을 겪고 있다.

경찰들은 내일 예정 되어 있는 전국대학생 연합 집회에 참석하기 위해 모이는 학생들을 검문검색 하고 있다.

> → 내일 예정 되어 있는 전국대학생 연합 집회에 참석하기 위해 모이는 학생
> 들을 **경찰들이** 검문검색 하고 있다.

시민들은 지하철 사고로 숨진 희생자들을 추모하기 위해서 시청 앞 광장에 촛불을 늘어놓고 애도를 표하고 있다.

> → 지하철 사고로 숨진 희생자들을 추모하기 위해서 **시민들은** 시청 앞 광장
> 에 촛불을 늘어놓고 애도를 표하고 있다.

어려운 한자어 쓰지 마라. 전문용어는 풀어서 쓰거나 사용하지 않는다.
학생들은 시험을 위해 **숙면**을 취해야 합니다.

> → 학생들은 시험을 위해 편안하고 깊은 잠을 자야 합니다.

러시아의 포로 학대 사실이 알려지자 세계는 **경악**을 금치 못했다.

> → 러시아의 포로 학대 사실이 알려지자 세계는 깜짝 놀랐다.

평생 돈 버는 비즈니스 글쓰기의 힘

우리가 하는 일을 **단도직입적**으로 설명하면 무료봉사다.

> ➜ 우리가 하는 일을 한마디로 설명하면 무료봉사다.

문을 나선 국회의원들은 **일체의 언급을 회피하고** 자신들의 차에 올라 탔다.

> ➜ 문을 나선 국회의원들은 아무 말도 하지 않고 자신들의 차에 올라탔다.

산불 진화를 할 때 항공기 **장주***가 서로 겹치지 않게 해야 한다.

> ➜ 산불 진화를 할 때 항공기 비행경로가 서로 겹치지 않게 해야 한다.

(*장주: 항공기가 이·착륙할 때 충돌 등 사고를 피하기 위한 일정한 경로와 고도를 말한다.)

'의'를 빼라.

세계**의** 역사, 중국**의** 역사

> ➜ 세계 역사, 중국 역사

과거**의** 사건이 우리를 발목 잡았다.

> ➜ 과거 사건이 우리를 발목 잡았다.

성인이 되면 혼자**의** 힘으로 생활을 꾸려가야 한다.

> → 성인이 되면 혼자 힘으로 생활을 꾸려가야 한다.

반드시 수시로 읽어서 눈에 익숙하게 하세요. 시험 준비하는 수험생처럼 공부해야 합니다. 의외로 예문이 많지 않습니다. "이것만 외우면 되나요?" 하고 물을 수 있습니다. 답은 당연히 "아니요."입니다. 하지만, 한 가지 약속은 할 수 있습니다. 앞의 방법대로 쓰면 일단은 전문가는 아니라도 상급자는 됩니다.

상급자를 넘어 전문가로 가는 족보는 다음 단락으로 넘기겠습니다.

상급자로 가는 문장 기술

전문가로 나아가기 전에 다시 말합니다. 문장을 쓰고 바꾸는 영역은 학습의 영역보다 익히는 기능적인 영역입니다. 한번 읽어 보고 이해한다고 내 것이 되지 않습니다. 외우기도 어렵습니다. 대신, 반복적으로 보고 익혀야 합니다. 잘못된 문장과 수정된 문장을 바로바로 대조해 보고 눈에 익히세요. 잘못된 문장을 보면 뇌가 다양한 방법으로 사고합니다. 뇌 가소성에 의해 다양한 사고를 하는 뇌로 변화합니다. 글을 쓰기 전에 읽어 보고 퇴고하기 전에 읽어 보세요.

다양한 예문은 김정선 기자의 『내 문장이 그렇게 이상한가요』의 분류법을 참고했습니다. 수정되는 문장의 이유와 설명은 될 수 있는 대로 생략하거나 줄였습니다.

'적'을 빼라.
사회**적** 현상, 정치**적** 관계, 자유주의**적** 사상, 병리**적** 현상

> → 사회현상, 정치 관계, 자유주의 사상, 병리 현상

'들'을 빼라.

단어에 모든, 때, 복수라는 의미가 표현되어 있으면 '들'을 빼세요. 영문
의 복수형을 번역할 때 그대로 가져온 문장입니다.

벚꽃 나무들에 벚꽃들이 화사하게 피었다.

> → 벚꽃 나무에 벚꽃이 화사하게 피었다.

모든 경찰들이 손에 총들을 들고 자신들의 위치로 뛰어갔다.

> → 모든 경찰은 손에 총을 들고 자신의 위치로 뛰어갔다.

개미 떼들은 열린 문을 지나 구멍들이 줄지어 있는 땅으로 들어갔다.

> → 개미 떼는 열린 문을 지나 구멍이 줄지어 있는 땅으로 들어갔다.

'것'을 빼라.

달리는 것은 즐거운 것이다.

> → 달리기는 즐거운 것이다.
> → 달리기는 즐거운 일이다.

행복이라는 것을 추구하는 것은

> → 행복을 추구하는 것은
>
> → 행복을 추구하는 행위는

잘못된 문화가 존재했다는 **것**에 대한 증거

> → 잘못된 문화가 존재했다는 증거

이 마을은 내 고향인 **것**처럼 생각된다.

> → 이 마을은 내 고향처럼 생각된다.

영희와 철수가 서로 알고 지낸 **것**은 어린 시절부터였다.

> → 영희와 철수는 어린 시절부터 알고 지냈다.

내일은 반드시 갈 **것**이라고 믿었다.

> → 내일은 반드시 가리라고 믿었다.

'있는'을 빼라.

자전거를 타고 **있는** 아이들 옆에서 이 모습을 보고 **있는** 부모

> → 자전거를 타는 아이들 옆에서 이 모습을 보는 부모

마을 끝에 자리 잡고 **있는** 노인정

> → 마을 끝에 자리 잡은 노인정

우리가 확실히 알고 **있는** 것은 사랑하고 **있다는** 것이다.

> → 우리가 확실히 아는 것은 사랑한다는 것이다.

물고기는 바싹 말라 **있는** 상태였다.

> → 물고기는 바싹 마른 상태였다.

어둠에 싸여 **있는** 마을

> → 어둠에 싸인 마을

'있었다'를 빼라.

도로 끝으로 빌딩 숲이 이어지고 **있었다.**

> → 도로 끝으로 빌딩 숲이 이어졌다.

우리는 수업료를 걱정하지 않고 **있었다.**

> → 우리는 수업료를 걱정하지 않았다.

항상 깨끗한 상태에 **있었다.**

> → 항상 깨끗한 상태였다.
> → 항상 깨끗한 상태를 유지했다.

그 안건에 대한 토의가 **있을** 예정이다.

> → 그 안건을 토의할 예정이다.

서울에 **있었던** 사고 때문에 출발이 늦어졌다.

> → 서울 사고로 출발이 늦어졌다.

'관계에 있다'를 빼라.
그들은 가까운 **관계에 있었다.**

> → 그들은 가까운 사이였다.

그 운동선수와 친밀한 **관계에 있는** 친구 말에 따르면

> → 그 운동선수와 친밀한 친구 말에 따르면

'에게 있어'를 빼라.
나에게 있어 아이는 내 삶의 전부다.

> → 나에게 아이는 내 삶의 전부다.

평생 돈 버는 **비즈니스 글쓰기의 힘**

이번 프로젝트에 **있어서** 가장 중요한 점은 품질과 정확한 납품기일이다.

> → 이번 프로젝트에서 가장 중요한 점은 품질과 정확한 납품기일이다.

나에게 **있어** 여름은 열정의 씨앗이다.

> → 나에게 여름은 열정의 씨앗이다.

'하는 데 있어'를 빼라.

예산을 **다루는 데 있어** 가장 중요한 점은 사용 근거다.

> → 예산을 다룰 때 무엇보다 중요한 점은 사용 근거다.

살아**가는 데 있어** 가족보다 소중한 것은 없다.

> → 삶에서 가족보다 소중한 것은 없다.

자기소개서를 **쓰는 데 있어** 가장 중요한 점은 솔직함이다.

> → 자기소개서에서 가장 중요한 점은 솔직함이다.

'함에 있어'를 빼라.

글을 **씀에 있어서** 제일 중요한 것은 무엇을 전달하고자 함이다.

> → 글에서 제일 중요한 것은 무엇을 전달하고자 함이다.

강아지를 훈련시킴에 있어서 제일 중요한 것은 시기다.

> → 강아지 훈련에서 제일 중요한 것은 시기다.

네가 운전함에 있어서 제일 우선시 해야 할 것은 보행자의 안전이다.

> → 네가 운전할 때 제일 우선시 해야 할 것은 보행자의 안전이다.

'있음(함)에 틀림없다.'를 빼라.

증거로 보아 동일범의 소행임이 틀림없습니다.

> → 증거로 보아 동일범의 소행이 분명합니다.

그는 사랑받는 남편이 못되었음이 틀림없다.

> → 그는 사랑받는 남편이 아니다.

그는 주말여행에 대해 아내에게 동의를 구했음에 틀림없다.

> → 그는 주말여행에 대해 아내에게 동의를 구한 것이 분명하다.

'에 대한'을 빼라.

그의 실직에 대해 나도 도의적 책임을 느낀다.

> → 그의 실직에 나도 도의적 책임을 느낀다.

너의 주장에 **대해** 동의할 수 없다.

> → 너의 주장에 동의할 수 없다.

과장님은 진급에 **대해** 무관심한 척했다.

> → 과장님은 진급에 무관심한 척했다.

'들 중 하나'를 빼라.

그는 전형적인 대한민국 남자들 **중 한** 사람이었다.

> → 그는 전형적인 대한민국 남자였다.

이번 회의는 실패다. 우리 문제를 드러내는 것들 **중 어떤** 것도 언급되지 않았다.

> → 이번 회의는 실패다. 우리 문제를 드러내는 본질적인 문제는 아무것도 언급되지 않았다.

사장님이 성과가 높은 사무실들 **중 몇** 곳을 방문하고 가신대.

> → 사장님이 성과 높은 사무실 몇 곳을 방문하고 가신대.

형은 관련 자료들 **중 대부분**을 주민센터 직원에게 넘기고 왔다.

> → 형은 관련 자료 대부분을 주민센터 직원에게 넘기고 왔다.
> → 형은 관련 자료를 주민센터 직원에게 넘기고 왔다.

'같은 경우'를 빼라.

나 같은 경우에는

> → 내 경우에는

일본과 같은 경우에는

> → 일본의 경우에는

그 같은 경우는

> → 그 경우에는

'에 의한, 으로 인한'을 빼라.

경제는 보이지 않는 손에 의해 조종된다.

> → 경제는 보이지 않는 손에 조종된다.

지진에 의한 피해를 복구하다.

> → 지진 피해를 복구하다.

평생 돈 버는 **비즈니스 글쓰기의 힘**

프로그램 오류에 의한 동작 불능으로 인해 사고가 발생했다.

> → 프로그램 오류로 동작 불능이 되어 사고가 발생했다.

'에, 에게, 에게서'를 구분하라.

'에'는 무생물, '에게'는 생물에 사용한다는 것만 명심하라.

일본은 미국에게 선전포고를 했다.

> → 일본은 미국에 선전포고를 했다.

부모님에 카네이션을 선물했다.

> → 부모님에게 카네이션을 선물했다.
> → 부모님께 카네이션을 선물했다.

거래처에게서 어음을 받았다.

> → 거래처에서 어음을 받았다.

'로부터'를 빼라.

여자친구로부터 메시지를 받았다.

> → 여자친구 메시지를 받았다.

세상으로부터 격리되어 살아온 사람들

> → 세상과 격리되어 살아온 사람들

실패**로부터** 삶의 교훈을 얻었다.

> → 실패에서 삶의 교훈을 얻었다.

가난**으로부터** 벗어날 방법은 독서와 글쓰기다.

> → 가난에서 벗어날 방법은 독서와 글쓰기다.

친구**로부터** 들려온 소식은 절망이었다.

> → 친구에게서 들려온 소식은 절망이었다.

'시키다'를 빼라.

자식을 제대로 교육**시키지** 못한 점 죄송합니다.

> → 자식을 제대로 교육하지 못한 점 죄송합니다.

문제를 **야기시킨** 부품을 전량 폐기 처분하라.

> → 문제를 일으킨 부품을 전량 폐기 처분하라.

이 전선은 안방과 건넛방의 인터넷을 연결**시켜** 줍니다.

평생 돈 버는 비즈니스 글쓰기의 힘

> → 이 전선은 안방과 건넛방의 인터넷을 연결합니다.

사업을 하려면 우선 가족을 설득**시켜야** 한다.

> → 사업을 하려면 우선 가족을 설득해야 한다.

멋진 사람 소개 **시켜줘.**

> → 멋진 사람 소개 부탁해.

의혹을 증폭**시키는** 행동을 하지 마라.

> → 의혹을 증폭하는 행동을 하지 마라.

사다리의 다리를 고정**시키고** 올라가자.

> → 사다리의 다리를 고정하고 올라가자.

범인을 은닉**시킨** 자 또한 처벌할 것이다.

> → 범인을 은닉한 자 또한 처벌할 것이다.

너 자꾸 거짓말 **시킬래?**

> → 너 자꾸 거짓말할래?

생활 속 잘못된 존댓말

커피 나오셨습니다.

> → 커피 나왔습니다.

사이즈 없으세요.

> → 사이즈 없습니다.

일천 오백 원이십니다.

> → 일천 오백 원입니다.

화장실은 왼쪽으로 돌아가시면 있으십니다.

> → 화장실은 왼쪽으로 돌아가면 있습니다.

이벤트는 마감되셨습니다.

> → 이벤트는 마감되었습니다.

잠시만 기다리실게요

> → 잠시만 기다리세요.

포장이신가요?

평생 돈 버는 **비즈니스 글쓰기의 힘**

> → 포장해 가실 건가요?

'가(이) 되다'를 빼라.

협의**가 된** 사항부터 실시하도록 하겠습니다.

> → 협의가 끝난 사항부터 실시하도록 하겠습니다.

발견**이 된** 시간을 정확히 기록해야 합니다.

> → 발견한 시간을 정확히 기록해야 합니다.

준비**가 된** 사수부터 사격 개시

> → 준비된 사수부터 사격 개시

'될 수 있는'을 빼라.

마실 **수 있는** 물이 없어 어려웠다.

> → 마실 물이 없어 어려웠다.

아침에 일찍 일어나는 습관이 몸에 **밸 수 있도록** 도와준다.

> → 아침에 일찍 일어나는 습관이 몸에 배도록 도와준다.

내 행동이 **심했을 수 있어,** 미안해.

> → 내 행동이 심했지, 미안해.
> → 내 행동이 심했던 것 같아, 미안해.

'여기, 저기, 거기'는 '이곳, 저곳, 그곳'으로 아니면 구체적으로 써라. 아니면 아예 빼라.

여기가 내 고향이다.

> → 이곳이 내 고향이다.
> → ○○이 내 고향이다.

이곳이 도서관이다. **거기**서 친구들과 함께 공부했다.

> → 이곳이 도서관이다. **저곳**에서 친구들과 함께 공부했다.
> → 이곳이 도서관이다. 친구들과 함께 공부한 장소다.

언덕 위, **저기**가 할머니 집이다.

> → 언덕 위, 저곳이 할머니 집이다.
> → 할머니 집이 언덕 위에 있다.

'그 어느, 그 어떤, 그 누구, 그 무엇'을 빼라.

그 **어느 것도** 우리에게 도움 되는 것은 없어.

> → 어느 것도 우리에게 도움 되는 것은 없어.
> → 우리에게 도움 되는 것은 아무것도 없어.

평생 돈 버는 비즈니스 글쓰기의 힘

그 **어떤** 대처도 효과가 없었다.

> → 어떤 대처도 효과가 없었다.

우리가 모르는 사이 갑자기 그 문제는 드러날 것이다.

> → 우리가 모르는 사이 갑자기 문제는 드러날 것이다.

그 **누구도** 우리를 대신할 수 없다.

> → 아무도 우리를 대신할 수 없다.

좌절한 그는 **그 어떤** 조치도 취하지 않았다.

> → 좌절한 그는 아무 조치도 취하지 않았다.

'었던'을 빼라.

틀렸**었던** 문제를 다시 한번 풀어봐라.

> → 틀린 문제를 다시 한번 풀어봐라.

우울증에 빠져 지**냈던** 몇 년의 시간이 주마등처럼 지나갔다.

> → 우울증에 빠져 지낸 몇 년의 시간이 주마등처럼 지나갔다.

파리에서 보**냈던** 시간은 우리에게 특별한 기억으로 남았다.

> → 파리에서 보낸 시간은 우리에게 특별한 기억으로 남았다.

내가 며칠 동안 보아 **왔던** 너하고 지금의 너는 완전히 다르구나.

> → 내가 며칠 동안 봐온 너하고 지금의 너는 완전히 다르구나.

파리를 처음 방문**했던** 1995년, 나는 처음으로 자유를 느꼈다.

> → 파리를 처음 방문한 1995년, 나는 처음으로 자유를 느꼈다.

'는가'를 빼라.

네가 어떤 여자**인가를** 알기 위해서

> → 네가 어떤 여자인지 알기 위해서

이 프로그램의 정체가 무엇**인가를** 알기 위해

> → 이 프로그램의 정체가 무엇인지 알기 위해

왜 이렇게 길게 설명하**는가를** 알아야 합니다.

> → 왜 이렇게 길게 설명하는지 알아야 합니다.

마지막으로 다시 강조합니다. 나쁜 문장은 문장을 짧고 간결하게 쓰면 수정됩니다. 바른 문장은 모두 짧습니다. 짧게 쓰면 문제가 발생하지도 않

평생 돈 버는 **비즈니스 글쓰기의 힘**

고 모든 것이 해결됩니다.

상급자에서 전문가로 가는 문장 기술

죽은 비유를 사용하지 마라.

비유는 어떤 현상이나 사물을 직접 설명하지 않고, 다른 비슷한 현상이나 사물에 빗대어 설명하는 일을 말합니다. 직접적으로 말하는 것보다 신선함과 흥미를 느끼며, 의미를 더욱 생생하게 전달하는 효과가 있습니다. 하지만, 남들이 다 알고 있는 비유를 사용한다면 어떻게 될까요?

리듬감 있게 읽어가던 흐름이 뚝 끊어지며 읽기 싫어집니다. 독자들은 "혼자만 알고 있는 것처럼 얘기하네." 하며 글쓴이의 필력을 낮춰 봅니다. 비유하나 잘못 쓴 죄입니다. 이처럼 남들이 다 알고 있는 비유를 죽은 비유라고 합니다.

죽은 비유는 사용하지 않으니만 못합니다. 아예 쓰지 않든지 아니면 새로운 것을 계속 만들어 가야 합니다. 무라카미 하루키는 새로운 비유로 독자들을 깜짝 놀라게 합니다. 『수리부엉이는 황혼에 날아오른다』에서 무라카미 하루키는 글을 깊이 있게 쓰는 것을 요리하는 것에 비유합니다. "글을 기름에 담갔다 건지는 굴 튀김 처럼요."이런 톡톡 튀는 발상의 비유가 소설의 인기 비결이기도 합니다. 읽을수록 그의 비유에 놀랍니다.

비유는 현대 글쓰기 흐름처럼 아예 쓰지 않거나 쓰려면 색다르게 비틀어 사용하세요. 색다른 비유는 여러분의 글을 재미있게 읽게 하지만 죽은 비유는 글을 아예 안 읽게 만듭니다.

접속사를 비틀어 사용하라.

접속사를 아예 사용하지 말라고 했습니다. 그럼에도 글을 쓰다 보면 어쩔 수 없이 필연적으로 사용할 때가 있습니다. 한번 사용했는데 또 나온다면 중복을 방지하기 위해 접속사와 같은 역할을 하는 구절을 사용합니다.

중요한 것은 문장을 잘 쓰는 기본항목처럼 접속사를 사용하지 않아야 합니다. 미리 문장에 접속사를 사용하지 않게 만들어야 합니다. 접속사를 안 쓰는 예방 방법에는 항목별로 '첫째, 둘째, 셋째' 하며 나열하는 방법도 있습니다.

다시 강조합니다. 접속사는 사용하지 않는 것이 좋습니다.

문장의 마지막 어미를 바꿔서 힘을 주자.

문장의 마지막 부분, 어미(語尾) '이다.', '이었다.', '있었다.', '있었습니다.', '했었다.'를 이리저리 바꿔 봅니다. 글의 힘이 전체적으로 바뀝니다. 필자는 기본적으로 독자들을 높은 사람이라 생각해 천천히 설명하는 '있습니다.'를 사용합니다. 이 책도 '있습니다.'를 사용합니다. 차분히 가라앉고 조용해지는 분위기입니다.

하지만, 빠르게 치고 나가는 힘 있는 글에는 '이다.'라고 딱딱 끊어 나갑니다. 글을 배우는 사람은 '있습니다.'로 처음에 쓰는 것이 좋습니다. 더 성장하여 글의 성격이 빠른 호흡을 원할 때는 '이다.'로 딱딱 끊어 나갑니다. 에세이에서 사건의 흐름이 빠르거나, 자기주장이 강하게 들어가는 것에 효과가 있습니다. 단정 짓는 말에 신뢰할 수 있는 사례를 붙여 믿음을 준다면 독자는 더 바르게 몰입하여 따라옵니다. 기자들이 기사를 쓸 때 사용합니다.

필자는 '했었다.', '있었습니다.'를 잘 사용하지 않으려고 합니다. 기본적으로 수동태 표현에다가 인용과 사례도 힘없이 가져옵니다.

○○년 ○월 ○일 남궁용훈의 글쓰기 책 발표가 있었습니다.
○○년 ○월 ○일 남궁용훈이 글쓰기 책을 발표했었습니다.
○○년 ○월 ○일 남궁용훈이 글쓰기 책을 발표했습니다.
○○년 ○월 ○일 남궁용훈이 글쓰기 책을 발표합니다.
○○년 ○월 ○일 남궁용훈이 글쓰기 책을 발표한다.
○○년 ○월 ○일 남궁용훈이 글쓰기 책을 발표했다.

어느 문장이 좋으신가요?
'했었습니다.'는 필연적으로 수동태가 됩니다. '합니다, 한다, 했다' 어느 것에 더 힘이 있나요? 미묘한 차이를 알기 시작할 때 이것저것 사용해 보세요. 전체적 글의 흐름과 리듬을 조절할 수 있습니다.

동사형 문장을 써서 읽는 이에게 힘을 줘라.

문장은 네 가지 형태로 나눕니다.

- 명사형: 개념 중심의 관념적인 문장
- 형용사형: 수식이 많고 감성적인 문장
- 부사형: 느낌을 강요하는 문장
- 동사형: 생동감이 느껴지는 살아있는 문장

머리가 아파지죠? 고민할 필요도 없고 몰라도 전혀 문제없습니다. 설명을 위해 썼을 뿐입니다. 또한, 구분도 안 됩니다. 다 섞여 있어 비중으로 나눌 뿐입니다. 알아야 할 것은 명사형과 동사형입니다.

명사형 표현은 '명사' 말대로 그냥 정지해 있는 문장입니다. 죽어 있습니다. 동사형 표현은 '동사' 말대로 살아있습니다. 역동적입니다.

명사형과 동사형을 비교하겠습니다.

일과가 끝남과 동시에 (명사형)

→ 일과가 끝나자마자 (동사형)

8시까지 집합해라. (명사형)

→ 8시까지 모여라. (동사형)

평생 돈 버는 **비즈니스 글쓰기의 힘**

그녀는 울었다. (명사형)

> → 그녀는 울음을 터뜨렸다. (동사형)

네 가지로 설명할 수 있습니다. (명사형)

> → 네 가지로 설명하겠습니다. (동사형)

어느 문장이 살아있는 것 같나요? 문장의 끝을 바꿔 움직이게 해야 합니다. 한 문장의 움직임은 글 전체로 퍼져나가 생동감을 만듭니다.

명사형 문장은 주장을 규정짓고 나갈 때 필요합니다.

남궁용훈은 글을 잘 쓴다. (동사형)

> → 남궁용훈은 글쟁이다. (명사형)

딱, 뇌가 생각할 필요도 없이 각인시켜 줍니다.

명사형 문장과 동사형 문장을 이용하여 주장과 글에 생동감을 넣어 주세요.

여기까지가 전문가의 문장 기술입니다. 처음 글을 쓰는 분들은 여기까지 생각지 않으셔도 됩니다. 상급자 정도의 문장 기술만 숙지하고 퇴고하다 보면 어느덧 문장의 맛을 느낍니다. 이때 이 꼭지를 읽고 다시 퇴고합니다. 한발, 한발입니다. 결코, 빠르게 실력이 올라가는 방법은 없습니다. 안된다고 자책하지 않아도 됩니다. 여기를 읽는 것만으로도 여러분은 오늘 하루 0.1% 성장하였습니다.

03 살아 움직이는
묘사 익히기

묘사도 문장의 기술과 같이 연습해야 합니다. 『묘사의 힘』에서 샌드라 거스 작가가 말한 여덟 가지 묘사 방법을 참고하고 예문을 새로 넣었습니다. 설명은 간단히 했습니다. 변화된 문장을 읽어 보고 바꾸는 방법을 연구하기 바랍니다.

1. 오감을 활용하라.

말하기: 엄마를 안았는데 기분이 좋았다.
보여주기: 엄마를 안았다. 규칙적으로 뛰는 심장 소리가 **들렸다**. 익숙한 화장품 냄새가 **났다**. 따뜻한 **온기**가 전달되었다. 뺨이 달아오르고 스르르 졸음이 몰려왔다.

말하기: 산책을 했다. 기분이 상쾌했다.
보여주기: 산책로를 따라 걸었다. 새소리와 바람 **소리**가 나를 반겨주었다. 바람에 실려 오는 부드러운 **냄새**에 격하게 뛰던 심장이 천천히 뛰었다. 햇볕의 따뜻한 **온기가 손등**을 타고 들어왔다. 온몸이 달아올랐다.

2. 힘이 강하고 역동적인 동사를 사용하라.

뭉뚱그린 표현보다 구체적으로 표현합니다. '~하기 시작했다.'라는 글이 힘을 뺍니다. 동사로 짧게 씁니다.

> 말하기: 그는 자신의 마당을 **걸었다.**
> 보여주기: 그는 자신의 마당을 **거닐었다.**
>
> 말하기: 뚱뚱한 남자는 꽉 맞는 외투를 **입고 있었다.**
> 보여주기: 외투가 뚱뚱한 남자의 몸에 맞춰 힘겹게 **늘어났다.**
>
> 말하기: 아이는 **비틀거리기 시작했다.**
> 보여주기: 아이는 **비틀거렸다.**
>
> 말하기: 다리의 연결 볼트가 **풀리기 시작했다.**
> 보여주기: 다리의 연결 볼트가 **풀렸다.**

3. 구체적 명사를 사용하라.

독자가 그림을 머릿속에 그릴 수 있게 구체적 명사를 사용하세요.

> 말하기: 영희는 **아침 식사**를 했다.
> 보여주기: 영희는 **된장국과 김이 모락모락 나는 갓 지은 밥**으로 아침 식사를 했다.
>
> 말하기: 개가 영희를 향해 달려왔다.
> 보여주기: **검은색 시바견 뽈이는 귀를 납작 붙인 채 꼬리를 흔들며** 영희에게 달려갔다.

4. 인물의 행동을 작게 쪼개라.

한 행동을 잘게 쪼갭니다. 글에서 중요한 나의 상태와 감정 표현, 이야기 중심이 되고 강조할 부분에 사용합니다. 중요하지 않은 부분은 단순히 서술하고 넘어갑니다. 너무 많이 쓰면 분량이 늘어나고 산만해집니다.

> **말하기:** 나는 힘이 빠져 소파에 앉아 텔레비전을 봤다.
> **보여주기:** 털썩 소파에 쓰러졌다. 리모콘을 힘겹게 켰다. 생각할 힘조차 없었다. 텔레비전을 틀자 개그맨이 나왔다. 자기들끼리 떠들지만 웃음이 나오지 않았다. 오늘은 너무 힘들었다.

5. 비유를 사용하라.

> **말하기:** 아이는 **방긋** 웃었다.
> **보여주기:** 아이는 **아침 햇살같이** 웃었다.

6. 대화를 사용하라.

> **말하기:** 그는 비행기 기수를 올리라고 소리쳤습니다.
> **보여주기:** "기수를 올려!" 기장은 부기장에서 소리쳤다.
>
> **말하기:** 엄마는 아이에게 조심하라고 말했다.
> **보여주기:** "건널목을 건널 때는 반드시 신호등을 보고 초록색일 때 건너야 해." 엄마는 아이에게 조곤조곤 설명하였다.

평생 돈 버는 **비즈니스 글쓰기의 힘**

7. 내적 독백을 사용하라.

> **말하기**: 면접이 끝났다. 나는 안도했다.
> **보여주기**: 면접장을 나왔다. "휴, 다행히 떨지 않고 말했네." 나는 천천히 복도를 걸었다.
>
> **말하기**: 과장님은 안되는 주장만을 하고 있었다.
> **보여주기**: "하나님, 제발 과장님 좀 말려주세요." 과장님을 보고 빌고 또 빌었다.

8. 인물의 행동과 반응에 초점을 맞춰라.

"저는 성실합니다. 헌신적입니다." 처럼 말로 설명하지 말고 왜 성실한지, 왜 헌신적인지 구체적 사례와 행동으로 보여줍니다. 자기소개서에서 많이 하는 실수입니다. 또한, 감정을 말로 하지 말고 행동으로 보여줍니다.

> **말하기**: 저는 성실합니다.
> **보여주기**: 아침 6시에 일어나 신문을 돌리고 8시에 학교 가기를 무려 3년간이나 했습니다.
>
> **말하기**: 저는 헌신적입니다.
> **보여주기**: 대학교 4년 내내 매주 학교 기숙사 옆의 △△노인 요양원에 갔습니다. 어르신들과 이야기도 하고 휠체어도 밀어드리며 같이 산책을 했습니다.
>
> **말하기**: 그는 화가 났다.
> **보여주기**: 그는 신경질적으로 결제판을 책상에 집어 던졌다.

그는 연탄재를 발로 찼다.

말하기: 나는 그때 어찌할 바를 몰랐다.
보여주기: "○○ 씨 다음 회의 준비해야지요." 아무것도 들리지 않았다. 아무것
도 보이지 않았다. 멍하게 앉아 있는 것이 그때 내가 할 수 있는 전부
였다.

04 글의 얼개
세 가지

글의 얼개를 미리 정하면
내용에 집중할 수 있다

"두괄식으로 쓸까? 미괄식으로 쓸까?"

"전개는 어떻게 하지?"

"주장에 대한 논리는 어디에 넣지?"

글을 쓰기 전에 글의 구성 혹은 배열, 흐름, 주장에 대한 논리를 어떻게 구성해야 할지에 대한 고민입니다. 이 고민을 "글의 뼈대를 세운다.", "얼개를 세운다."라고 표현합니다. 주로 사용하는 얼개를 알면 이런 고민이 사라집니다.

그러면 주로 사용하는 글의 얼개는 어떤 것이 있을까요? 기본 얼개는 세 종류입니다. 열거형, 결론우선형, 공감형입니다. 대부분은 학교에서 두괄식, 미괄식, 서론·본론·결론만 배우고, 심지어 자유롭게 쓰라고 배웠기 때문에 모릅니다.

기본 얼개로 글을 쓰면 어떤 좋은 점이 있을까요? 여섯 가지 이점이 있습니다.

첫째, 글의 방향을 잃지 않는다.

둘째, 글 쓰는 속도가 빨라진다.

셋째, 문장의 질이 좋아진다.

넷째, 이야기의 분량 안배가 된다.

다섯째, 이야기가 누락되지 않는다.

여섯째, 중복을 방지한다.

내비게이션처럼 글의 방향을 명확히 가르쳐줘 주장이나 흐름이 흔들림이 없습니다. 내용만 집중하니 글 쓰는 속도가 빨라지고, 문장이 좋아집니다. 준비해 놓은 예시나 사례, 주장의 논리 등이 빠지지 않습니다. 논증의 사례들의 비중을 정확히 나눌 수 있어 이점이 많습니다.

얼개 글쓰기 설명은 야마구치 다쿠로의 『템플릿 글쓰기』를 참고했습니다.

서론, 본론, 결론 방식은
시간순, 정보순으로 쓰는 가벼운 문학적 글에

서론: 실상, 현황, 개요 실태를 분석한다.

본론: 이유, 사례, 원인, 문제점, 근거를 제시한다.

결론: 전망하고 예측한다.

서론, 본론, 결론 방식입니다. 결론을 앞으로 올리면 두괄식이 되고, 마지막에 넣으면 미괄식이 됩니다. 글 양의 안배는 서론은 10%, 본론은 70%, 결론은 20% 정도입니다. 이것이 우리가 배운 방법입니다.

말은 쉽습니다. 이 방식의 문제는 "본론을 어떻게 구성할 것인가?"에

평생 돈 버는 **비즈니스 글쓰기의 힘**

있습니다. 유시민 작가는 『유시민의 글쓰기』에서 논증의 아름다움을 구현할 때 필요한 세 가지 규칙을 말합니다.

첫째, 취향 고백과 주장을 구별한다.
둘째, 주장은 반드시 논증한다.
셋째, 처음부터 끝까지 주제에 집중한다.

본론에는 두 번째 규칙처럼 서론의 주장을 논증하는 예시나 사례가 반드시 들어가야 합니다. 그것도 세 번째 규칙처럼 주제에 벗어나지 않도록 해야 합니다.

문제는 넣는 방식을 모른다는 것에 있습니다. 어떻게 배열하라는 뚜렷한 방식이 없습니다. 글을 많이 써본 사람만이 압니다. 이런 문제로 필자는 생각의 흐름, 시간의 흐름에 따라 쓰는 에세이(독후감, 편지글, 감상문, 기행문 등) 같은 가벼운 글에 사용합니다. 예시를 보여 드리겠습니다.

에세이 예시, 주제 '반려견과의 행복'

서론: 반려견과 산책하는 모습과 우리 집에는 반려견 똘이가 있다고 시작

본론: 똘이를 입양한 후부터 성견이 될 때까지 재미있고 보람찬 사례를 이야기한다.

결론: 똘이는 이제 우리 가족이고 행복을 준다고 마무리

편지글 예시, 주제 '군에 간 아들에게 쓰는 편지'

서론: 아들에게 잘 있는지 인사, 생각나서 편지 쓴다라고 하며 시작

본론: 네가 간 후 어떤 일이 있었는지 시간순, 일의 중요도에 따라 나열

결론: 아들이 그립다. 사랑한다고 마무리

기행문 예시, 주제 '가을 설악산을 다녀오며'

서론: 어떤 계기로 가족과 함께 설악산에 갔다고 시작
본론: 시간순으로 여행하고 감동적인 이야기 서술
결론: 가족이 함께하여 사랑을 알 수 있었다고 마무리

예처럼 시간순, 정보전달의 중요도 순으로 쓰기에는 큰 문제가 없습니다. 문학적 글쓰기에 적합합니다. 처음 글을 배운 사람들이 주장문 계열에 쓰기는 어렵습니다.

우리가 쓰는 기능적인 글은
대부분 주장문

서론, 본론, 결론을 설명할 때 주장문이란 단어가 자주 등장합니다. 왜 필자가 주장문 이야기를 자꾸 할까? 의문이 듭니다.

글은 여러 가지가 있습니다. 내면을 표현하는 글(에세이), 어떤 물건이나 상황을 설명하는 글(설명문, 기행문), 지나온 과정을 설명하는 글(일기), 이야기를 쓴 글(소설, 동화)입니다. 이런 예시는 문학적 글쓰기입니다.

기능적 글쓰기는 자기 생각, 의견을 표현하는 주장문이 많습니다. 연설문, 보고서, 기획서, 논술, 자기소개서, 생활 속 이견 조율과 설득도 주장문의 서술 방식입니다. 아들에게 몸 건강히 지내라는 편지글도 이유를 넣으면 주장문이 됩니다. 주장의 강도만 다를 뿐입니다. 필자가 지금 쓰는 글도 주장문입니다.

주장문에는 세 가지 특징이 있습니다.
첫째, 주장문은 선택이 아니라 필수로 반드시 써야 한다.

둘째, 글 하나하나가 매우 중요하다.

셋째, 자주 써야 한다.

기획서는 거래처를 설득하는 것으로 회사의 존망을 결정합니다. 논술은 대학의 당락을 결정합니다. 자기소개서는 앞으로의 인생을 좌우합니다. 직장에서는 진급이 걸려 있습니다. 예처럼 주장문은 우리가 글을 배우는 주된 이유이고 목적입니다. 따라서, 자주 사용하는 "열거형과 결론우선형"도 주장문의 형식을 따릅니다.

정보전달은 '열거형'

열거형은 주제를 어떻게 풀어나갈지 먼저 이야기하고 몇 개 사례와 예시를 들어줍니다. 마지막에는 정리와 주장을 합니다. 주로 정보를 전달할 때 사용합니다.

스티브 잡스가 2005년 스탠퍼드대학 졸업식 축사에 사용했습니다. 잡스는 연설 시작에 가볍게 인사하고 이렇게 말합니다. "오늘 저는 여러분께 제 인생의 세 가지 이야기를 해볼까 합니다. 그게 전부입니다. 딱, 세 가지입니다." 이후, 첫째, 둘째 순번과 함께 경험, 일과 사랑, 죽음 순으로 말합니다. 마지막은 "항상 갈망하고 우직하게 나아가라." 하고 마무리합니다.

몇 개라는 명확한 목적지에 독자의 집중도가 높아집니다. 사례가 순번 별로 끊어져 쓰는 사람도 편합니다.

쓰는 방법은 다음과 같습니다.

정보전달 '열거형' 얼개 쓰기
A. 내가 어떤 이야기를 할 것인가 씁니다. 예시와 사례 개수를 말합니다. B. 예시와 사례1 C. 예시와 사례2 D. 예시와 사례3 ↓ E. 정리

'백설 공주 동화의 문제점'이라는 주제로 적용해보겠습니다.

정보전달 '열거형' 얼개 쓰기 실제 적용 '백설 공주 동화의 문제점'
A. 아이들에게 백설 공주를 읽어 주지 말아야 합니다. 이유는 세 가지가 있습니다. B. 첫째, 외모지상주의입니다. 예쁜 여자만이 도움을 받는 것일까요? C. 둘째, 여성의 독립성입니다. 꼭, 일곱 난쟁이의 보호를 받고 왕자의 도움을 받아야 했을까요? 스스로 어려움을 헤쳐나갈 수 없었을까요? D. 셋째, 새엄마에 대한 그릇된 인식입니다. 지금은 다양한 가족이 존재합니다. 새로운 가족의 형태에 선입견을 줄 수 있습니다. E. 아이의 바른 성장을 위해 백설 공주는 읽어 주지 말아야 합니다.

열거형에서 전달 효과를 높이는 방법은 중요도가 높은 것을 앞 순위

평생 돈 버는 **비즈니스 글쓰기의 힘**

에 놓는 겁니다. 독자들은 맨 처음 나온 것을 가장 중요하다고 생각하고 읽다 보면 집중도도 떨어집니다. 중요한 예시는 앞에 놓습니다.

주장 글은 '결론 우선형'

자기주장글에서 가장 많이 쓰이는 얼개로 이름처럼 주장과 결론을 글 앞부분에 두고 이유와 근거, 구체적 예시와 사례, 다시 결론을 이야기 합니다. 글 시작 부분의 주장, 결론은 독자가 이야기에 흥미를 갖게 하고 집중도를 높이며 집중해서 읽어야 한다는 부담감을 적게 만듭니다. 마지막에 다시 하는 주장과 결론은 독자에게 이 글의 목적이 무엇인지 기억하게 하고 앞부분의 잊힌 기억을 상기시켜 독자가 쉬운 글이라 생각하게 합니다. 앞과 끝만 기억하는 사람의 심리를 이용한 글쓰기입니다.

쓰는 방법은 다음과 같습니다.

주장 글 '결론우선형' 얼개 쓰기

A. 결론, 주장합니다. (Opinion, Point)

↓

B. 이유와 근거를 씁니다. (Reason, Reason)

↓

C. 구체적인 예시와 사례를 씁니다. (Example, Example)

↓

D. 다시 결론, 주장을 합니다. (Opinion, Point)

※ 영어의 앞글자를 따서 OREO, PREP기법이라고도 합니다.

계속해서 '백설 공주 동화의 문제점'이라는 주제로 적용하겠습니다.

<table>
<tr><td colspan="1">주장 글 '결론우선형' 얼개 쓰기 실제 적용
'백설 공주 동화의 문제점'</td></tr>
</table>

A. 아이들에게 백설 공주를 안 읽어주려 합니다.

B. 백설 공주 이야기에 여성의 외모지상주의와 독립성을 해치는 내용이 있고,
편모에 대한 나쁜 시각을 주기 때문입니다.

C. 이야기가 백설 공주에 대한 새엄마의 외모에 대한 질투로 시작합니다.
새엄마에 대한 잘못된 인식을 주고 여자를 속물로 그리고 있습니다.
숲에 들어갔을 때는 난쟁이들에게 보호를 받고 왕자에게 구조를 받습니다.
백설 공주가 꼭 난쟁이들과 같이 살았어야 했을까요?

D. 외모에 대한 편견, 여성의 독립성, 새로운 가족의 이해를 위해
백설 공주를 아이들에게 읽어 주지 않겠습니다.

결론우선형에서 전달 효과를 높이는 방법은 두 가지가 있습니다.

첫 번째 방법은 글 첫머리 주장과 결과는 짧고, 간결하고, 흥미 있게 써야 합니다. 장황하면 독자가 다음을 읽으려 할까요?

두 번째 방법은 이유와 근거에 공인된 수치, 자료들을 사용합니다. 독자의 믿음을 더 끌어올 수 있습니다.

공감을 끌어내는 것은 '공감형'

에피소드를 통해 독자의 공감을 끌어내는 얼개입니다. 처음에는 화자나 주인공의 안 좋은 상태를 표현합니다. 다음은 주인공이 바뀌게 되는 결정적 계기를 설명합니다. 이후 어떻게 변화하고 성장하였는지 설명하면서 마지막에는 밝은 미래나 해피엔딩을 보여줍니다.

평생 돈 버는 **비즈니스 글쓰기의 힘**

스토리가 있어 독자의 흥미를 끌어내는 장점이 있으나 드라마성이 약하면 전달력도 약합니다. 반면, 뇌는 이야기식 기억을 좋아하기 때문에 말하고자 하는 내용을 장기간 생생하게 전달할 수 있습니다.

공감을 끌어내는 '공감형' 얼개 쓰기
A. 안 좋은 요인, 마이너스 요인을 씁니다. ↓ B. 변화의 결정적 계기를 씁니다. ↓ C. 변화의 내용과 성장의 내용을 씁니다. ↓ D. 행복한 현재 아니면 밝은 미래에 관해 씁니다.

계속해서 '백설 공주 동화의 문제점'이라는 주제로 적용하겠습니다.

공감을 끌어내는 '공감형' 얼개 쓰기 실제 적용 '백설 공주 동화의 문제점'
A. 나는 한 여자아이의 엄마로 자신감이 없고 남의 시선을 느끼고 살았습니다. 심지어 우울증까지 있었습니다. ↓ B. 우연히 '백설 공주 동화의 문제점'에 대한 책을 읽었습니다. 내가 나 스스로 만든 여성상 속에 갇혀 살고 있다는 것을 깨달았습니다. ↓ C. 남들의 시선을 의식하지 않았습니다. 애 낳고 몸이 불었지만, 당당히 수영장도 다니고 입고 싶던 원피스도 입었습니다. 아이 손을 잡고 함께 유치원에도 갔습니다. 나 스스로 만든 감옥에서 나오니 나도 밝아지고 아이와도 친해졌습니다. ↓ D. 우울증도 사라지고 살도 빠지고 건강해졌습니다. 앞으로 아이와 더 행복하게 살 것입니다.

공감형 얼개 쓰기는 독후감 쓸 때 아주 탁월합니다. "B. 결정적 계기"를 책을 만나는 것으로 바꾸면 이야기가 굉장히 자연스럽게 흘러갑니다.

'공감형' 얼개 쓰기로 독후감 쓰기
A. 책을 만나기 전에 안 좋았던 모습을 보여준다. ↓ B. 책을 만나고 읽음으로 행동에 결정적 변화를 가져온다. ↓ C. 책에 어떤 내용에 감명을 받고, 어떤 내용이 나의 행동을 변화시켰다. ↓ D. 책으로 나는 미래를 꿈꾸고, 더 나은 삶을 살게 되었다.

어떻습니까? 순서대로 내용을 채워 넣으면 독후감 하나가 바로 나옵니다.

평생 돈 버는 **비즈니스 글쓰기의 힘**

글쓰기 실전
Road Map

05

글쓰기 | Road Map

1. 글을 쓰는 목적은 무엇인가?
- 도달할 명확한 목적지를 만든다.
- 목적이 불분명한 글은 불분명한 글을 쓰고, 목적이 명확한 글은 명확한 글을 쓴다.
- 설득인지 정보전달인지 동기유발인지 명확하게 하라.

2. 글을 읽는 독자는 누구인가?
- 20대 남성과 여성, 기혼자와 비혼자, 직장 상사인지 고객인지를 정확하게 특정하라.
- 기본적으로 중학교 2학년 수준에 맞춘다.
- 독자가 원하는 것은 무엇인가? 독자의 니즈에 맞춰라.
- 독자가 어떤 반응을 하기를 원하는가? 감동인지, 기쁨인지 등을 설정하고 써라.
- 독자의 지식수준은 어떠한가? 눈높이에 맞춰라.

3. 어떤 어조를 사용할 것인가?
- '우호적으로 격식을 차린' 어조가 좋다.

4. 글 소재를 찾아라.
- 생각나는 단어와 문장을 적어라.
- 마인드 맵을 작성하여 적극적으로 찾아라.

5. 소재를 한 줄로 정리하라.
- 대화, 자문자답하며 생각을 정리하라.
- 한 줄로 정리가 안 되면 쓸 수 없다.

6. 글의 얼개를 짜라.
- 서론, 본론, 결론, 열거형, 결론우선형, 공감형을 이용하여 글의 얼개를 결정하라.

7. 글의 얼개에 맞춰 한 줄로 쓴 소재를 맞춰 넣는다.

8. 쓰고 퇴고하고 소리 내어 읽어보고 반복하여 완성한다.

PART 5

실전 글쓰기
무작정 따라 하기

간절함은 글쓰기의 연료다

세상에 존재를 알리려 했던 그녀

19세기 후반 인물 중 레슬리 스티븐 경이라는 남성이 있었습니다. 그는 문학에 관심이 많아 문학가가 되는 것이 꿈이었습니다. 열정적으로 공부하여 결국, 케임브리지 트리니티 홀의 명예 특별연구원이 되고 명예 문학박사 학위까지 받습니다. 1880년대 당대 최고 작가였던 헨리 제임스, 조지 엘리엇과도 왕래하였습니다. 이런 문학적 관심과 달리 아이러니하게도 그가 남긴 유명한 문학작품은 없습니다.

그에게는 딸이 있었습니다. 딸은 아버지와 달랐습니다. 문학작품은 이론이 아니라 실제로 써야 하고 다양한 경험을 해야 한다는 것을 깨닫습니다. 그녀는 꿈이 소설가였지만 에세이 등 다양한 글쓰기를 접합니다. 여러 활동을 하고 느낀 감정을 활용합니다. 투고할 데가 있으면 적극적으로 투고하고 피드백을 받습니다. 그의 오빠와도 작품에 관하여 토론을 합니다. 이런 노력으로 딸 애덜린은 유명한 문학가가 됩니다. 그녀는 누굴까요? 그녀의 필명은 20세기를 대표하는 모더니즘 작가 '버지니아 울프'입니다.[4]

왜 갑자기 버지니아 울프의 이야기를 하느냐고요? 여러분에게 강조하

---

4) 스터디언 유튜브, 왜 공부해도 남는 게 없는가?, 위키피디아 참고

고 싶은 세 가지 이야기에 딱 맞는 사연이기 때문입니다. 세 가지 이야기는 다음과 같습니다.

첫째, 간절함이 있어야 글을 쓸 수 있다.
둘째, 뚜렷한 구체적 목적이 있어야 한다.
셋째, 계속적인 피드백이 글을 성장시킨다.

간절함과 절박함으로 쓴 글로
세상에 살아있음을 말하다

첫째, 간절함이 있어야 글을 쓸 수 있다.

계속 말하지만 뇌는 사람이 글을 쓰는 것을 싫어하고 나태하게 만듭니다. 이것은 몇만 년 동안 생존 법칙으로 이어온 진화 결과입니다. 버지니아 울프의 아버지, 레슬리 스티븐 경은 귀족이었습니다. 경제적으로 상류층은 아니지만 부족함이 없었습니다. 과연 그는 힘든 글쓰기를 하려고 했었을까요? 그는 상대적으로 쉬운 읽기만 했습니다. 그리고 그것에 대해 평했을 뿐입니다.

딸 버지니아 울프는 달랐습니다. 당시는 여성 차별이 심했습니다. 대학은 남성만이 갈 수 있었고, 남성만 다니는 길이 있었으며, 도서관은 남성과 동반해야만 입장할 수 있었습니다. 그녀는 『자기만의 방』에 이런 차별과 억압을 문학적으로 썼습니다. 그녀에게 소설은 무엇이었을까요? 자신이 살아있다는 증거였습니다. 나 여기 살아있다는 한 여성의 몸짓이었습니다. 살아있음을 보이기 위해 그녀는 글을 썼습니다. 어머니의 죽음과 함께 생긴 정신질환에 저항하며 차별하는 사회에 내가 살아있다는 것을 알리는 간절함과 절박함에 글을 썼습니다.

절박함으로 글을 쓴 사례는 많습니다. 러시아 대문호인 도스 도예프스키는 인세를 받으면 일부러 도박과 술로 탕진했습니다. 절박하지 않으면 글이 써지지 않기 때문입니다. 『대위의 딸』로 유명한 러시아 시인 알렉산드르 푸시킨은 방탕한 아내의 뒤치다꺼리를 하기 위해 돈을 벌어야 했습니다. 조앤 롤링은 이혼과 실직으로 아이 분윳값을 벌기 위해 『해리포터』를 썼습니다. 만일 여유가 있었으면 쓰지 않았을 거라 합니다.

여러분은 어떤가요? 블로그에 서평 하나 올려야 하는데, 라디오에 사연 보내야 하는데, 공모전에 출품할 에세이를 써야 하는데, 직장과 가정일로 피곤함에 지친 여러분은 몸이 움직여지지 않습니다. 어떻게든 써보려고 하는데 친구들이 부릅니다. 아이들이 놀아 달라고 합니다.

여러분이 이미 읽은 책들에서는 글쓰기 루틴을 만들라고 합니다. 맞습니다. 뇌에 습관을 들이면 에너지를 적게 소모하여 쓰기가 쉽습니다. 하지만, 이것은 생계에 여유가 있거나 직장에서 지적 활동을 하지 않고 노동강도도 약해 글쓰기에만 신경 쓸 수 있을 때입니다.

환경은 여러분이 글에 전념하지 못하도록 방해합니다. 거기다 뇌의 유혹까지 이기며 글을 써야 합니다. 간절한 마음이 글을 쓰게 만듭니다. 간절하게 원하고, 간절하게 생각하고, 간절하게 움직이세요.

성공의 제1원칙
'명확하고 중요한 목표'를 설정하라

둘째, 뚜렷한 구체적 목적이 있어야 한다.

자기계발의 고전 나폴레온 힐의 『성공의 법칙』이 있습니다. 성공의 법칙 중 제1원칙은 "명확하고 중요한 목표를 가져라."입니다. 명확한 목표설정부

평생 돈 버는 **비즈니스 글쓰기의 힘**

터가 시작입니다. 여러분이 글을 쓰는 이유는 무엇인가요? 버지니아 울프는 뚜렷한 목적이 있었습니다. 아버지에게 인정받고 여성을 말하는 소설을 쓰는 것이었습니다.

여러분이 글을 쓰는 목적은 무엇인가요? 돈을 벌기 위해서, 새로운 삶을 위해서, 책을 쓰기 위해서, 감정을 뱉어내기 위해서, 소통을 위해서, 그냥 남들이 하니까요? 어느 것인가요?

뚜렷한 목적이 없으면 주저앉고 마는 것이 글쓰기입니다. 글에 완성이라는 것은 없습니다. 뚜렷하고 선명한 목적을 설정하세요. 돈이라는 세속적 이유라도 상관없습니다. 목표를 설정하여 주변의 유혹에 흔들리지 말고 가세요.

내 글을 읽어 주는
반려자가 있는 사람은 행복한 사람

셋째, 계속적인 피드백이 글을 성장시킨다.

"블로그를 몇 년 했다.", "매일 원고지 다섯 매 분량의 글을 쓰고 있다." 하는 사람의 블로그를 들어가 봅니다. 화려하고 많은 내용을 썼는데 무언가 부족한 것이 느껴집니다. 중심내용이 잘 전달되지 않고 잘 읽히지도 않습니다. 무엇이 문제일까요?

버지니아 울프의 사례에서 보듯이 글에 대한 피드백이 없어서입니다. 글은 쓰다 보면 향상됩니다. 안 써본 사람보다 낫습니다. 퇴고하다 보면 실력이 향상됩니다. 하지만, 어느 부분이 부족한지 정확히 모른다면 정체됩니다. 노력만큼 실력이 향상되지 않습니다.

버지니아 울프는 집안 자체가 문화계의 로열패밀리였습니다. 여성이라 대학은 못 갔지만, 가정교사의 교육을 받고 스스로 공부하여 오빠가 이끄는 블룸즈버리 그룹에 들어가 남자들과 대등하게 토론까지 했습니다. 같이 토론하던 레너드 울프의 청혼을 받고 결혼합니다. 이후 같이 출판사를 운영합니다. 결혼하기 전에는 글을 오빠에게 피드백 받고 결혼 후에는 남편에게 피드백을 받습니다. 글 실력이 안 늘 수 없는 환경이었습니다.

피드백으로 글쓰기 실력이 향상된 세 가지 사례를 추가로 이야기하겠습니다.

먼저 스티븐 킹입니다. 그가 무명일 당시 반려되는 투고원고들을 돌려받았습니다. 출판사 중 간혹 고쳐야 할 것을 메모지에 써서 보내주는 경우가 있었는데, 그중 가장 도움이 된 것은 '퇴고는 초고의 10%'라는 메모였답니다. 『유혹하는 글쓰기』라는 책에서 퇴고는 초고의 10%를 줄이라고 강조하며 이 사례를 설명합니다.

두 번째는 필자 이야기입니다. 장편소설을 쓸 때 맞게 쓰는지 의심이 들었습니다. 꾸역꾸역 결국 다 썼습니다. 출판사에 원고를 보내고 전화했습니다. 전화 받은 직원에게 사정했습니다. "제가 글을 어떻게 쓰는지 모르겠습니다. 읽고 부족한 부분을 가르쳐 주십시오."라고요. 일주일 뒤 답장이 왔습니다. 네 가지 정도의 내용이 있었습니다. 이후 글을 쓸 때마다 이 편지를 다시 펼쳐 보았습니다. 이후 이렇게 여러분에게 글을 쓰고 있습니다. 문학수첩 편집부 직원님 감사합니다.

마지막은 유튜브 〈은재 TV〉의 김은재 씨의 사례입니다. 저도 글을 쓰는 사람이라 자주 시청했습니다. 그는 2년 만에 실력이 일취월장하고 지금은 글쓰기 강의까지 할 정도입니다. 어떻게 실력이 빨리 늘었을까 궁금해하며 유튜브를 보았습니다. 본업은 선생님이었지만 글쓰기에 욕심이 있어 휴직계를 내고 입문하였습니다. 글을 배울 때 같은 목적을 가진 사람들과 함께

평생 돈 버는 **비즈니스 글쓰기의 힘**

수업 듣고 토론하고 서로 피드백을 주고받았다고 이야기합니다. 개인의 노력에 상호피드백을 받아 실력이 빠르게 향상된 사례입니다.

재미있는 사실은 피드백을 남편이나 아내, 즉 반려자가 해주면 성공하는 작가가 된다는 사실입니다. 버지니아 울프는 당연하고, 스티븐 킹 작품의 첫 독자는 아내이고, 도스 도예프스키는 아내를 그의 속기사로 만났습니다.

여러분은 어떤가요? 아내나 남편이 아니라도 누군가 여러분의 글에 대해 조언을 해주거나 감상을 정확히 해주는 사람이 있을까요? 주변을 둘러보며 애써 찾지 마세요. 가뜩이나 책도 안 읽는 사람이 대다수인데 여러분의 글을 읽고 평가해준다. 전 기대도 하지 않습니다. 이렇게 내 글을 읽어주고 평가를 받고 조언을 받는 것은 매우 중요하면서도, 그만큼 어렵습니다. 글을 쓰는 실력자의 조언을 받는 것은 생각도 못 합니다.

그렇다고 포기해야 할까요? 두 가지 방법을 추천합니다.

첫 번째로 믿을 만한 모임에 들어가는 방법입니다. 글쓰기 열풍이라 글쓰기 단톡방이 많습니다. 하지만, 여기도 단점이 있습니다. 다 실력이 고만고만해 무엇이 잘못되었는지 알 수 없습니다. 잘못하면 실력 없는 글쓰기 강의에 호객 당할 수 있습니다.

두 번째 방법은 공모전에 도전하며 성장하는 방법입니다. 필자가 써온 방법입니다. PART 5의 6절 "공모전으로 성장하라"에 자세히 설명하였습니다.

02 글쓰기 사전 준비
여섯 가지

여섯 가지 준비로
글을 편안하게 쓰자

직장과 가정생활을 하는 바쁜 와중에도 글을 쓰기 위해 어떤 것을 준비해야 하는지 여섯 가지로 설명하겠습니다.

첫째, 기계식 키보드를 사용하라.
둘째, 최신 〈한글〉 워드프로세서를 사용하라.
셋째, 게이밍 의자를 사용하라.
넷째, 일찍 자고 새벽 시간을 노려라.
다섯째, 스마트폰을 보지 않는 습관을 들여라.
여섯째, 잘 먹어라.

첫째, 기계식 키보드를 사용하라.

노트북은 이동을 위한 컴퓨터입니다. 여기서 노트북의 첫 번째 문제가 발생합니다. 노트북은 크기를 줄이기 위해 모니터가 바로 앞에 있고 자판을 모아놨습니다. 자판에 맞춰 손가락을 놓고 치다 보면 몸이 움츠러듭니다. 모니터와 눈의 간격을 유지하다 보면 자세는 더 구부정하고 어정쩡하게 됩니다. 금방 피곤해집니다.

두 번째 문제는 노트북의 두께를 줄이기 위해 자판의 쿠션을 없앴다는 데 있습니다. 무시무시한 경고를 하겠습니다. 손가락 관절염 걸리고 싶으면 그냥 노트북 키보드를 사용하세요. 노트북 키보드는 쿠션이 없어 손가락이 내리치는 힘을 손가락 관절이 모두 받아들입니다. 어느 순간 손가락 관절이 퉁퉁 부어 있습니다. 노트북 키보드는 잠깐잠깐 사용하는 것이지 장시간 사용하는 것은 아닙니다.

그중에 최악은 이동하기 좋다고 모니터 크기가 작은 노트북을 구매하는 경우입니다. 나쁜 점 모두가 결합되어 있습니다. 장편소설을 쓴다고 10인치 넷북으로 구부정한 자세로 한 달가량을 습작했습니다. 엄청 피곤했습니다. 어느 순간 손가락 관절이 너무 아팠습니다. 나이 탓이려니 했지만, 퇴고하면서 키보드 치는 횟수를 줄이니 통증이 사라졌습니다. 키보드가 문제라는 것을 깨달았습니다.

데스크형을 사용하는 것도 좋지만 냉각팬 소음이 있으며 이동이 곤란합니다. 저의 추천은 15인치 노트북을 사고 따로 기계식 키보드를 구매하는 방법입니다. 모니터 크기도 적당하고 이동하기도 쉽습니다. 가격이 의외로 쌉니다. 여기에 자기의 기계식 키보드를 가지고 다닙니다. 반려견이 아니라 작가의 반려 키보드를 만들고 항상 가지고 다니며 습작할 때 사용하세요. 반려동물과 함께 있어 행복한 것처럼 반려 키보드를 치는 것만으로도 기분이 좋아집니다.

둘째, 최신 〈한글〉 워드프로세서를 사용하라.

가장 큰 이유는 우리나라 모든 공모전 양식 기준이 〈한글〉이기 때문입니다. 비교하고 이해하기도 빠릅니다.

그런데 필자가 최신 〈한글〉 워드프로세서를 사용하라는 이유는 높아진 인공지능 때문입니다. 최신 인공지능은 여러분에게 좋은 글이 무엇인지 예시를 보여주고 바로잡아 줍니다.

퇴고 관련 꼭지에서 잠깐 설명했지만, 〈한글〉에서 'F8'키를 누르면 퇴고(맞춤법 검사/교정) 기능이 실행됩니다. '시작'을 누르면 빨간 줄 그어진 부분을 지적하며 다양한 교정 사례를 보여줍니다. 이중피동형, 수동태, 필요 없는 '을/를, 이/가' 등도 잡아줍니다. 수정하면서 내 글이 왜 틀렸는지 알 수 있습니다.

퇴고해주는 인공지능은 글쓰기 공부의 과외 선생님입니다. 〈한글〉 프로그램은 유료지만 과외선생님은 무료입니다.

셋째, 게이밍 의자를 사용하라.

단톡방에서 알게 된 사람에게 글쓰기를 가르쳐 드리고 있었습니다. 그런데 그분이 글쓰기가 너무 힘들다는 것이었습니다. 왜 그런가? 하고 영상통화로 그분의 방을 살펴보니 좌식으로 앉아 쓰는데 등받이 없이 쓰고 있었습니다. 허리로만 상체의 하중을 지탱하니 당연한 결과였습니다.

그분께 게이밍 좌식 의자를 추천했습니다. 다음 주 코칭 때 너무 편해서 좋다는 답변이 왔습니다. 책상이 아니라 바닥에 앉더라도 등받이가 있는 인체공학 의자를 사용해야 합니다.

두 가지 이유가 있습니다.

하나는 허리보호입니다. 키보드를 치다 보면 당연히 상체가 앞으로 기울어지고 자세가 틀어집니다. 장시간 같은 자세를 유지하기 때문에 잘못된 자세는 디스크를 유발합니다.

다른 하나는 글쓰기의 편안한 기억입니다. 의자에 앉아서 느낀 편안하고 포근한 경험은 다음에 글을 쓰려고 할 때 뇌가 거부하지 않습니다.

많은 의자 중에 왜 게이밍 의자를 추천했을까요? 현대 글쓰기는 컴퓨터로 하기 때문입니다. 몰입하여 같은 자세로 장시간 하는 것이 게임과 같습니다. 게이밍 의자는 게임을 오래 하는 사람들을 위해 설계되었습니다. 즉, 키보드와 모니터를 보는 사람에 맞춰 설계되었고, 장시간 게임하는 사

평생 돈 버는 비즈니스 글쓰기의 힘

람을 위해 안락함을 높였습니다. 인체공학 의자를 비싸게 샀는데 써보고 실망하는 것보다 게이밍 의자를 선택하는 것이 더 낫습니다.

넷째, 일찍 자고 새벽 시간을 노려라.

직장에서 스트레스받고 집에서 아이들과 온종일 싸웠는데 글을 쓰라고요? 과연 쓸 수 있을까요? 뇌는 바로 다른 모드로 전환이 안 됩니다. 직장에서의 일을 잊으려 해도 머릿속에서 떠나지 않습니다. 다른 책에서 루틴을 만들어 쓰라 하는데 어떻게 루틴을 만들까요?

'아침 글쓰기'를 하면 됩니다. 1996년 막노동꾼으로 서울대학교에 수석 입학하고 지금은 변호사로 활동 중인 장승수 작가의 『공부가 가장 쉬웠어요』에 다음과 같은 내용이 나옵니다. 공부할 때 밤늦게까지 안 풀리는 수학 문제를 고민하다 잠들면 잠자다가 풀이와 답이 떠오르고 일어나면 풀린다는 내용입니다.

'아침 글쓰기'는 이 잠의 효과를 이용합니다. 잠자기 전에 글을 어떻게 쓸 것인가 개요를 짜고 인용이나 참고할 내용을 읽어 봅니다. 그러고는 일찍 취침합니다. 10시 전에 잠들면 새벽 4시, 5시까지 6시간에서 7시간을 취침하게 됩니다. 그리고 기상과 동시에 바로 글을 씁니다. 신기하게 잘 써집니다. 잠의 효과에 의해 어제의 일은 사라져 머릿속이 맑습니다. 글이 써지지 않더라도 몸이 편해져 의욕이 넘쳐납니다.

필자도 목차의 개요를 어떻게 구성할지 고민하다 자고 일어나면 써지는 기적을 많이 경험했습니다. 이제는 고민하지 않고 자료만 보고 잠에 일찍 듭니다.

4시에 일어나는 미라클 모닝과 같습니다. 다만 글을 쓴다는 것이 다릅니다. 만일 4시가 부담스러우면 5시나 6시에 일어나는 것도 관계없습니다. 2시간 이상 글을 쓰면 체력적으로도 어렵고 머리가 더는 움직이지 않습니다. 2시간이 최대입니다. 2시간을 기준으로 출근 시간에 맞춰 일어나면 됩니다.

나는 아침형 인간이 아니다. 못하겠다면 '산책 글쓰기'를 하세요. 저녁 식사를 하고 어떻게 글을 쓸 것인가 자료를 보고 산책을 합니다. 산책의 효과를 앞서 설명했습니다. 머리가 맑아지면서 어느 정도 정리됩니다. 이때 떠오르는 영감을 메모하고 들어와서 저녁 늦게까지 글을 씁니다.

이 두 방법도 안 된다면 주말에 몰아 쓰는 '주말 글쓰기'를 합니다.

최악의 방법으로는 '술 마시고 자고 일어나 글쓰기'가 있습니다. 세 가지 장점과 한 가지 단점을 가지고 있습니다.

첫째, 당이 충족되어 뇌가 거부하지 않는다.

둘째, 잠을 잤기 때문에 머리가 맑아 아이디어가 떠오르는 때가 많다.

셋째, 술을 먹고 잤으니 열심히 해봐야지 하는 의욕이 넘친다.

단점은 성인병이 걱정되고 술을 조금만 마시고 자야 하는데 많이 마시고 자면 아예 쓸 수 없는 상태가 되는 경우가 있습니다.

아침에 쓰고 먹고 자고, 오후에 일어나 쓰고 먹고 자고, 저녁에 일어나 쓰기로 세 개의 목차까지 쓴 적이 있습니다. 머리가 복잡하거나 피곤한데 글을 반드시 써야 할 때 사용하는 방법입니다.

'아침 글쓰기', '산책 글쓰기', '주말 글쓰기', 그리고 개인적으로는 최악이었으나 여러분에게는 최고일지도 모르는 최악의 '술 먹고 자고 일어나 글쓰기'로 인생을 바꿀 기회도 잡으세요.

다섯째, 스마트폰을 보지 않는 습관을 들여라.

글을 쓸 때는 스마트폰을 무음으로 하거나 멀리 치워야 합니다. 캘리포니아대학 연구에서 스마트폰과 몰입에 관한 연구를 했습니다. 몰입을 깨는 외부 방해가 30초만 있어도 공부나 일에 다시 몰입할 때까지 평균 20분 정도 걸린다는 내용이었습니다. 스마트폰을 보지 않아도 '딩동' 하는

평생 돈 버는 비즈니스 글쓰기의 힘

알림음 자체가 몰입을 깨뜨린다는 사실을 알아야 합니다.

이때 스마트폰을 열어보면 뇌의 피로도까지 높습니다. 뇌의 섬엽이라는 곳은 공상과 집중상태를 전환시켜주는 스위칭 역할을 합니다. 글을 쓰다 스마트폰을 여는 행위는 이 섬엽 스위치를 껐다 켜는 활동입니다. 뇌에 피곤함이 증가합니다.

힘들게 마련한 글쓰기 시간을 필요 없는 스마트폰의 알림음, 가십거리에 날릴 건가요? 글을 쓰려거든 스마트폰을 아예 무음으로 하거나 멀리 치워야 합니다.

여섯째, 잘 먹어라.

스티븐 킹은 한때 글을 쓰기 위해서 술을 많이 마셨다고 이야기합니다. 여기에는 두 가지 이유가 있습니다.

첫째, 용기를 얻기 위해서입니다. 글을 쓰는 것은 매번 도전 과정입니다. 아무리 글을 자주 썼다고 해도 잘 쓸 수 있을까? 겁이 납니다. 뇌에 알코올이 흡수되면 두려움이 조금 사라집니다.

둘째, 뇌에 많은 칼로리를 보내기 위해서입니다. 뇌가 창조적인 일을 할 때 많은 칼로리를 소모합니다. 악기연주를 연습할 때 평소 소비 열량보다 200칼로리 이상 소모한다는 연구가 있습니다. 뇌의 전체 영역을 사용하는 글은 얼마나 많은 칼로리를 소모할까요? 많은 칼로리 소모를 알고 뇌가 미리 요구하는 행위입니다.

글을 쓰다 보면 지칩니다. 지치지 않게 매 끼니는 든든히 챙겨 먹고 허기지지 않게 해야 합니다. 배가 부른 만큼 좋은 글이 나옵니다.

글을 쓰기 위해서는
우선 바른 습관을 가져라

여섯 가지 모든 사례를 알아봤습니다. 기계식 키보드와 게이밍 의자를 준비하라 같은 내용도 있지만, 핵심 내용은 바른 습관을 지니라는 것에 있습니다. 글을 쓰기 위해서 스마트폰 보는 시간을 줄이고, 술 마시는 시간을 줄이고, 식습관을 바르게 하고, 일찍 자고 일찍 일어나야 합니다. 글을 쓰기 위해서는 바른 습관을 만드는 것이 우선입니다.

　　　　　　　　　　　평생 돈 버는 비즈니스 글쓰기의 힘

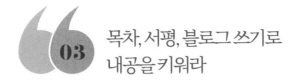

03 목차, 서평, 블로그 쓰기로 내공을 키워라

속독과 낮은 문해력은 독서의 적

"이거 읽었던 책이었어? 찾아보니 집에 같은 책이 있네."
"읽긴 읽었는데 기억이 하나도 남아있지 않아."
"여운은 많이 남는데 무슨 이야기였더라."

책을 대충 읽어서일까요? 아니면, 책 내용이 진짜 기억이 안 나는 걸까요? 정답은 둘 다입니다.

책을 읽어도 읽은 것 같지 않은 두 가지 이유 중 책을 대충 읽어서라는 내용을 먼저 설명하겠습니다.

책을 대충 읽는 이유는 두 가지로 구분할 수 있습니다. 첫째는 문해력 부족, 둘째는 과시욕에 의한 속독입니다. OECD에서 문해력은 "텍스트를 이해하고, 평가한 뒤 이를 활용할 수 있는 능력이다. 문해력은 단순히 단어와 문장을 해독하는 것을 넘어 복잡한 텍스트를 읽고 그를 해석하는 능력까지 모두 아우른다."라고 정의합니다. 문해력이 낮은 상태에서 책을 읽으면 글자만 읽는 것이지 독서를 한다고 할 수 없습니다. 일반적으로 부모의 강압이나 과제 때문에 억지로 책 읽는 학생들에게 발생합니다. 성인은 선택하는 독서를 하기 때문에 잘 발생하지 않습니다. 그러나 과시하는 독서를 하는 사람에게서 발생합니다. 해결 방법은 자신의 문해력에 맞는 책부터 꾸준히 읽어 문해력을 올리는 수밖에 없습니다.

둘째, 과시욕에 의한 속독 이야기를 하겠습니다. 『공부머리 독서법』의 최승필 저자는 아이들이 잘못된 독서습관을 갖는 것은 속독 때문이라고 지적하며 99%라고 확언합니다. 한때, 천재 독서법이라며 속독이 주목받았습니다. 10분 만에 책 한 권을 보고 내용을 기억한다니 얼마나 공부를 잘할까요? 부모에게 인기였습니다. 저자는 독서라는 것은 책을 읽으면서 저자의 생각, 감정이입, 사유, 이야기 속 인물과의 대화를 통한 통찰을 해야 하는데 어찌 짧은 시간에 할 수 있냐고 반문합니다.

이 속독의 신화는 어른이 되어서도 버리지 못합니다. 독서를 권장하는 책 중에 몇 년 만에 1,000권을 읽었다느니 아니면 하루에 한 권씩 읽으라고 추천합니다. 과연 저자들이 이렇게 읽었는지, 하루에 한 권씩 읽고 있는지 의심됩니다. 저도 직장에 다니면서 고전을 읽으려니 일주일이 모자랐습니다.

『공부머리 독서법』 저자는 아이들이 속독 습관을 갖는 이유를 세 가지로 정리합니다.

첫째, 재미없는 책을 읽어야 하는 경우

둘째, 사교육에 투자하는 시간이 많은데 책까지 읽어야 하는 경우

셋째, 속독을 자랑스러워하는 경우입니다.

이것을 성인에게 적용해볼까요?

첫째, 문해력이 낮아도 남들에게 잘 보이고 싶은 욕심에 어려운 책을 읽는다.

둘째, 바쁘게 일하는 동안 책을 읽었다는 뿌듯함을 느끼기 위해 꾸역꾸역 읽는다.

평생 돈 버는 비즈니스 글쓰기의 힘

셋째, 많이 읽는 나 자신이 뿌듯함을 느끼고 남들에게 자랑할 수 있다.

독서의 양에만 목메는 내 모습이 있지 않나요? 첫째, 독서 권수를 맹신하는 것은 잘못된 독서습관으로 가는 지름길입니다. 일종의 과시 욕구죠. 그리고 속독에 목말라 하지 마세요. 책의 의미를 곱씹어 가며 읽다 보면 문해력과 어휘력이 저절로 높아집니다. 이때는 천천히 읽고 싶어도 빨리 읽을 수밖에 없습니다.

책을 읽어도 읽은 것 같지 않은 두 가지 이유 중 두 번째 책 내용이 진짜 기억이 안 난다를 설명하겠습니다. 기억연구 대가인 독일의 심리학자 헤르만 에빙하우스가 있습니다. 그의 연구에 따르면 학습하고 10분 후부터 망각이 시작되고 1시간 뒤에는 50%, 하루 뒤에는 70%, 그리고 한 달 뒤에는 80%를 망각합니다.

다른 증거로는 『어떻게 공부할 것인가?』에 나온 헨리 뢰디거의 실험이 있습니다. 그는 2008년 학생들을 한 그룹에는 교재를 한번 읽게 했고, 다른 그룹의 학생들에게는 교재를 연속해서 두 번 읽게 했습니다. 바로 시험을 보았더니 당연히 두 번 읽은 그룹의 성적이 조금 높았습니다. 하지만, 몇 시간 뒤에 다시 본 시험결과 두 그룹 차이가 별로 없었습니다. 아셨죠? 책 내용을 기억하지 못하는 것은 여러분 잘못이 아닙니다.

고영성, 신영준 작가가 쓴 『완벽한 공부법』에서는 읽기 공부 방법의 폐해에 대해 지적하고 여러 대안을 말합니다. 그중 하나가 인출입니다. 배운 것을 암송, 요약, 토론, 발표, 관련된 글을 쓰기를 제시합니다. 글쓰기는 읽은 것을 머릿속에서 재배열하고 가공하여 뱉어내는 가장 대표적인 인출 방법입니다. 글을 쓰는 과정을 통해 가공된 지식이 오롯이 내 것으로 남습니다.

독서와 글쓰기는 함께 가야 합니다. 고미숙 작가의 말처럼 쓰기 위해 읽고, 읽기 위해 써야 합니다. 쓰기 위해 읽으면 읽기의 밀도가 달라집니다. 글쓰기와 함께 가지 않는 독서는 한쪽 날개밖에 없는 전설 속의 비익조[5]입니다. 독서라는 암컷 비익조가 날기 위해서는 글쓰기란 수컷 비익조를 만나 함께해야 합니다.

목차 쓰기와 서평 쓰기로 글쓰기와 독서 둘 다 잡아라

이 책 주제에 맞게 글쓰기도 하고 문해력도 올리며 기억에 남는 독서를 할 방법이 있을까요? 간단한 방법이 있습니다. 읽으며 줄을 긋고 목차마다 느낀 점을 적고 마지막에 서평을 쓰는 '목차 쓰기와 서평 쓰기'를 하면 됩니다. 장점 네 가지를 먼저 설명하고 구체적인 실행 방법을 설명하겠습니다.

첫째, 독서와 글쓰기를 함께할 수 있다.
둘째, 기억의 씨앗을 준다.
셋째, 감정의 정리
넷째, 블로그에 올리면 노력의 축적을 보여준다.

첫째, 독서와 글쓰기를 함께할 수 있다.
독서도 바쁜 시간을 쪼개서 하는데 글쓰기까지 하라니 엄두가 안 납니다. '목차 쓰기와 서평 쓰기'는 독서를 하면서 글을 쓰는 훈련을 할 수

---

5) 중국 전설의 새로 날개가 하나밖에 없어 암수가 서로 합쳐야만 날 수 있음

평생 돈 버는 비즈니스 글쓰기의 힘

있습니다. 따로 시간을 낼 필요가 없습니다. 독서 후 서평을 쓰기 때문에 글을 쓰기 위해 다른 글감을 찾을 필요도 없습니다.

둘째, 기억의 씨앗을 준다.

목차별로 주요 내용과 감정을 적고 서평을 적었습니다. 책의 목차별 필기 내용과 서평을 보면 읽은 내용이 떠오릅니다.

셋째, 감정의 정리

감정과 느낌은 말로 표현하기 어렵습니다. 적지 않으면 모호한 감정으로 휘발되어 사라집니다. 구체적으로 왜 감동적이었는지 느낌이 어떠했는지 적으면 나중에 서평만 봐도 그 당시 감정이 살아납니다.

넷째, 블로그에 올리면 노력의 축적을 보여준다.

몇 년에 책 천 권을 읽었다고, 하루에 한 권씩 읽는다고 책을 쓰고 독서법을 선전합니다. 과연 믿어야 할지요? 증거가 없습니다. 책을 읽고 서평을 쓰고 블로그에 바로 올립니다. 블로그는 작성날짜가 기록됩니다. 따라서, 증거가 됩니다. 의심할 여지가 없습니다. 심지어, 전략독서의 기록은 취업 시 면접관에게 노력한 과정을 보여주기 때문에 가점을 받을 수 있습니다.

목차는 요약, 서평은 감상

절차는 다섯 단계입니다. 먼저 준비사항입니다. 책에 줄을 긋고 글을 써야 하니 책을 구매합니다. 어려우면 중고로 삽니다. 볼펜은 삼색 볼펜이나 빨간펜으로 준비합니다. 한 손에 볼펜을 잡고 읽기 시작합니다.

첫째, 책을 읽을 때 뜻을 모르는 단어가 나오면 동그라미로 표시합니다. 앞뒤 문맥으로 뜻을 유추합니다. 그래도 모르겠으면 사전을 검색해 뜻을 찾고 책에 내용을 적습니다. 문해력과 어휘력을 키우는 방법입니다. 그냥 지나치면 책의 이해력이 떨어집니다.

둘째, 중심내용이나 주요한 내용이라 생각하면 줄을 긋습니다.

셋째, 한 목차를 다 읽으면 목차 끝부분 빈 곳에 목차 내용을 요약합니다. 요약은 적극적인 독서 행위로 흡수한 정보를 재배열하고 뱉어내는 과정입니다. 당연히 기억에 오래 남습니다. 요약할 때 글의 용건, 결론은 무엇인지, 독자들의 동의와 공감을 얻기 위해 어떤 근거와 이유를 썼는지 세 줄 정도로 씁니다. 처음 해보는 사람들은 어려워합니다. 하지만, 하다 보면 점점 짧게 요약이 가능해진다고 단언합니다.

넷째, 한 권의 책을 다 읽으면 책 뒷부분의 공백에 바로 서평을 적습니다. 목차별 요약과 중요내용에 줄을 그었으니 금방 쓸 수 있습니다.

다섯째, 블로그에 서평을 옮깁니다. 블로그에 글을 쓰면 네 가지 장점이 생깁니다.

1. 먼저 독자가 생기고 독자를 의식하여 글쓰기가 더 발전합니다.
2. 축적되는 글들을 보면서 나 스스로 대견함을 느끼게 되어 동기부여가 일어납니다.
3. 현재의 글과 과거 나의 글을 비교해 보며 발전되는 나를 느낍니다.
4. 옮겨 적으면서 퇴고가 됩니다.

블로그는 개인적으로 네이버 블로그를 추천합니다. 네이버 블로그는 '서로 이웃'이라는 기능이 있어 처음 블로그 할 때 독자를 만들어 심심하지 않게 글을 올릴 수 있습니다.

평생 돈 버는 비즈니스 글쓰기의 힘

서평을 어떻게 쓰는지 모르는 분들을 위해 요령을 설명하겠습니다. 서평과 독후감은 책을 중심으로 글을 쓰는 것으로 같은 성격의 글입니다. 같은 내용에 평가를 좀 더 넣으면 서평이 되고 느낌을 많이 넣으면 독후감이 됩니다. 쓰는 방법은 쉽습니다. 여섯 개의 질문에 답을 넣고 이어 쓰기만 하면 됩니다. 단지 서평에는 작성 날짜를 쓰고 서명을 하는 것만 다릅니다.

첫째, 책을 읽게 된 동기
둘째, 저자/책에 관한 내용
셋째, 내용 요약
넷째, 새롭게 알게 된 내용과 깨달은 점
다섯째, 책에 대한 내 생각
여섯째, 이 책이 나에게 미친 영향

이 방법은 독후감 지도에도 좋습니다.

지금까지 '목차 쓰기와 서평 쓰기'가 왜 필요한지와 장점과 방법을 설명했습니다. '목차 쓰기와 서평 쓰기'는 독서를 하면서 글쓰기를 연습하고 책의 내용을 오래 기억할 수 있는 가장 효과적인 방법입니다. 반드시 실천하세요. 읽은 것만으로는 부족합니다. 글은 쓰지 않으면 절대 늘지 않습니다.

04 가장 비즈니스적인 글쓰기, 블로그로 나를 알려라

나를 알리는
가장 쉬운 도구 블로그

블로그 운영을 반드시 해야 합니다. 네 가지 이유가 있습니다.

첫째, 나를 알려야 생존한다.

인공지능의 등장으로 직업이 빠르게 없어지고 재편되고 있습니다. 고학력 시대도 허물어지고 진정한 실력자만이 살아남는 시대가 되었습니다. 이런 시대에 생존을 위해서는 나만의 강점을 알려야 합니다. 이 목적에 가장 적합한 것이 블로그입니다.

둘째, 블로그는 나를 알리는 가장 보편적 수단이다.

나를 알리는 방법에는 페이스북, 인스타그램, 유튜브 등이 있습니다. 페이스북과 인스타그램은 일상생활의 노출이라는 부담감이 있고, 유튜브는 기획과 편집이라는 높은 벽이 있어 접근이 어렵습니다.

반면, 블로그는 주제를 잡아 천천히 기획하고 글을 쓰기 때문에 개인의 사생활 노출은 피하고 쉽게 나의 강점을 드러낼 수 있습니다. 일단 블로그를 왕성하게 하고 페이스북과 인스타그램을 활용하여 블로그로 사용자를 유입하는 방법도 있습니다. 첫 시작은 블로그입니다.

평생 돈 버는 비즈니스 글쓰기의 힘

그 사람의 삶의 흔적이 묻어나는 블로그는 학력과 경력 몇 줄이 적힌 이력서보다 더 믿음을 줍니다. 여러분이 사장이라면 이력서만 제출하는 사람과 5년, 7년의 전문가적인 현장 경험과 개인의 발전을 위해 노력한 모습을 볼 수 있는 블로그를 가진 사람 중 어느 사람을 신뢰할까요?

셋째, 글 실력이 향상된다.

억지로라도 글을 쓰게 되어 글 실력이 향상됩니다. 자세한 이유는 PART 5의 3절 "목차, 서평, 블로그 쓰기로 내공을 키워라"에서 설명했습니다.

넷째, 신뢰와 능력을 보여 준다.

잘 쓴 글 하나는 그 사람의 능력에 대한 기대치와 신뢰도를 상승시킵니다. 블로그의 글이 전문적인 내용과 노력, 경험이 녹아져 있고 물 흐르듯이 읽힙니다. 어느 누가 블로거를 신뢰하지 않을까요? 어느 사람이 호감을 품지 않을까요?

당장 컴퓨터를 켜고 블로그를 개설하세요. 미루지 말고 시작하세요. 생존의 시작입니다.

어떤 글을 써야 할까?

무슨 글을 써야 할까요? 자신의 강점과 노력을 드러내는 글을 쓰라고 하는데 막막합니다. 이왕이면 내 글이 상위 노출되어 많은 사람이 읽어 주었으면 합니다. 댓글과 공감도 많이 받고요. 과연 어떤 글을 써야 할까요? 이 질문에 대답하기 전에 저는 먼저 이런 말을 합니다.

"플랫폼 회사가 좋아하는 글을 써라."

플랫폼 회사가 좋아하는 글을 쓰라니, 이유가 뭘까요? 네이버, 다음카카오, 구글 등의 플랫폼 회사는 광고가 주 수입입니다. 이용자가 플랫폼 공간에 오래 머물고 있어야 많은 광고를 노출할 수 있습니다. 이는 수입으로 직결됩니다.

이런 이유로 회사는 자신의 이해와 맞는 글들을 키워드 검색 시 상위 노출시킵니다. 그 결과 블로그 주인은 당연히 많은 구독자, 이웃을 만들 수 있습니다.

그러면 회사가 좋아하는 블로그 글은 어떤 글일까요?

"전문적인 한 가지 주제로 맥락을 유지하면서 꾸준히 올리는 글입니다."

이유는 세 가지입니다.

첫째, 다른 플랫폼에서 찾을 수 없는 전문적인 정보로 해당 플랫폼을 방문하게 합니다.

둘째, 전문적인 내용의 글이 일관성을 가지며 계속 쌓이면 플랫폼 자체의 질이 높아집니다.

셋째, 꾸준함은 신뢰성을 보여 줍니다. 플랫폼 회사만이 아니라 이용자에게도 신뢰를 주어 다시 찾게 만듭니다.

플랫폼 회사가 좋아하는 조건을 여러분이 쓰고 싶은 글에 맞춰 보세요. "전문적이고 맥락을 유지하고 꾸준히 올린다."라는 세 가지 조건을 모두 만족시키면 최고로 좋은 소재가 되겠지만 초보자는 두 가지 조건만 충족시켜도 좋은 방법입니다. 일단 시작이 중요하니까요.

평생 돈 버는 **비즈니스 글쓰기의 힘**

독서록 같은 경우 경영/경제, 아니면 육아의 한 분야로 특화하여 서평을 꾸준하게 올리는 것도 전문적인 내용이 될 수 있습니다. 농사짓는 분들은 농사 일기를 써도 좋습니다. 나만의 노하우, 나만의 경험이 있는 글은 다른 플랫폼과 책에서도 찾을 수 없는 전문적인 내용이 됩니다.

첫 문단은 3초 만에 독자가 읽을 강한 동기를 주어야 한다

앞서 설명처럼 30-3-30 법칙이 있습니다. 블로그에는 이 법칙을 더 엄격하게 적용해야 합니다. 왜일까요? 아무런 정보가 없는 믿을 수 없는 사람이 쓴 글을 누가 읽으려고 할까요? 독자는 3초 만에 읽을지 말지 판단합니다. 클릭 한 번으로 나갑니다.

그러면 어떻게 해야 독자들을 붙들 수 있을까요? 글 앞부분, 첫 문단에 '당신은 이 글을 읽어야 합니다' 하는 강력한 '동기부여'를 만들어야 합니다. 어렵죠? 쉽게 세 단계로 나눠 동기부여 하는 법을 설명하겠습니다.

첫째, 가치, 신뢰, 권위

구독자 100만 명과 50명의 유튜버 중 누구 말을 믿을까요? 물론 100만 유튜버겠지요. 왜 그럴까요? 구독자 100만이라는 숫자에 '가치, 신뢰, 권위'가 있기 때문입니다. 그러면 우리는 어떻게 해야 할까요? 첫 문장과 메인 타이틀 화면에 '가치, 신뢰, 권위'를 주는 사진과 문장을 배치하여 '가치, 신뢰, 권위'를 스스로 부여해야 합니다.

먼저, 사진을 설명하겠습니다.

식당 사장이라면 자신의 식당 간판과 사람들이 줄을 서 있는 모습을,

글 쓰는 작가의 경우는 그동안 출간한 책들과 공모전 수상실적을, 농장주라면 활기찬 농장의 전경을 이왕이면 입간판과 함께 있는 사진이 좋겠지요. 이것을 메인 화면이나 블로그 글 앞에 배치합니다. 글에 넣을 때는 글과 연관된 사진이 좋습니다.

다음으로 문장입니다.

작가라면 '두 권의 베스트셀러 종이책과 두 권의 전자책을 쓴 작가 입장에서'로, 아이를 키우는 엄마라면 '6개월 여아를 키우는 초보 엄마로', 농부라면 '내가 태어나 평생을 흙과 함께한 세월이 40년', 상업적으로 쓴다면 '우리 매장은 하루에 손님이 100명 이상 오는데 그 이유는 차별화된 서비스 때문입니다.'가 있겠습니다.

둘째, 끄덕끄덕 공감하며 맞장구쳐주기

블로그를 방문하는 사람들은 대부분 문제점과 고민 때문에 키워드로 검색해 찾아 들어온 사람들입니다. 그들에게 '나도 이런 고민이 있어.', '나도 이런 문제 있어.' 하고 말을 거는 것이죠. 그러면 독자는 '나도 이런 생각 했었는데.', '이 사람도 나와 같은 생각을 하네.' 하며 고개를 끄덕이며 라포가 형성됩니다.

끄덕끄덕 맞장구쳐주는 문장은 세 개 정도가 좋습니다. 육아 글쓰기면 '사춘기가 지금 온 건지 7살 남자아이가 천방지축이에요.', '아기가 감기에 걸렸어요. 엄마가 부족해 아이가 아픈 것 아닌지 속상합니다.' 농사 블로그라면 '벼 수확이 내일인데 가을철에 비라니 걱정입니다.', 상업적 블로그면 '가게 월세는 올려달라는데 매출은 오르지 않고 고민이시지요? 저도 고민입니다.', '날씨는 더워지는데 전기세는 오른다고 하고 힘드시죠? 어떻게 해야 할지 고민입니다.'

셋째, 믿음 주기

첫 문단의 마지막은 후기나 성공사례를 배열합니다. 문제를 해결한 고객의 전과 후를 사진이나 글로 보여 줍니다.

블로그 글의 앞에는 '가치, 신뢰, 권위 부여', '끄덕끄덕 맞장구', '믿음 주기' 이 세 부분이 들어가야 합니다. 최소 두 개는 들어가야 합니다.

중요한 것은 독자가 내 글을 읽으면 여러분은 이득을 얻고 손해를 피할 수 있다는 것을 인식시켜줘야 합니다. "안녕하세요. ○○입니다.", "오늘 날씨 덥죠." 같은 인사로 시작하는 글은 절대 안 됩니다.

도입부 설명을 마쳤습니다. 전체 글에서 30%는 도입부로, 나머지 70%는 본문으로 분배합니다. 다음은 본문을 설명하겠습니다.

본문은 고민한 흔적을 남겨라

본문은 앞 설명대로 전문적인 내용을 작성합니다.

요령은 '네이버 지식 백과', '나무위키' 등의 자료를 내 것처럼 다시 정리하여 올립니다. 중요한 것은 복사/붙여넣기를 하면 네이버 인공지능이 블로그 점수를 낮게 줍니다. 가장 이상적인 방법은 관련 책을 여러 권 구매하여 내용을 정리하고 내 이야기처럼 올리는 것입니다. 플랫폼의 기본 원칙을 생각하면 됩니다.

나는 나만의 글을 올리겠다 하면 '전문', '남들과 다른'이라는 것만 생각하면 됩니다. 또한, 글의 내용을 다른 〈한글〉의 새 페이지나 메모장에 써서 복사/붙여넣기를 하면 안 됩니다. 인공지능이 여러분의 성실성을 플랫폼에 머무는 시간을 측정하여 평가합니다. 열심히 했는데도 낮은 점수를 받습니다.

사진도 남의 블로그에서 가져와 넣으면 안 됩니다. 블로그 점수가 낮게 되는 것을 떠나 저작권 위반입니다. 가져온다면 꼭 출처를 명시하세요. 스마트폰 카메라 기능이 좋으니 많이 찍으세요.

도입부와 본문의 공통된 작성 방법으로 문단을 잘게 구분해야 합니다. 이렇게 해야 모니터와 모바일에서 읽기가 편합니다. 인용부호와 구분선을 사용하는 것도 방법입니다. 힘들게 독자를 끌고 왔는데 가독성이 낮아 나가버리면 곤란하겠지요.

파워블로거가 되는 깨알 요령

파워블로거가 되는 기본 방법을 가르쳐 드렸으니 이제는 깨알 요령들을 말씀드리겠습니다. 키워드 상위 노출 방법은 플랫폼 회사가 공식적으로 발표한 것이 아니라 이유는 설명하지 않겠습니다. 설명할 수도 없습니다.

1. 검색 키워드는 제목에 1개, 본문에 4개로 한다.
2. 제목은 21자 내외, 본문 끝에 태그를 배치하고 10개 이하로 한다.
3. 글 마지막에 내 블로그 안의 관련 글 3개의 링크를 배치하여 독자를 내 블로그 안에 더 머물게 한다.
4. 상업적 글이면 글 마지막에 문의 전화번호와 지도 첨부로 나를 알린다.
5. 성공사례는 반드시 구체적인 수치와 근거로 보여 준다(예: 50%, 한 달에 30억 매출).

이런 것을 떠나 내 이야기를 쓰고 싶다는 분들은 플랫폼이 좋아하는 '한 가지 주제로 맥락을 유지하면서 꾸준히 올리는 글' 이것만 명심하면 됩니다. 기본 원칙을 지키면서 꾸준히 글을 올리고 독자와 소통하다 보면 어느덧 파워블로거가 되어 있을 것입니다.

더 자세한 정보는 네이버 검색창에서 'C-rank'를 치고 플랫폼에서 공식적으로 발표한 내용을 참고하세요. 이 책을 읽고 블로그만 개설해도 여러분은 또 하나의 변화를 성공시켰습니다.

05 베껴 쓰기로 문체를 가져와라

소설 세 권만 베껴 써라

"소설 세 권만 필사하면 됩니다."

누가 한 말일까요? 소설 쓰는 법을 가르쳐 달라는 청중의 물음에 조정래 선생께서 하신 말씀입니다. 깜짝 놀랐습니다. 세 권만 필사하면 된다니요? 막연히 필사가 소설작법을 익히는 데 좋다는 것은 알고 있었지만 대작가께서 추천하니 의외였습니다.

조정래 선생은 베껴 쓰기를 아들과 며느리에게도 강조했습니다. 그 책은 『태백산맥』입니다. 『태백산맥』은 불후의 명작으로 대학생들이 후배에게 권하는 책 1위인 현대 고전입니다. 저작권은 작가 사후 70년까지 상속됩니다. 선생은 아들과 며느리에게 저작권을 상속받기 위해서는 『태백산맥』을 베껴 써야 한다고 선언합니다. 불만도 있었겠지만, 생각 깊은 며느리는 선생님 말씀대로 임신 중에도 필사했습니다. 베껴 쓰기를 완주하고는 시아버지가 얼마나 힘들게 글을 썼는지 느꼈다고 이야기합니다.

소설을 쓰기 위해서는 세 권을 필사하라 하고 며느리에게 필사를 시킨 것을 보면 조정래 선생도 소설을 배울 때 베껴 쓰기한 것이 분명합니다. 선생 성격상 자신이 느끼고 겪지 않은 것을 청중에게 말하고 아들과 며느리에게 하라고 하지 않을 분이니까요.

조정래 선생처럼 작가 중에는 필사로 글을 배운 사람들이 많습니다. 「서시」로 유명한 윤동주 시인은 『백석의 시집』을 필사했고, 『엄마를 부탁해』 작가인 신경숙은 『난장이가 쏘아올린 작은 공』을 필사했습니다. 글쟁이는 아니더라도 인기 웹툰 『미생』의 윤태호 작가는 스토리텔링을 위해 〈모래시계〉 대본, 최인호의 시나리오 전집을 필사했습니다.

이처럼 베껴 쓰기는 작가들에게 혼자 글과 글의 얼개를 짜는 법을 배우는 통로가 됩니다.

베껴 쓰기는 새로운 독서다

필사, 즉 베껴 쓰기에 어떤 효과가 있어 작가들이나 글을 배우려는 일반인들이 하려는 걸까요? 세 가지로 정리해 보겠습니다.

첫째, 독서를 더욱 깊게 한다.
둘째, 간접적으로 글쓰기 경험을 한다.
셋째, 글 주인의 문체를 가져온다.

첫째, 독서를 더욱 깊게 한다.
쓰기 위해서 문장을 보면 시선이 오래 머물며 집중합니다. 옮겨 적기 위해 뇌가 잠깐 문장을 외웁니다. 손으로 쓸 때 글자의 위치, 순서 등을 고민합니다. 3차원적으로 뇌가 한꺼번에 움직입니다. 읽고, 생각하고, 쓰고, 눈으로 읽을 때 미처 보지 못했던 표현도 찾고 놓친 문장을 보며 깜짝 놀랍니다. 문장의 의미가 깊게 다가옵니다. 이런 깊은 독서를 위해 필사를 하는 분들도 있습니다.

둘째, 간접적으로 글쓰기 경험을 한다.

글을 쓰려면 많은 에너지가 소모됩니다. 쓰기가 두렵습니다. 또, 막상 글을 쓰려면 무엇을 써야 할지도 모릅니다. 이때, 활용하는 것이 베껴 쓰기입니다. 베껴 쓰면서 첫머리는 어떻게 시작했나? 흐름은 어떻게 나아가는가? 주장을 받치는 논지의 구성은 어떻게 했는가? 비유는 어떻게 했는가? 마지막 주장은 어떻게 했는가? 글을 내가 스스로 쓰지 않았지만 베껴 쓰는 것만으로 글 쓰는 것을 경험합니다.

셋째, 글 주인의 문체를 가져온다.

문체는 문장에 나타난 작가의 개성, 작가가 글을 쓰는 스타일입니다. 글을 배우는 사람은 선망하는 작가의 문체를 추종합니다. 작가의 문체를 좋아해 팬이 되기도 합니다. 이들의 궁극의 목적은 선망하는 작가처럼 쓰기입니다.

작가의 문체를 나에게 가져오는 방법은 두 가지가 있습니다.

하나는 그 작가의 책을 여러 권 읽고 바로 글을 쓰는 겁니다. 이국종 교수의 『골든아워』를 예로 들 수 있습니다. 읽다 보면 마치 김훈의 『칼의 노래』를 읽는 느낌이 납니다. 알아보니 이국종 교수는 김훈 작가의 열렬한 팬이었습니다. 김훈 작가의 책을 모조리 읽었으니 자기도 모르게 김훈 작가의 문체를 쓰고 있었습니다.

다른 하나는 설명처럼 베껴 쓰기입니다. 베껴 쓰기는 책을 읽는 것보다 더 강력합니다. 베껴 쓰기로 소설을 배운 사람은 어느 순간 존경하는 작가와 같은 문체의 글을 쓰고 있습니다.

베껴 쓰기를 할 때는 양보다 질이라 생각하고 쌀을 음미하여 씹어 먹듯 문장을 음미하며 써야 한다는 것을 명심하세요.

06 공모전으로 성장하라

성장을 위하여 대회에 출품하라

열심히 글은 쓰지만 내가 지금 잘 하고 있는 걸까?

글을 써서 나의 미래를 바꿔 보자 결심하고 처음 글을 쓰면서 느끼는 감정이었습니다. 글에 대한 확신이 설 때까지도 이 물음은 사라지지 않았습니다. 글을 쓸 때마다 이 물음이 가슴 속을 깊게 내리눌렀습니다. 글 잘 쓰는 누군가 내 글을 읽어 주고 느낌만 이야기해 줘도 좋을 텐데 하는 아쉬움으로 목이 말랐습니다. 열사가 된 노동자 전태일이 한자 가득한 노동법 책을 보며 '나에게도 대학생 친구가 있었더라면…….' 하고 안타까워했던 그 감정입니다.

혼자서 글쓰기를 공부하는 여러분의 감정도 이와 같을 겁니다. 더하면 더 했지, 작지 않습니다. 갈증 난 마음에 여러 책을 찾아 읽지만, 여전히 마음 밑바닥에 가라앉은 불안감은 사라지지 않습니다.

제가 찾은 대안은 공모전에 출품하는 것이었습니다. 다양한 곳에 글을 보내 도전하라는 것을 다른 말로 표현할 수 없어 공모전으로 표현했습니다. 독후감 대회, 라디오 방송, 잡지의 수기, 국가 정책을 선전하는 글짓기 대회 같은 곳에 출품했습니다. 이런 도전은 글의 성장뿐만 아니라 삶을 대하는 마음의 성장도 시켜 주었습니다.

공모전에 출품하면 여섯 가지 장점이 있습니다.

첫째, 도전 과정을 통해 내 실력을 알 수 있고 역량이 향상된다.
둘째, 객관적 평가가 된다.
셋째, 동기부여가 된다.
넷째, 색다른 주제에 맞게 다양한 글쓰기를 할 수 있다.
다섯째, 경력이 늘어난다.
여섯째, 경제적으로 도움 된다.

첫째, 도전 과정을 통해 내 실력을 알 수 있고 역량이 향상된다.

공모전에 도전하려면 도전할 공모전이 어떤 성격이고 과거에는 어느 정도 수준의 작품이 선정됐는지 확인합니다. 그리고 반드시 전년도 최우수작을 읽어 보고 분석합니다. 이후 분석 자료에 맞춰 글을 씁니다. 발표 후 최우수작을 읽어 보고 심사평을 읽어 봅니다. 다시, 내 글을 분석합니다. 이 과정을 통해 글이 성장합니다. 탈락, 입선 정도에 따라 나의 수준이 어느 정도인지 평가도 가능합니다.

둘째, 객관적 평가가 된다.

국가에서 시행하는 대회나 대기업에서 시행하는 대회는 공정성이 확인됩니다. 심사위원들도 유능한 사람들입니다. 이런 공모전에서 입선했다는 것만으로도 객관적 실력을 확인할 수 있습니다.

셋째, 동기부여가 된다.

공모전에 하나라도 입선되는 순간 "나도 할 수 있구나" 하는 자신감이 샘솟습니다. "나와 다른 세상 사람들만 하는 것이었는데……" 하며 선을 긋던 경계가 허물어집니다. 노력하면 되는구나 하는 생각이 들고, 무엇

평생 돈 버는 비즈니스 글쓰기의 힘

이든 할 수 있다는 자신감과 도전하는 용기가 생깁니다. 첫 수상이 제일 기쁘고 가장 많은 힘을 줍니다.

넷째, 색다른 주제에 맞게 다양한 글쓰기를 할 수 있다.

라디오 사연은 크게 가족 애환, 웃기는 사연, 나의 소소한 신변 등으로 분위기에 맞춰 써야 합니다. 수기와 독후감 공모에는 주최 측의 목적에 맞게 써야 합니다. 심지어 지역을 홍보하는 기행문도 써야 합니다. 어느 정도 실력이 올라가면 상금이 높은 동화, 단편소설까지 욕심이 생깁니다. 어쩔 수 없이 다양한 주제, 다양한 글쓰기를 해야 합니다. 하나하나 연구하며 맞춰 쓰다 보면 실력이 향상됩니다.

다섯째, 경력이 늘어난다.

글은 나와 다른 세계 사람들이 쓴다고 일반인들은 생각합니다. 때문에, 전국 글쓰기 대회 수상 실적은 여러분을 다른 시선으로 보게 만듭니다. 프리랜서같이 개인적 일을 하는 사람이라면 나를 알리고 돋보이게 하는 좋은 기회가 됩니다. 문인협회 회원이라는 것보다, 자비 부담으로 출판한 책보다, 주요 대회 수상 실적이 여러분을 더 값지게 만듭니다.

여섯째, 경제적으로 도움 된다.

공모전에서 입선하면 부상으로 용돈을 벌 수 있습니다. 생각 외로 지원자가 적으면서 부상금이 두둑한 곳이 많습니다. 또한, 세계여행도 갔다 올 수 있습니다. 필자는 『아름다운 영웅 김영옥』 독후감 대회에서 2등하여 유럽 여행을 다녀왔습니다.

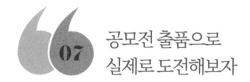

07 공모전 출품으로 실제로 도전해보자

최소한 일 년에 두 번, 한 달에 한 번 노력하기

글을 써서 출품하는 방법은 종류와 준비 기간에 따라 크게 네 가지로 나눌 수 있습니다.

첫째, 라디오 방송 사연 보내기
둘째, 잡지에 수기 기고
셋째, 독후감, 에세이 부문 출품
넷째, 단편소설, 동화 부문 출품

라디오 방송에 도전하기

먼저, 라디오 사연 보내기 방법을 설명하겠습니다.

라디오 사연에는 크게 소소한 일상, 애환, 웃기는 사연 보내기가 있습니다. 준비 기간은 1~2주 정도로 합니다. 경쟁이 심하지 않습니다. 글을 잘 쓰고 못 쓰고가 아니라 내용과 제목을 보고 방송작가가 선택합니다. 따라서 준비할 것은 평소에 감동하였고 재미있는 사연을 기록하는 습관이 필요합니다. 내 이야기가 아니라도 남의 이야기라도 기록하세요. 사연을 보낼 때 내 이야기에 잠깐 넣으면 됩니다. 다만 방송에 이미 나온 이야기

평생 돈 버는 **비즈니스 글쓰기의 힘**

가 아니어야 합니다. 쓰는 방법을 다섯 단계로 설명하겠습니다.

첫째 단계, 평소 출퇴근 시에 들었던 방송을 선택하는 것이 좋습니다. 작가가 어떤 글을 선택하는지 금방 파악할 수 있습니다.

둘째 단계, 해당 방송국 인터넷 사이트에서 사연을 올리는 곳에 들어 갑니다. 작가가 어떻게 글을 올리라고 한 공지 사항을 확인합니다. 친절한 작가들은 글의 양은 얼마 정도, 사연은 세 가지 정도가 좋다고 하는 내용을 올려놓습니다. 작가의 의도를 따라 주는 것이 좋습니다.

셋째 단계, 다시 듣기로 사연을 쓰기 전에 우수 사례를 찾아 모아서 듣습니다. 듣다 보면 작가가 어떤 내용을 원하고 어떻게 글을 써야 하는지 감이 잡힙니다.

넷째 단계, 글을 씁니다. 주말에 쓰고 주중에 일주일 정도 퇴고하며 다듬습니다.

다섯째 단계, 글을 올릴 때 웃기는 사연은 남들과 다른 톡톡 튀는 제목을 넣어야 합니다. 애환이 있는 사연은 조리 있게 쓰는 것도 있지만 눈물이 날 정도의 감동이 있어야 합니다.

전체적으로 1~2주 정도의 기간이 소요됩니다. 라디오 사연은 소재만 좋으면 방송작가가 글을 선택합니다. 방송이란 것이 재미가 있어야 하기 때문입니다. 하지만, 애환의 사연은 개인적으로 노력을 많이 해야 합니다. 감동적 사연이라도 이해가 안 되면 작가가 읽다가 말기 때문입니다. 재미 있는 사연은 사연 자체가 중요해서 작가가 윤색하는 경우가 많습니다. 하지만, 작가에게 선택당하지 못하면 소용없습니다. 바쁜 사람들이기 때문에 많은 글을 다 읽을 수 없습니다. 따라서 제목이 중요합니다. 한눈에 봐도 읽어 보고 싶게 만들어야 합니다. 방송된 사연의 제목을 연구하고 따라 하는 것이 중요합니다.

양희은, 서경석의 〈아침 시대〉에 우리 가족이 보리밥을 먹었던 사연을 보냈더니 방송되었습니다. 양희은 씨가 읽어 주니 다른 느낌이었습니다. 어머니도 옛이야기를 들으며 감상에 젖으셨는데, 부상과 함께 온 녹음 시디를 곱게 보관해 놨습니다.

〈웃음이 묻어나는 편지〉에는 사촌 누나의 사연을 보냈습니다. 사연이 두 가지밖에 없어 다른 사연 하나를 누나가 한 것처럼 더 넣었습니다. 방송되기 전에 작가에게 최근에 다른 사례가 없는지 묻는 전화가 오더군요. 조금 임팩트가 부족했던 것 같았습니다. 다시 말하지만, 작가는 하루하루 방송할 내용을 찾습니다. 사연 모두를 보기 어렵습니다. 제목에 임팩트가 있어야 선택된다는 것을 명심하고 글을 쓴 후에 다시 제목을 고민해야 합니다.

잡지사 기고하기

인터넷이 활성화되기 전에는 잡지가 많았습니다. 무료로 얻을 것도 많았는데 많이 줄었습니다. 양이 줄었기 때문에 더 쉬울 수 있습니다. 많이 보지 않는데, 거기에 글을 써서 보내는 경우는 더욱더 적으니까요.

잡지를 보다 보면 중간중간 독자 참여를 요구하는 내용이 있습니다. 그러면 일단 써서 보냅니다. 보내는 사람이 적기 때문에 잘 실립니다. 더 재미있는 사실은 편집자에게 전화하면 왜 안 실렸는지 실리면 왜 실렸는지 이야기해주는 곳도 있습니다.

아이가 어릴 적 유아 잡지에 사연을 보냈습니다. 몇 달 뒤에 연락이 왔습니다. 내용을 실어도 되겠느냐고요. 왜 이리 늦게 실어 주냐고 하니, 잡지에 실을 정도는 아닌데 오는 사연이 없어서 싣는다는 것이었습니다. 의외로 사람들이 글을 안 쓴다는 것을 알았습니다.

주변에 소소한 잡지를 많이 보실 겁니다. 읽어 보고 사연을 적어 보내세요. 완전히 나쁜 글이 아니면 실립니다. 그리고 잡지사 편집자가 수정하는데 수정 글과 내 글을 보며 비교해 보는 것도 좋습니다. 실리면 많은 돈은 아니지만 용돈도 되고 나의 기억을 아름다운 글로 기록해 놨다는 것이 가슴 뿌듯합니다.

공모전 도전하기

이제 본격적인 공모전 도전입니다. '엽서시 문학 공모전' 사이트를 이용합니다. 거의 모든 공모전이 모여 있다고 보면 됩니다. 찾는 방법은 검색 사이트에서 '엽서시'라고 치면 됩니다. 사이트 왼쪽에 시, 독후감, 소설, 스토리텔링 등 다양한 내용이 나옵니다. 다양한 글쓰기에 도전할 수 있습니다. 처음 해 본다면 욕심내지 말고 독후감과 에세이 부문에 먼저 도전하는 게 좋습니다.

독후감과 에세이를 먼저 하라는 이유는 일단 양이 적습니다. 글을 쓰다 보면 전체적으로 뒤집어엎어야 할 때가 있습니다. 이때 지치지 않고 할 수 있습니다. 다음으로는 글의 양이 적어 전체적인 흐름을 머릿속에 넣고 편집할 수 있습니다. 또한, 독후감은 글감을 책 안에서, 에세이는 생활 속에서 찾기 때문에 글감과 소재를 찾는 어려움이 없습니다. 처음 도전하기에 아주 적당합니다.

단계별로 알려 드리겠습니다.
첫째 단계, 도전 분야 찾기 단계입니다.
대회가 전국 단위인지 지방 단위인지, 대기업 주최인지 학교 주최인지 봅니다. 처음 하는 사람은 부상이 작고 지방 단위, 소규모로 하는 것이 좋습니다. 그래야 경쟁력이 약합니다. 이기는 습관이라고 합격을 해봐야 재미를 느끼고 계속할 동기가 생깁니다.
출품할 곳을 찾을 때 독후감과 에세이는 1~3개월 정도, 단편소설과 동화는 3~6개월 정도 여유 있는 것을 추천합니다. 그래야 직장과 가사일을 병행하면서 충분히 준비할 수 있습니다. 괜히 쫓기면 작품은 작품대로 안 되고 스트레스는 스트레스대로 쌓입니다.

둘째 단계, 주제 파악 단계입니다.

출품할 곳을 정했으면 제품의 선전인지, 정책과 책의 홍보인지, 즉 주최 측이 요구하는 것이 무엇인지를 파악합니다. 가장 중요한 부분이라 할 수 있습니다. 공모전을 하는 이유가 정책의 홍보인데 다른 주제의 글을 썼다면 뽑힐까요? 제품의 홍보인데 제품의 안 좋은 내용을 썼다면 뽑힐까요?

셋째 단계, 읽기 단계입니다.

이때가 남의 좋은 글을 읽고 글 실력을 높이는 시기입니다. 주최사 담당자에게 전화해서 지난해 우수작을 보는 방법을 문의합니다. 큰 단위 행사들은 책으로 발간하거나 내용을 사이트에 모아 놓습니다. 한 3년 치 우수작을 찾아서 수집합니다. 여섯 편 정도를 추천합니다. 너무 많으면 읽기도 어렵고, 1등과 2등이 제일 좋은 작품이기 때문입니다. 작품당 철저히 분석하며 세 번을 읽습니다. 흐름은 어떻고, 주제를 어떻게 부각했고, 주최 측의 요구에 어느 정도 호응했구나 등을 분석합니다. 좋은 글을 읽기 때문에 글을 읽는 나의 눈이 높아집니다. 또한, 글을 읽으면서 공모전의 수준이 어느 정도인지 알 수 있습니다. 가장 중요한 것은 남의 좋은 문체가 나에게 스며듭니다. 글을 쓰다 보면 나도 모르게 우수작과 비슷한 문체를 쓰고 있습니다.

넷째 단계, 쓰기 단계입니다.

여기까지 오는데, 1~2주가 걸렸습니다. 분석을 마쳤으면 독후감은 주중에 책을 읽거나 에세이는 소재를 찾습니다. 메모는 필수입니다. 책을 다 읽고 소재를 찾았으면 글의 개요를 어떻게 세울지 흐름은 어떻게 할지 스케치합니다. '주말 글쓰기', '아침 글쓰기'로 일단 씁니다. 반드시 알아야 할 것은 이 단계에서는 초고입니다. 쓰레기일 뿐입니다.

다섯째 단계, 계속된 퇴고 단계입니다.

쓴 것을 출력합니다. 새로 산 스마트폰처럼 꼭 품고 다니며 시간 날 때마다 꺼내 읽습니다. 출근할 때, 점심시간, 퇴근할 때 읽습니다. 반드시 입말로 합니다. 막히면 잘못 쓴 겁니다. 그리고 저녁에 퇴고한 것을 고칩니다. 저녁에 고치고 출력하여 읽고 퇴고하고 계속 반복합니다. 뒤집어엎어야 할 것 같으면 단호하게 뒤집어엎습니다. 멀미할 때까지, 입말이 부드러워질 때까지 반복합니다. 중간중간 우수작을 다시 읽어 보며 자기 것과 비교합니다.

여섯째 단계, 출품하기입니다.

기간을 정확히 파악하고 출품합니다. 그리고 출품번호를 카메라로 찍어 놓습니다. 외부 사이트에 위탁하지 않는 작은 공모전 같은 곳에서는 담당자에게 전화해 잘 접수되었는지 확인합니다. 반드시 해야 합니다. 담당자도 사람이기 때문에 빼놓을 수 있고 서버가 잘못되는 사례도 있습니다. 출품하기 중 최악은 마지막 날에 접수하는 겁니다. 사람들이 몰려 제대로 접수됐는지 확인할 수 없고, 처리가 느릴 수 있습니다. .

공부 잘하는 학생은 시험 기간에 놉니다. 박세리 선수의 유명한 말이 있습니다. 대회 출전할 때가 제일 한가하다고요. 준비를 열심히 했으면 접수를 시작할 때 바로 냅니다. 최소한 마감일 사흘 전에는 제출해야 합니다. 서버가 잘못되어도 확인할 수 있고, 확인 전화 받을 때 접수 직원도 친절하게 받습니다.

대부분의 접수가 마감일에 들어옵니다. 이것은 대부분 사람이 미리 준비하지 않고 허겁지겁 냈다는 겁니다. 준비한 사람이 좋은 작품을 쓰지 않을까요?

일곱째 단계, 결과 분석 단계입니다.

결과가 나왔습니다. 그동안의 결과로 입선하면 좋겠지만, 떨어졌더라도 낙심하면 안 됩니다. 입선작들을 읽어 봅니다. 그중에 우수작을 철저히 분석하며 읽어 봅니다. 심사평에 왜 우수작으로 선정했는지 쓰여 있습니다. 혼자 배우는 이들에게는 최고 자료입니다. 그리고 내 작품을 읽어 봅니다. 스티븐 킹은 작품을 3개월 묵혀두고 읽어야 객관적으로 볼 수 있다고 했습니다.

여기서 멈추면 안 됩니다. 내년을 기약합니다. 또한, 여러 대회를 도전해 보면 많은 작품이 만들어집니다. 이 작품을 서로 융합하여 다른 대회에 출품해 봅니다.

이상의 단계를 계속하다 보면 저절로 자신의 실력이 늘고 좋은 글이 무엇인지 알게 됩니다. 혼자 공모전을 준비하는 단계 중 제일 중요한 단계는 '읽기 단계'와 결과 '분석 단계'입니다. "나는 글을 잘 쓴다." 하여 이 두 과정을 생략하면 절대 안 됩니다.

비공개 공모전

'엽서시'에 나오는 공모전도 있지만, 지방관청이나 도서관에서 하는 작은 문예전은 '엽서시'에 나오지 않는 예도 있습니다. 도서관이나 도청, 시청 홈페이지 공지 사항에서 확인할 수 있습니다. 공모작품 접수가 직원의 이메일이라고 하면 선전이 안 된 겁니다. 선전을 많이 하는 공모전은 외부 용역업체에 의뢰하기 때문에 사이트에 접속해서 접수합니다. 이런 공모전은 글 실력이 어느 정도 있는 분들이라면 완전히 노다지입니다. 또한, 1회거나 단편적으로 하는 것은 황금알입니다. 누누이 이야기하지만, 글을 쓰는 사람이 적으니 참여 인원도 적고 실력도 높지 않습니다.

참고할 사항은 읽기 단계에서 조심해야 합니다. 대부분 특정한 목적을 가진 대회라 지난해 우수작의 수준이 높지 않은 경우가 많습니다. 우수작을 읽고 수준이 높지 않다고 하면 다른 작품을 보고 글을 쓰세요.

언젠가 도 주최 귀농 수기에 도전하는 분이 있어 우수작을 뽑아 보내 달라고 했는데, 영 수준이 아니었습니다. 참여하는 사람도 적고 쓰는 사람도 적으니 뽑힌 겁니다.

명작 뒤에는 수많은 작품이 있다

나름 열심히 도전했는데 원하는 성과가 나오지 않을 수 있습니다. 대부분 그렇습니다. 하지만, 명심할 것은 도전하면서 성장한다는 점입니다. 도전하다 보면 작품 수가 쌓이고 생각의 갈래들이 점점 커집니다. 다른 두세 작품이 합쳐져 새로운 작품으로 나오기도 합니다.

2017년도에 병영문학상에 입선한 『칼과 송곳니』는 원래 인간과 개에 대한 에세이였습니다. 전년도에 도전했다가 떨어졌던 작품이었습니다. 군에서 주최하는 대회에 생뚱맞게 인간과 개의 공생에 관해 이야기했으니 떨어진 것이 어쩌면 당연했습니다.

그러다 거석의 고인돌을 보고 조상들은 어떻게 저 무거운 돌을 날랐을까? 하는 생각이 들었습니다. 여기에 인간과 개의 에세이 내용을 합쳐 『칼과 송곳니』라는 단편소설을 쓰고 처음으로 입선하였습니다.

2021년 공직문학상에서 국무총리상을 받은 『비돌이의 꿈』도 마찬가지입니다. 원래는 메이저 동화책 출판사의 공모전 출품 예정작이었습니다.

공직문학상에 동화 부분이 있다는 것을 알고 작품을 다시 쓰다시피 하여 출품하여 앞서 설명처럼 우수한 성적을 받았습니다.

작품을 연구하고 써봤다는 것이 중요합니다. 기억하세요. 우리가 아는 톨스토이와 모차르트의 유명한 작품 뒤에는 안 알려진 수많은 작품이 있었다는 것을요. 떨어진 작품이 다음의 작품의 밑바탕이 됩니다.

내년을 기약하고 도전하라

도전으로 공모전을 어떻게 준비하고 작품은 어떻게 쓰는지 알았습니다. 그러나 떨어졌습니다. 걱정하지 마세요. 공모전은 내년에도 있습니다. 큰 공모전은 매년 합니다. 한번 해봤으니 앞으로는 공모전 공고가 나오기 전에 미리 준비할 수 있습니다. 이것이 중요한 점입니다. 국민 참여 청렴 공모전과 동서 커피 문학상 등 큰 공모전은 작년의 공고를 보고 준비하면 됩니다. 도전할 곳이 많습니다. 도전하고 느껴보세요. 성장의 기쁨을요. 몸에서 아드레날린과 도파민이 샘솟을 겁니다.

평생 돈 버는 비즈니스 글쓰기의 힘

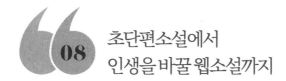

08 초단편소설에서
인생을 바꿀 웹소설까지

소설을 써야 하는 이유

소설을 쓰라고요? 네, 써야 합니다. 글쓰기를 배웠으면 소설과 동화를 써야 합니다. 그 이유는 다섯 가지나 있습니다.

첫째, 문장력을 높일 수 있다.
둘째, 기승전결 이야기 구조에 대해 이해할 수 있다.
셋째, 기획력을 높일 수 있다.
넷째, 대사와 묘사 실력이 확 높아진다.
다섯째, 융합력이 높아진다.

첫째, 문장력을 높일 수 있다.
처음 소설을 쓸 때는 단편을 쓸 수밖에 없습니다. 단편소설은 짧은 분량으로 문장이 절제되어 있습니다. 문장 하나하나에 공을 들여야 합니다. 또한, 쓰기 위해 단편소설을 읽다 보면 좋은 문장을 많이 익히게 됩니다.

둘째, 기승전결 이야기 구조에 대해 이해할 수 있다.
이야기는 기승전결 구조입니다. 단편소설은 이 구조를 따라 이야기를 쉽게 구성할 수 있습니다. 기승전결 구조를 어렵지 않게 익힙니다. 다른 형태의 일반적인 글에도 기승전결 구조를 사용할 능력을 키울 수 있고 언제 어디서든 이야기를 구성할 수 있게 됩니다.

셋째, 기획력을 높일 수 있다.

어떻게 이야기를 시작하고 마무리 지을까? 주인공은 어떤 성격을 가지게 할까? 배경은? 공간은? 이렇게 기획하다 보면 논리적 글쓰기의 얼개를 짜고 글의 흐름을 잡기가 쉬워집니다.

넷째, 대사와 묘사 실력이 확 높아진다.

논리적 글의 경우에는 묘사와 대사를 넣을 일이 별로 없습니다. 수필에나 사용합니다. 소설은 독자에게 상황을 설명하지 말고 대사와 묘사로 보여야 합니다. 묘사와 대사가 엉망이면 이야기의 재미가 반감합니다. 독자의 긴장감과 몰입을 위해 생생한 표현을 스스로 연구해야 합니다. 단편소설을 하나 써서 이리 뒤집어 보고 저리 뒤집어 보고 하면 어느 순간 묘사와 대사의 실력이 높아진 나를 발견합니다.

다섯째, 융합력이 높아진다.

다양한 사고의 조연들과 주인공의 갈등, 이상한 환경 등 이야기의 신선함을 위해 낯선 것들을 가져오고 합쳐야 합니다. 합쳐지지 않을 것들을 융합해야 재미있는 소설이 나옵니다. 이렇게 키운 융합력은 제목과 목차, 첫 문구와 마지막 문구를 정할 때 유용하게 사용됩니다. 낯선 것들을 조합하여 녹여낼 때 신선한 문장이 나옵니다.

시작은 주인공을 낯선 공간에
집어 던지는 것부터

소설작법을 설명하려면 책 한 권을 쓰고도 모자랍니다. 소설작법을 가르쳐 줄 생각도 없고 필자가 가르칠 깜냥도 안 됩니다.

그냥, A4 용지 15매 분량의 초단편소설과 동화부터 시작합니다. 그리고 주인공을 낯선 환경에 집어 던져 넣거나 낯선 것으로 바꿉니다. 이렇게 하면 저절로 이야기가 쏟아져 나오기 시작합니다. 그 상황을 벗어나기 위해, 살기 위해 주인공이 필사적으로 움직입니다. 여러분은 그것을 글로 표현하기만 하면 됩니다. 스티븐 킹이 초창기 단편소설을 쓸 때 주로 쓰던 방법입니다. 무슨 이야기인지 어렵다고요? 스티븐 킹의 대표 소설을 필두로 예를 들겠습니다.

스티븐 킹의 『미스트』는 갑자기 온 동네를 덮은 안개에서 생존하는 내용이고, 조석 작가의 웹툰 『문유』는 달에 혼자 남은 남자의 생존기를 다룹니다. 모든 인간이 드라큘라로 변한 세상에서 나만 정상적인 인간인 〈나는 전설이다〉에서 영화는 좀비로 나오지만, 원작은 드라큘라였습니다. 넷플릭스 인기 드라마 〈지금 우리 학교는〉은 좀비가 점령한 학교, 〈스위트홈〉은 괴물로 언제 변할지 모르는 다양한 인간이 모여 있는 오래된 아파트로 작가가 명령하지 않아도 생존을 위해 주인공이 알아서 부지런히 움직입니다. 이때의 한 장면을 가져와 글로 옮깁니다. 『마당을 나온 암탉』은 암탉이라는 낯선 주인공과 닭장이 아닌 숲의 닭이라는 낯선 환경이라는 두 가지가 합쳐져 이야기를 만듭니다.

이렇게 낯선 환경과 낯선 주인공을 만든 후 주인공이 움직이는 한 장면을 잘라 기승전결에 따라 쓰면 됩니다. 단편소설은 호흡이 짧고 등장인물이 몇 명 되지 않기 때문에 구성하기가 쉽습니다. 뒤집어엎어 다시 쓰기도 쉽습니다. 여러분도 쓸 수 있습니다.

자기만의 상상 속 이야기를
글로 써라

그래도 막막하고 쓰기 어렵다고요? 전문 소설가가 되라는 것이 아닙니다. 제가 하고자 하는 말은 상상의 이야기는 누구나 가지고 있다. 그것을 글로 표현하고 독자의 시선을 끌 수 있는 글이 되도록 고민해보라는 것입니다. 고민한 만큼 글 실력이 늡니다. 공모전에도 출품하고요.

초단편소설과 동화를 써보는 것도 좋고 분량을 생각지 않고 쓰는 것도 좋습니다. 이야기를 구상하고 글로 옮겨보는 것이 시작입니다. 한번은 써보는 것을 추천합니다.

『회색 인간』의 김동식 작가가 있습니다. 그도 그냥 생각나는 이야기를 인터넷에 초단편소설로 적다 보니 저절로 글 실력이 늘고 베스트셀러 작가가 되었습니다. 조앤 롤링은 어렸을 적에 이야기를 꾸며대는 거짓말쟁이 상상 속 아이였습니다. 생활고로 아이 분윳값을 벌기 위해 상상의 이야기를 글로 쓰자 세계적 부자가 되었습니다. 저는 전깃줄에 앉아 있는 산비둘기와 공원에서 모이를 얻어먹는 비둘기의 삶을 비교하다 쓴 『비돌이의 꿈』이 국무총리상을 받았습니다.

의외로 여러분에게 소질이 있고 인생을 바꿀 기회가 될 수도 있습니다.

웹소설로 인생을 바꿔라

『구르미 그린 달빛』, 『김비서가 왜 그럴까』, 『나혼자 레벨업』, 『달빛 조각사』, 『재혼황후』 이들의 공통점이 무엇일까요? 대박 난 웹소설로 한 달에 10억 원씩 번 인기 웹소설이라는 점입니다.

이것이 가능해? 가능합니다. 2022년 웹소설 시장은 규모가 6,000억 원입니다. 웹소설에선 한 번의 대박으로 인생을 바꿀 수 있습니다. 더 재미있는 사실은 『김비서가 왜 그럴까』의 정경윤 작가는 본업이 약사로 틈틈이 글을 쓰다 대박 난 사례입니다.

정통 소설은 출간이 되더라도 수익금이 별로 되지 않습니다. 인세는 책 가격의 10%로 100만 부 정도 파는 밀리언셀러가 돼야 10억 원 정도 수익이 생깁니다. 정통 소설을 쓰던 웹소설 작가가 소설가 회식 자리에서 "그 친구 올해 1억 벌었대." 하고 부러워하는 모습을 보고 자기는 "웹소설로 한 달에 1억 벌었는데." 하며 혼자 웃었다는 이야기가 있습니다.

웹소설은 정통 출판 소설에 비해 좋은 점이 네 가지 있습니다.
첫째, 높은 수익률
웹소설은 한 편당 약 100~300원입니다. 이것을 작가가 7, 플랫폼이 3을 가져가는 구조입니다. 1:9인 출판시장보다 훨씬 높은 구조입니다.

둘째, 익명성
필명으로 활동해도 됩니다. 웹소설 유명 작가 중에는 함께 사는 가족 몰래 하는 사람도 많습니다. 부업으로는 최고입니다.

셋째, 낮은 진입장벽
기성작가와 신인 작가가 같은 선상에서 시작합니다. 기성작가라고 유리하지 않습니다. 인기가 없으면 바로 내려옵니다. 플랫폼에서 무료 연재로 시작해 인기가 많아지면 유료 연재로 전환합니다. 바로 수익이 창출됩니다.

넷째, 문학적 소질이 없어도 된다. 서사적 이야기만 가져가면 된다.

웹소설은 정통 소설과 달리 묘사와 서술의 분량이 적습니다. 작은 스마트폰으로 보기 때문에 이야기가 늘어지면 읽지 않습니다. 논리적 글쓰기 실력과 빠르게 이야기를 구성하는 능력만 있으면 됩니다. 독자에게 문학작품이 아니라 환상을 선사합니다.

시작은 플랫폼에 1화 올리는 것부터

나도 될 것 같은데 하는 용기가 생기지 않나요? 그런데 어떻게 시작해야 할까요?

첫째, 플랫폼에 가입합니다.

대표적으로 네이버 웹소설, 카카오페이지, 문피아, 조아라가 있습니다. 가입은 무료입니다.

둘째, 무료 연재와 유료 연재, 그날의 베스트를 봅니다.

플랫폼에 그날의 베스트 목록이 올라옵니다. 아포칼립스물, 회귀물, 빙의물, 육아물 등 다양합니다. 일단 많이 읽어 봅니다. 그중 자신의 취향에 맞는 것을 찾든지 아니면 유행을 파악하여 맞춥니다. 추천할 것은 로맨스부분입니다. 30~40대 여성층이 가장 두텁습니다. 무료 연재는 당연히 유료 연재로 전환하기 전까지 볼 수 있습니다. 대박 난 작품은 종이책으로 출판되어 도서관에 비치되어 있습니다. 단행본을 빌려보는 것이 최고의 방법입니다.

셋째, 일단 써본다.

'나는 준비가 안 되어 있어. 좀 더 있다가.' 언제까지 준비만 할 건가요? 준비하다 보면 트렌드가 바뀝니다. 기본 글쓰기와 이야기만 꾸밀 수 있으면 됩니다. 일단 쓰기 시작합니다. 한편은 5,000자입니다. 〈한글〉 프로그램에서 [Ctrl + Q + I] 아니면 [파일] 〉 [문서정보] 〉 [문서통계]를 찾아보면 글자 수를 알 수 있습니다.

넷째, 무료 연재를 시작한다.

무료 연재에 올려 봅니다. 심사숙고하여 이목을 끄는 제목을 짓습니다. 독자 반응을 봅니다.

웹소설 잘 쓰는 방법 7가지

이렇게 했는데 독자가 볼까요? 안 봅니다. 그래도 제가 써보라고 하는 이유는 해보지 않은 것보다 낫기 때문입니다. 시작이 반이라고 그냥이라도 한번 올려보면 나중에 좀 더 쉽게 올릴 수 있고, 관심이 생겨 더 좋은 작품을 만들기 때문입니다. 웹소설 작가의 평균 월급이 100~200만 원입니다. 즐기는 것이 아니라 수입을 위해 글을 쓴다면 스트레스가 상당합니다. 작품을 즐기면서 나의 꿈도 키우고 도전해 보는 것이 방법입니다. 웹소설 로맨스 부분의 작가 중 웹소설을 읽다가 작가가 된 고등학생도 많습니다.

마지막으로 웹소설 잘 쓰는 방법 7가지를 소개하겠습니다.

첫째, 대리만족하게 하라.

지친 하루의 스트레스를 상상의 세계에 들어가 풉니다. 주인공이 고민이 많으면 안 됩니다. 내 스트레스를 대신 풀어줘야 합니다. 로맨스 작품이 인기 있는 이유이기도 합니다.

둘째, 1화에 모든 것을 걸어라.

독자는 1화를 읽고 계속 읽을지 안 읽을지 결정합니다. 이것 아니어도 읽을거리는 많으니까요. 주인공 및 배경 소개, 사건의 발단, 진행을 한편 5,000자에 넣고 빠르게 가야 합니다. 모든 필력을 여기에 쏟아부어야 합니다.

셋째, 무조건 해피엔딩이다.

대리만족입니다. 무조건 주인공이 행복해야 합니다. 주인공을 고민하게 한다. 절대 안 됩니다.

넷째, 문장은 짧게 쓴다.

스마트폰이라 읽기가 어렵습니다. 짧은 글과 단락을 많이 나눠 읽기 편하게 합니다.

다섯째, 대사로 빠른 호흡으로 가라.

흐름이 빨라집니다. 설명보다 대사로 이해하게 합니다. 맞는 것도 의성어로 표현합니다.

여섯째, 절단 신공을 발휘하라.

다음 편 결제를 유도하게 여운을 주거나 중요 부위에서 끊어야 합니다.

일곱째, 고구마와 사이다를 잘 조화 시켜라.

주인공이 위험에 처하고 답답한 부분인 고구마 구간, 사건이 해결되어 사이다처럼 시원한 구간을 조절해야 합니다. 고구마만 너무 많이 나오던지 사이다만 나오면 잘 안 봅니다.

PART 6

돈 버는 비즈니스 글쓰기
로드맵

PDF 전자책으로
나만의 정보를 팔아라

PDF 전자책은
새로운 파이프라인의 시작

PDF 전자책이 무얼까요?

PDF 전자책은 디지털 파일로 편집되고 제작된 책을 말합니다. 전자 파일로 이송과 복사가 자유롭고 전자기기에서도 볼 수 있습니다. 특히 출간에 따른 초기 비용이 발생하지 않습니다.

이런 이점을 이용하여 PDF 전자책에 필요한 정보를 넣어 팔기 시작하면서 새로운 시장이 형성되었습니다. 또한, 앞 설명대로 판매 부수의 확보가 어려워 출간하기 어려운 책의 경우는 아예 PDF 전자책으로 출간합니다.

종이책과 다른 PDF 전자책만의 내용상 주요 특징은 무엇일까요? 이에 관해 자세히 설명하기 전에 책에는 어떠한 내용을 담고 있는지 먼저 설명하겠습니다. 책의 내용상 구성은 Why, What, How To로 되어 있습니다. Why, What, How To를 최근 이슈인 1인 강사로 풀어 설명하겠습니다.

서론에서 4차 산업은 변화다. 1인 기업의 소요가 많아질 것이다. 왜 1인 기업을 해야 하는지 설명합니다. 이것이 Why입니다. 본론에서 그러면 1인 기업이 되려면 무엇을 해야 할까? 책을 써서 전문성을 높이고 말하기

평생 돈 버는 비즈니스 글쓰기의 힘

연습을 해야 합니다. 이렇게 무엇을 해야 한다고 가르쳐 주는 것이 What 입니다. 1인 강사가 되는 실질적 방법으로 SNS를 꾸준히 해서 팔로우를 만들고, 유튜브를 하고, 단톡방을 만들고, 무료 강의를 하고, 독서 모임을 시작한다. 이것이 How To입니다.

정리하면 Why와 What은 "문제 제기와 왜 문제를 제기하는지에 따른 이유", How To는 "문제를 해결하는 실제적인 해결책"입니다.

소비자가 원하는 것은 문제 제기인 Why와 What이 아니라 해결책인 How To입니다. 해결책 How To가 필요해 거금을 들여 종이책을 샀는데 문제 제기하는 Why와 What만 있고, 있더라도 부족한 경우가 많았습니다. How To만을 원하는 독자와 손쉽게 해결책 How To를 팔고 싶은 생산자와의 이해가 맞아 How To로만 구성된 PDF 전자책 시장이 열렸습니다.

아시겠지요? PDF 전자책의 가장 큰 특징은 "How To로만 구성되어 있다."입니다. 나머지 특징도 알아보겠습니다.

둘째, 쓰기 쉽다.

소비자가 원하는 How To를 요점 정리하듯 쓰기만 하면 됩니다. 보기 편하게 편집하는 것이 요구될 뿐입니다. 소비자가 원하는 것은 이야기가 아니라 나에게 필요한 정보, 해결책입니다.

셋째, 재고가 쌓이지 않는다.

파일로만 존재하고 구매자에게 파일만 전송하면 됩니다. 특별한 비용이 들어가지 않기 때문에 진입장벽이 낮고 부담이 없습니다.

넷째, 정보 가치에 따라 높은 가격을 받을 수 있다.

책은 일반적으로 1만 원에서 3만 원 사이를 넘지 않습니다. PDF 전자책은 구매하는 사람이 간절히 원하는 정보의 가치에 따라 가격을 높게 책정할 수 있습니다. 『자청의 초사고 글쓰기』는 29만 원이나 합니다. 그리고 내려받을 수도 없고 플랫폼 안에서만 읽을 수 있습니다.

어떻게 어떤 걸 써야 할까?

독자들은 해결책 How To를 원해 PDF 전자책을 구매하면서 책보다 강한 핵심 정보를 시간 소모 없이 빠르게 습득하고 싶어 합니다. 이것을 상기하고 PDF 전자문서를 작성합니다. 책처럼 목차를 구성한 후 본문을 작성합니다. 불필요한 내용은 빼고, 구어체로 말처럼 읽히게 하고, 누구이 강조하는 짧은 문장으로 작성합니다. 요령으로는 목차를 구성할 때 사람들이 가장 궁금해할 내용을 앞부분에 넣습니다.

이렇게 작성한 PDF 전자책은 크몽, 탈잉, 스킬업라이브, 오투잡에 올리면 됩니다. 플랫폼 수수료가 판매액의 20%입니다. 다 끝났습니다.

이렇게 한다고 내 PDF 전자책이 팔릴까요? 독자가 원하는 How To가 있어야 합니다. 그러면 독자가 원하는 How To는 무얼까요? 여섯 가지가 있습니다. 『N잡 하는 허대리의 월급 독립스쿨』을 참고했습니다.

첫째, 돈을 더 벌게 해주는 지식
- 월급 외 수익 100만 원 만드는 법
- 이모티콘으로 월 100만 원 버는 법
- 경매로 월 30만 원 더 버는 법
- 제휴 마케팅으로 50만 원 월급 외 수익 만들기

둘째, 업무를 더 잘하게 해주는 지식

- 회의에서 분위기 압도하는 방법
- 생산성을 높여주는 에버노트 사용법
- 가독성을 높이는 보고서 작성법
- 10년 차 광고인이 알려주는 PPT

셋째, 외모를 발전시키는 지식

- 속눈썹 셀프 연장 노하우
- 체형을 바로 잡아주는 셀프 교정 트레이닝
- 각진 얼굴을 부드럽게 만들어 주는 셀프 마사지
- 예쁜 하체 라인을 위한 30분 홈 트레이닝

넷째, 즐거움을 주는 지식

- 한 시간 만에 배우는 인물화
- 스마트폰으로 사진 잘 찍는 법
- 인스타그램 팔로우 일주일에 1만 명 늘리기
- 제주도 감성 맛집

다섯째, 삶을 더 나은 방향으로 만들어 주는 지식

- 일주일 만에 모솔 탈출 비법
- 호주 이민권자가 가르쳐 주는 실패 없는 영주권 취득법
- 지식 습득 속도를 세 배 높여주는 속독법
- 일주일 만에 작가 만들어 주는 글쓰기 비법

여섯째, 시간을 줄여주는 유형과 템플릿

- 투고용 출판 이메일 1,000개

- 인스타그램 광고 세팅 매뉴얼
- 회계에 필요한 엑셀 함수 10가지
- 정부지원 사업 합격한 사업계획서 10종

나는 팔 게 없다고요?

예를 들겠습니다. 강릉으로 사흘 동안 여행을 갔다 왔습니다. 가기 전에 많은 조사와 계획을 합니다. 여행을 가면 계획대로 안 되고 조사해온 것과 현실은 다르다는 걸 느낄 것입니다. 이것을 정리해 '실패하지 않고 사흘 동안 강릉 놀러 갔다 오기' PDF 전자책으로 만듭니다.

학점은행제로 대학교 자격을 취득하고 보니 더 빨리 손쉽게 취득할 수 있는 방법이 있었습니다. 아쉬움이 남습니다. 그렇지만, 알게 된 지식으로 '삼 개월 먼저 학점은행제로 대학교 자격 취득하기' PDF 전자책을 만들 수 있습니다. 생각해 보면 남들과 다른 나만의 콘텐츠가 있습니다. 찾아보세요. 찾아보면 다 있습니다. 없다면 자신이 해보고 올리세요. 그래도 안 되면 무작정 강릉으로 여행 가보고 올리세요.

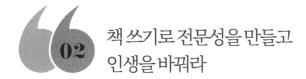

02 책 쓰기로 전문성을 만들고 인생을 바꿔라

책을 써야 하는 이유 3가지

직장인일수록 그리고 인생 바꾸기를 희망하는 사람일수록 책을 써야 합니다. 글쓰기의 최종 목표는 책 쓰기입니다. 책을 써야 하는 이유는 세 가지가 있습니다.

첫째, 지식을 정리한다.

내가 안다고 생각하던 지식을 말로 설명하면 두서가 없습니다. 나는 할 수 있지만 다른 사람은 이해조차 못 합니다. 지식이 체계화되어 있지 않습니다. 암묵적인 지식을 글로 쓰면 지식이 일목요연하게 정리됩니다.

둘째, 남에게 내 이야기를 한다.

누군가에게 내 이야기를 하고 싶습니다. 하지만, 할 수 없습니다. 하고 싶은 말들을 글로 써서 이야기합니다. 뱉어냄에 따라 감정이 안정됩니다. 할 이야기가 많은 사람이 책을 잘 씁니다.

셋째, 전문가로 인정받아 새로운 길을 모색할 수 있다.

필자가 가장 중요하게 생각하는 부분입니다. 책을 출판하면 인세는 도서 정가의 8~10% 정도로 얼마 되지 않습니다. 직접적 경제 효과는 미미

합니다. 책이 팔리지 않으면 계약금만 받고 끝입니다. 이와 달리 비경제적 효과로 책을 쓰면 해당 분야의 전문가로 인정받습니다. 컨설팅이나 강의를 할 수 있습니다. 책 1쇄, 1,000권을 파는 것보다 강의 한번 나가는 것이 더 효과적입니다.

책 쓰기 매력적이지 않나요?

책 쓰는 방법 3가지

첫째, 내가 가지고 있는 지식으로 쓴다.

『헬리콥터 조종사와 정비사라면 반드시 읽고 익혀야 하는 헬리콥터 엔진원리』는 필자의 전문지식으로 썼습니다. 25년 동안 헬리콥터 엔지니어로 근무한 지식을 갈래를 나눠 체계적으로 분류하였습니다. 참고할 책은 존재하지도 않았습니다. 국내 유일 세계 유일의 책입니다. 헬리콥터 정비 계열로 구매층이 얇아 종이책 출판은 실패했지만, 전자책으로는 꾸준한 수입원이 되고 있습니다.

둘째, 관련 분야의 책을 30~100권을 읽고 쓴다.

관련 책을 30권 이상만 읽어도 전문가적인 지식을 얻습니다. 쓰고 싶은 분야의 관련 책을 전략독서하면 충분히 책을 쓸 수 있습니다. 앞서 설명한 큐레이션입니다. 『리딩으로 리드하라』의 이지성 작가가 있습니다.

셋째, 쓰고 싶은 분야의 전문가를 50명 인터뷰하여 쓴다.

『타이탄의 도구』, 『오리지널스』가 대표적입니다.

평생 돈 버는 비즈니스 글쓰기의 힘

가장 좋은 방법은 첫째와 둘째를 합쳐서 쓰는 방법입니다. 나의 전문 지식에 전략독서하여 전문성을 갖추면 쓰기가 쉽습니다. 처음 책을 쓰는 이들에게 추천하는 방법입니다.

주제는 철저히 상업적으로 잡아라

주제는 작가가 독자에게 하고 싶은 말입니다. 책을 쓸 때는 독자에게 어떤 주제를 말할 것인지 명확해야 합니다. 초보 작가가 책을 쓰고도 출간이 안 되는 이유는 이 주제를 잘못 잡았기 때문입니다. 그러면 주제를 어떻게 잡아야 할까요? 철저히 상업적으로 잡아야 합니다.

『부자 아빠 가난한 아빠』에 나오는 이야기로 설명하겠습니다. 로버트 기요사키가 출장 가는데 한 여자가 와서 묻습니다. 어떻게 하면 베스트셀러 작가가 될 수 있냐고요. 로버트 기요사키는 상업적 요소를 넣으라고 조언합니다. 그러자, 여자는 자기는 문학하는 사람이지 글을 파는 상인이 아니라며 화를 내고 갑니다.

독자에게 선택받지 못하고 읽히지 않은 글은 쓸모없습니다. 독자가 필요하고 좋아하는 주제를 선정해야 합니다. 즉, 팔릴만한 것으로 만들어야 합니다. 구연동화에 관한 이야기를 쓴다면 그냥 '구연동화'를 쓰는 것이 아니라 '엄마와 아이가 행복해하는 구연동화 하는 방법'으로 써야 합니다.

『나는 오늘 모리셔스의 바닷가를 달린다』라는 책이 있습니다. 안정은 작가의 인생을 송두리째 바꿔 준 책입니다. 단순히 보면 달리기를 어떻게 하라고 조언하는 책입니다. 작가는 여기에 평범하고 좌절한 청춘이 달리기로 성장하는 기록을 넣었습니다. '좌절에 빠진 젊은 청춘이여 달려라'라는 주제가 청춘들에게 감성으로 다가갔습니다. 책은 베스트셀러가 되었고 작가는 인플루언서가 되어 활발한 활동을 하고 있습니다. 단순히 달리기라는 주제로 썼다면 몇 부 팔리고 마는 책이 되었을 겁니다.

지식의 갈래를 나눠
목차를 잡아라

주제를 잡았습니다. 소제목을 나누고 소제목 안에 소목차로 지식의 갈래를 나눕니다. 보통 책의 소목차 개수는 40개입니다. 소목차 하나의 분량은 A4 용지 2매 반입니다. 40개 목차를 곱하면 한 책은 100매의 A4 용지가 나옵니다. 약 250페이지의 책이 완성됩니다.

말로는 쉽습니다. 요령 두 가지를 알려 드리겠습니다.

첫째, 읽은 책을 참조하여 나눈다.

전략독서로 5~6권 정도 읽으면 같은 패턴으로 내용이 겹치는 것이 보입니다. 이때 나의 주제에 맞게 목차를 배열합니다.

둘째, 소목차를 일단 적고 분류한다.

생각나는 대로 소목차를 정해 한 곳에 적습니다. 소제목은 주제에 맞춰 이미 구성되어 있어야 합니다. 소목차를 소제목에 분류하여 넣습니다.

한 가지만 사용하는 것이 아니라 첫 번째 방법에 두 번째 방법을 조금씩 섞어 넣습니다. 주제에 맞춰 쓰다 보면 나만의 목차가 생깁니다. 이에 따라 소목차를 이리저리 이동하다 보면 주제에 맞춰 목차가 형성됩니다.

소목차 제목은
문제 해결의 열쇠를 주어야 한다

독자는 책을 구매하기 전에 제목과 목차를 봅니다. 제목은 당연히 끌리는 것으로 해야 합니다. 감상적이어도 괜찮습니다. 반면, 목차는 독자에게 "여러분이 필요한 것 여기 있습니다."라는 메시지를 줘야 합니다. 책을 읽는 이유는 대부분 내가 필요한 정보를 얻기 위해서입니다. '책 목차 짓는 세 가지 방법', '큐레이션하는 두 가지 방법'처럼 독자가 해결하고 싶은 문제는 이 책, 이 목차 안에 있다는 것을 알려야 합니다.

큐레이션은
복합기와 포스트잇으로

소목차에 쓸 내용을 찾아야 할 차례입니다. 전략독서하면서 소목차에 들어갈 내용이 있으면 줄을 긋고 어느 소목차에 들어갈 내용이라고 인덱스 스티커로 표시합니다. 한 권을 다 읽으면 인덱스 스티커로 표시한 부분을 복사합니다. 목차별로 나누어 놓습니다. 복사할 내용을 어떻게 활용할 것인지 포스트잇에 적어 같이 보관합니다. 추후 글의 얼개를 잡을 때 요긴합니다.

다른 책을 읽으며 똑같은 행위를 합니다. 전략독서가 끝나면 각 소목차별로 복사지가 모여 있는 것을 확인할 수 있습니다. 복사지의 양을 보고 소목차에 들어갈 내용이 충분한가 확인합니다. 한 소목차를 쓸 수 없을 정도로 내용이 적으면 해당 소목차를 삭제하고 비슷한 소목차에 한데 묶습니다.

소목차를 세 개 이상으로
나눠 쓰면 부담이 없다

소목차를 쓰기 시작할 때는 해당 소목차의 복사지를 가져와 읽습니다. 내용을 정리하며 글의 얼개를 잡습니다. 한 번에 소목차의 내용을 쓰려고 하는 사람도 있는데 이렇게 쓰면 일관된 주제로 쓰기 힘들뿐더러 읽기도 어렵습니다. 소목차의 내용을 단락 제목으로 나눕니다. 단락 제목으로 내용별로 나누면 내용이 딱딱 끊어져 쓰기 쉽고 독자들도 잠깐씩 쉬어가기 때문에 읽기 쉽습니다. 최소 세 개로 나누거나 그 이상도 괜찮습니다. 지금의 소목차도 여덟 개의 단락 제목으로 나눴습니다.

단락 제목은 소목차의 제목처럼 흥미를 끌어 궁금증을 유발하거나 강조를 하는 것으로 독자가 계속 읽게끔 만들어야 합니다.

꾸준함과 성실함이
책을 완성한다

책 쓰기 준비는 자료 수집이고 책의 완성도를 높이는 것은 여러분의 필력입니다. 그리고 책을 완성시키는 힘은 여러분의 성실함과 꾸준함입니다. 친구들, 주말 다 포기해야 합니다. 주말에는 더 열심히 써야 합니다.

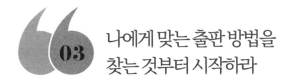

03 나에게 맞는 출판 방법을 찾는 것부터 시작하라

출판 방법 3가지

책을 다 썼습니다. 출판을 위해 투고를 합니다. 어쩌나, 어느 출판사에서도 연락이 없습니다. 거절당했습니다. 힘들게 쓴 원고를 그냥 묵혀둬야 할까요? 다행히 우리에게는 세 가지 선택지가 있습니다. 자비출판과 전자책 출판, POD 출판이 있습니다. 하나하나 설명하겠습니다.

출판사에서 출간하는 종이책은 기획출판과 자비출판으로 구분합니다. 기획출판은 말 그대로 출판사가 모든 돈을 지불하는 출판입니다. 한번 인쇄에 1,000~2,000부 정도 출판합니다. 작가의 인세는 책값의 8~10% 정도입니다. 작가에게 인세도 주고 출판 비용을 모두 지불한다? 우리는 무엇을 알 수 있을까요? 책이 시장의 요구에 맞는 컨셉을 갖고 있고 목차도 좋고 내용, 문장력이 좋다는 것을 다년간 책을 낸 출판사 대표가 인정한 것입니다. 충분히 상품적 가치가 있다고 판단한 것이죠. 그래도 약간 의구심이 든다면 작가에게 인쇄비의 반 정도나 책 일부를 사는 조건으로 계약합니다. 이것이 '반 자비출판'입니다.

내 돈으로 출판하는 자비출판

자비출판은 말 그대로 내 돈으로 출판하는 겁니다. 출판사가 거절했으니 할 수 없이 작가가 모든 돈을 들여 출판합니다. 1,000부에 200만 원 정도입니다. 이렇게 자비출판 하는 이유는 세 가지입니다.

첫째, 내 인생에서 책을 출판했다는 자기만족
둘째, 책을 통한 브랜딩으로 강의와 연결
셋째, 내 책은 그래도 가능성이 있다고 믿는 작가

앞의 설명처럼 자비출판은 출판사에서 시장성이 없다고 판단한 책이라 출판을 해도 잘 팔리지 않습니다. 또한, 마케팅 활동을 오로지 작가가 해야 한다는 어려움이 있습니다. 그러나 간혹 성공하는 사례도 있습니다. 『죽고 싶지만 떡볶이는 먹고 싶어』는 자비출판인데도 성공한 사례입니다.

주문할 때만 나오는
주문형 종이책 POD 출판

다음은 POD 출판입니다. POD는 Publish On Demand의 약어로 '주문형 소량 출판'을 의미합니다. 다 쓴 원고를 PDF 형식으로 만들어 일단 플랫폼에 올려놓습니다. 판매는 인터넷 서점에서 일반 책과 같은 형식으로 팝니다. 독자가 구매하면 이때 출력하여 책을 만들어 배송하는 방식입니다.

세계적 신드롬을 일으키며 출간 석 달 만에 3,000만 부가 팔린 『그레이의 50가지 그림자』가 이 방식으로 출판되었습니다. 우리나라 플랫폼에

평생 돈 버는 비즈니스 글쓰기의 힘

는 '부크크'(http://www.bookk.co.kr)가 있습니다. 가장 좋은 점은 많은 돈 들이지 않고 자비출판의 목적 세 가지를 충족할 수 있습니다. 필자의 『헬리콥터 엔진원리』도 '부크크'에 등록되어 있고 소소하게 팔리고 있습니다. 헬리콥터를 배우는 후배들이 제 이름이 적힌 책을 들고 다니는 것을 볼 때 무척 신기했습니다.

전자기기에서만 볼 수 있는 전자책

마지막은 전자책(e-book)입니다. 파일 형태로 멀티미디어 기기에서만 볼 수 있다는 것이 PDF 전자책과 비슷하지만, 종이책과 같은 형식을 가진 것이 다릅니다. 국제표준도서번호(ISBN: International Standard Book Number)도 부여할 수 있습니다.

전자책 파일 형식은 PDF, 플래시, Epub(Electronic Publication), App(Application) Book, 형태가 있습니다. 이중 많이 사용하는 것이 PDF와 Epub입니다. 우리나라 플랫폼에는 '유페이퍼'가 있습니다. Epub 형식은 세계적 표준양식으로 인터넷 사이트에서 보는 것과 같이 독자가 전자기기로 편하게 볼 수 있다는 장점이 있습니다. 다만, 작가가 Epub 형식으로 만들기에는 전문지식이 필요합니다. 이런 어려움을 해소하기 위해 '유페이퍼' 플랫폼에는 Epub 형식으로 바꿔 주는 프로그램을 내장하고 있습니다. 〈한글〉의 텍스트를 복사하여 옮기면 자동으로 Epub 형식으로 변환하여 줍니다. Ctrl + C, Ctrl + V만 하면 됩니다. 생각보다 무척 쉽죠? 당장 해보세요.

책을 내려는 목적을 정확히 하라.
작가의 타이틀이 중요한 것이 아니다

기획 출판하려 했으나 실패한 원고는 자비출판이 아니라면 POD, 전
자책으로 등록해놓는 것을 추천합니다. 『죽고 싶지만 떡볶이는 먹고 싶
어』, 『그레이의 50가지 그림자』 같은 사례도 실제 있으니까요. 이런 경우는
여러분의 필력이 높아야 하고 마케팅을 열심히 해야 합니다.

출판형태				
출판 종류	기획출판	자비출판	POD	전자책
형태	종이책	종이책	종이책, 전자책	전자책
비용	출판사 부담	· 책의 일부 300권 정도 구입 · 자비 부담	무료나 수수료 1만 원 정도	무료나 수수료 1만 원 정도
인세	8~10%	없음	최대 35% 정도	50~70%
지원 사이트	출판사	출판사	부크크	유페이퍼
마케팅	회사가 적극적 수행	작가가 수행	작가가 수행	작가가 수행
비고			https://www.bookk.co.kr/	https://www.upaper.net/

평생 돈 버는 비즈니스 글쓰기의 힘

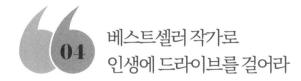

04 베스트셀러 작가로 인생에 드라이브를 걸어라

마케팅은 작가, 나 혼자라도 해야 한다

서점에 들어가니 한 여성분이 다가옵니다. "무슨 책을 보세요?" 그리고는 어떤 책을 추천합니다. 이 여성분은 서점의 직원일까요? 아닙니다. 작가입니다. 자신의 책을 판매하고 있습니다.

책이 기획출판 된다고 하면 작가의 임무는 끝일까요? 출판사에서 알아서 팔아줄까요? PDF 전자책도 플랫폼에 올려놓으면 알아서 팔릴까요?

여러분이 알아야 할 것은 아무리 좋은 책을 세상에 내놓아도 사람들이 존재 자체를 알지 못하면 판매가 일어나지 않는다는 겁니다. 많은 작가가 착각하는 부분입니다. 글만 잘 쓰면 알아서 팔리겠지 하는 생각은 진짜 꿈같은 이야기입니다.

과거는 매장에서만 책을 구매할 수 있었기 때문에 매대 광고만이 전부였습니다. 지금은 인터넷 발달로 블로그, 인스타그램, 페이스북, 유튜브 다양한 매체를 통해 책을 선전하고 있습니다. 자신의 책이 출간되었다면 출판사와 함께 SNS와 블로그로 적극 홍보를 해서 출판사와 함께 가야 합니다. 오늘 당장 블로그에 책에 대한 글을 올리고 인스타그램에 내 책을 찍어 올리는 것이 시작입니다.

마케팅의 시작은
찐 팬 1,000명 만들기부터

『창작의 블랙홀을 건너는 크리에이터를 위한 안내서』(라이언 홀리데이 지음)에 나오는 '아이언 메이드' 밴드의 일화를 이야기하겠습니다. 1980년대를 주름 잡은 밴드지만 잊힌 밴드기도 합니다. 다른 밴드들이 라디오나 MTV에 의존하여 홍보하고 새로운 팬들을 영입하려 노력하는 동안, 이들은 팬들과 직접적인 친밀감을 구축하며 자신들의 군대 구축에 주력했습니다.

'아이언 메이드'는 일반 대중에게 인기는 없었지만, 자신들만의 음악세계를 구축하였습니다. 음악을 좋아하는 진정한 팬들은 '아이언 메이드'를 배신하지 않았습니다. 꾸준하지만 점진적으로 군대는 늘어만 갔습니다.

이렇게 '아이언 메이드'는 라디오나 TV 등 미디어의 지원을 받지 않고도 8,500만 장의 앨범을 팔았습니다. 2002년에는 'Ivor Novello' 상을 2011년 El Dorado로 '2011년 그래미 베스트 메탈 퍼포먼스 어워드'를 수상했습니다. 2013년 10월 부로 밴드는 2,000여 회의 라이브 무대에 서는 기록을 세웠습니다.

'군대' 하면 대한민국 가수 BTS의 세계적인 팬클럽 ARMY가 생각나지 않나요? 팬덤을 형성하고 팬과의 소통으로 친밀감을 유지하며 자기들만의 음악세계를 만들어 가는 것이 '아이언 메이드'와 비슷하지 않나요?

이런 현상을 보고 잡지 〈와이어드〉의 창립자 케빈 켈리가 '1,000명의 진정한 팬'이라는 이론을 제시합니다. 예술작품을 하는 사람은 생계를 유지하기 위해 1,000명의 진정한 팬을 확보하면 된다는 것입니다. 1,000명이 여러분의 작품을 지속적으로 구입해 주니 여러분은 좋은 작품을 일관성 있게 만들 수 있다는 것입니다. 세스 고딘이 쓴 『마케팅이다』에서는 이것을 '최소유효시장의 법칙'이라고 설명합니다.

아셨죠? 찐 팬 1,000명부터 시작입니다.

글로 인생을 바꾸기 원한다면
SNS로 찐 팬을 만들어라

이런 법칙에 따라 출판사에서는 인플루언서, 유튜버의 저작활동을 반기고 우선 출간하는 경향이 있습니다. 이미 확보된 구독자와 팔로워로 인하여 기본적인 판매 부수가 보장되기 때문입니다. 만일, 유튜버 구독자 10만 명에서 10분의 1인 1만 명이 구입해도 1만 권이 판매됩니다. 100분의 1인 1,000명만 되어도 출판사는 1쇄를 판매하여 투자금을 회수한다는 계산이 나옵니다.

최근의 사례는 자청의 『역행자』, 『초사고 글쓰기』를 볼 수 있습니다. 만일 자청이 인기 유튜버가 아니었다면 『역행자』와 29만 원이나 되는 전자책 『초사고 글쓰기』가 베스트셀러가 되었을까요? 물론, 내용이 좋지 않다는 것은 아닙니다. 책이 좋은 만큼 마케팅이 훌륭해서 상승효과를 했다는 것입니다.

글쓰기를 배우고 책으로 인생을 바꾸기를 간절히 원한다면 글을 쓰는 것과 동시에 SNS로 팬을 만들어야 합니다. SNS에 팬이 많아지면 앞서 설명의 효과와 함께 부가로 마케팅 비용이 들지 않습니다. 페이스북과 인스타그램에 광고를 올리면 돈을 지급해야 하지만, 글을 올리는 것만으로 광고 효과를 볼 수 있습니다. 이런 이유로 출판사에서 SNS 팬을 만들기 위해 노력합니다.

베스트셀러 만드는 비법 공개

베스트셀러가 되는 방법은 의외로 간단합니다. 일곱 가지만 잘 지키면 됩니다.

첫째, 소비자가 원하는 컨셉
둘째, 끌리는 제목
셋째, 이목을 끄는 표지
넷째, 독자가 원하는 정보를 보여주는 깔끔한 목차
다섯째, 작가의 필력
여섯째, 알찬 내용
일곱째, 마케팅

이것이 함께 어우러지면 베스트셀러가 됩니다. 첫째부터 넷째까지의 항목에 마케팅이 합쳐지면 책 내용이 좋지 않더라도 베스트셀러가 됩니다. 베스트셀러를 보고 이거 별로인데 하는 경우입니다. 마케팅의 산물입니다. 이런 책들은 오래 가지 않고 금방 내려옵니다. 결국, 알찬 내용과 작가의 필력이 뒷받침되어야 합니다.

책을 통한 브랜딩으로 강의와 사업이 급한 사람들을 위해 돈 안 들이고 베스트셀러 작가 타이틀을 갖는 세 가지 요령을 알려 드리겠습니다.

첫째, 공저를 활용하는 방법
한 책을 공저로 10명 이상이 제작합니다. 공저로 등록된 작가 1명당 10권씩 지인을 통해 팔면 100권이 순식간에 팔리면서 순간적으로 베스트셀러에 올라가는 것을 노리는 것입니다.

상세한 방법으로 우선 작성된 PDF 파일을 POD 플랫폼 '부크크'에 등록합니다. 여기에만 등록해도 교보문고, 예스24, 알라딘 인터넷 사이트에 자동으로 등록됩니다.

[그림 1] 필자의 도서 1
(예스24 화면 갈무리)

등록이 완료되면 공저자들이 판매 활동을 합니다. 한 사람당 5명에서 10명씩 연락하여 판매가 이뤄지도록 마케팅합니다. 교보문고, 예스24, 알라딘 인터넷 사이트 중 한 곳을 정해 집중적으로 구매토록 합니다. 10명이 5권씩 판매가 이뤄진 것을 계산하면, 총 50권의 구매가 3~4일 이내에 갑자기 발생합니다.

주간 종합 베스트 순위에는 들어가지 않더라도 분야별 베스트 순위에 들어갑니다. 이때의 사이트 화면을 캡처하여 블로그에 남기면 베스트셀러라는 작가 타이틀을 얻습니다. 큰돈 들이지 않고 소모임에서도 할 수 있는 방법입니다.

[그림 1]은 필자의 책 『특허·지식재산권으로 평생 돈 벌기』입니다. 예스24에서 화면 갈무리했습니다. 윗부분에 "베스트셀러"가 아랫부분에는 "분야별 베스트"가 표시되어 있습니다. 물론 제 책은 이 방법으로 순위를 올린 것은 아닙니다. 베스트셀러의 일곱 가지 조건을 모두 만족한 책입니다. 예시로 보여 드리는 것뿐입니다. 출판사와 같이 노력하고 연구한 결과입니다. 공저가 많은 책은 베스트셀러 작가로 만들어 준다는 강의에서 만들어지고 지금 설명처럼 베스트셀러 타이틀을 얻기 위한 책들입니다. 책 선택을 할 때 공저가 많은 책은 일단 거르고 보는 것이 좋습니다.

둘째, 특정 분야를 공략하는 방법

분야별로 베스트셀러를 선정한다는 것을 앞의 사례로 알았습니다. 이것을 이용해 책의 분야를 남들과 다른 것으로 바꿉니다. 경영/경제, 인문 쪽은 이미 레드오션입니다. 대신 수험서, 기계, 기술, 유아 쪽 등을 노립니다. 구매가 많이 안 일어나 한 주에 몇 명만 구매해도 분야별 베스트셀러에 올라갑니다.

필자의 전자책으로 『항공정비사 회전익 면장 구술대비』가 있습니다. 출판사에서 출간 계획을 세웠다가 결국 고사한 책입니다. 헬리콥터 업계에서 정비계통 종사자가 1만 명이 안 되니 1쇄 1,000부를 팔 수 없다는 계산이 나왔기 때문입니다. 대신에 전자책으로 등록했는데 수험생들이 꾸준히 찾습니다.

전자책은 '유페이퍼' 사이트를 기반으로 하여 판매량을 바로 확인할 수 있는데, 주당 5권이 판매되면 베스트셀러 타이틀을 얻었습니다. 물론, 사진을 블로그에 남기면 베스트셀러 작가가 됩니다.

셋째, 작은 플랫폼을 이용하는 방법

전자책 사이트 '유페이퍼'에도 판매량에 따라 자체적인 베스트셀러 타이틀을 줍니다. '유페이퍼'를 통한 전자책의 판매량이 적어 주간에 갑자기 판매량이 늘어나면 베스트셀러 순위에 올라가고 이것을 메인 화면에 공지합니다.

글쓰기로 어떻게 하라고!

여기까지 읽으셨다면 인생에 드라이브를 걸 마음 준비는 되었습니다. 글쓰기, 그중에서도 비즈니스 글쓰기로 인생에 드라이브 한번 걸어보지 않겠습니까? 글을 쓴다면 또 다른 인생이 여러분을 기다리고 있을 겁니다. 망설이지 말고, 재지도 말고, 지금 당장 쓰세요!

평생 돈 버는 비즈니스 글쓰기의 힘

PART 7

챗GPT로
창조적 글쓰기

● 챗GPT(ChatGPT)와 함께하는 글쓰기 Road Map ●

글쓰기	Road Map

1. 내가 쓸 글 성격 파악하기(자기소개서, 자기주장, 설명문 등)

2. 챗GPT에 요청할 질문 작성
· 폭이 좁게, 깊게, 자세히 질문한다.

3. 챗GPT에 질문

4. 챗GPT에서 출력된 글의 맥락 파악
· 글의 얼개 파악
· 챗GPT가 내가 요구한 방향으로 글을 썼는지 확인
· 사례 예제들을 확인, 추후 퇴고와 얼개 재구성할 때 사용할 것 확인

5. 챗GPT 글을 바탕으로 글에 넣을 에피소드 및 관련 사례 추가 발굴
· 챗GPT 특성상 과거 사례나 예제로 작성됨
· 최근 사례 및 자료 발굴, 나의 에피소드 추가
· 기계적 답변으로 글이 전체적으로 딱딱함
· 인간미 부여가 목적

**6. 챗GPT 글을 초안으로 나의 목적에 맞게 글의 얼개 재작성 및 에피소드 추가,
문장 재배열로 글 작성**
· 챗GPT의 문장을 레고블록처럼 사용하여 재조합
· 글에 들어갈 내용이 초안처럼 작성되어 있어 얼개를 재구성해도 쓰기 쉬움

7. 퇴고
· 챗GPT 문장이 영어에서 번역되어 문장이 길다. 문장을 짧게 한다. 읽어보고 늘어지는
  것 같으면 더 짧게 한다.
· 중복된 의미의 문장과 단어가 많다. 의미가 비슷한 문장은 과감하게 삭제한다.
· 주로 문장을 짧게 하고, '의'를 제거하고, 중복된 의미의 문장을 삭제하는 방향으로 퇴고
  를 진행한다.
· 영어기반으로 수동형이 많다. 과감히 능동형으로 바꾼다.

※ 챗GPT의 글은 내가 참고하는 초고(초안)이다. 헤밍웨이 말처럼 초고는 쓰레기라는 것을
   명심하라. 반드시 재구성과 퇴고의 과정을 철저히 거쳐야 한다.
※ 챗GPT의 글이 우수하나 나의 목적에 완전히 부합되지 않는다. PART 1~6까지의 글쓰기
   를 철저히 익혀 챗GPT의 글을 해체하고 재조합할 수 있는 능력을 키워야 한다.

01 챗GPT 넌 누구냐?

정보 흡수 과정의 혁신

난리가 났습니다. 누구는 2007년 스티브 잡스가 일으킨 아이폰 혁신보다 더 대단하다고 합니다. 무엇을 말하는 걸까요? 바로 서비스 출시 후 4일 만에 100만 명이 가입하고 40일 만에 1,000만 명이 가입한 챗GPT입니다.

챗GPT가 무엇인데 이렇게 난리인 걸까요?

GPT의 원어는 Generative Pre-trained Transformer로 단어를 하나하나 해석해 보면 '생산적 사전학습 변환기'라고 할 수 있습니다. OpenAI사에서 개발한 언어 모델의 인공지능입니다. 왜 대단한 관심을 끌고 있을까요?

정보를 흡수하고 처리하는 우리의 사고체계를 바꾸는 신호탄으로 산업 흐름까지 바꾸려 하기 때문입니다.

산업 흐름을 바꾸는 것은 이해하겠는데 사고체계를 바꾼다니요?

이것을 설명하기 전에 챗GPT가 어떤 서비스인지 기존 정보 검색 방법과 비교하여 설명하겠습니다.

기존에는 알고 싶은 것이 있다면 웹 브라우저의 검색창에 내가 원하는 정보와 가장 가까운 키워드를 쳤습니다. 그리고 추천하는 페이지를 선택하여 일일이 들어가 읽어보았습니다. 페이지에서 내가 알고 싶은 내용에 부합된 정보를 취사 선택하거나 여러 페이지를 읽은 후 정보를 융합하여 새로운 콘텐츠, 정보를 만들어냈습니다.

이에 반해 챗GPT는 아주 쉽습니다. "Chat"이라는 단어 뜻처럼 말하듯이 입력창에 내가 원하는 콘텐츠를 쓰면 됩니다. 그러면 바로 찾는 정보가 요약되어 나옵니다.

이해가 안 되는 분들을 위해 코딩으로 설명하겠습니다.

'X에 미지의 값을 넣으면 곱하기 10을 하여 결괏값을 출력하라.'라는 목적으로 코딩을 합니다.

기존 방법: 코딩 명령어를 설명 페이지 검색→명령어 공부→프로그램 설계→프로그램 코딩→에러 수정→처음 단계 반복→결괏값 확인

챗GPT 방법: 목적에 '코딩을 해 줘' 하고 붙여서 챗GPT에 입력→챗GPT 코딩 출력→출력물 복사→프로그램에 붙여넣기→결괏값 확인

더 나은 설명으로 글을 쓰는 과정으로 풀어 설명하겠습니다.

'OpenAI에서 서비스한 챗GPT가 산업계에 어떤 영향을 미칠 것인가?'라는 기사를 작성한다고 가정하겠습니다.

기존 방법: 챗GPT 관련 자료 검색 → 정보의 정리 → 기사 초고 작성 →퇴고→완성

챗GPT 방법: 목적에 '기사를 작성해 줘' 하고 붙여서 챗GPT에 입력 →챗GPT가 기사 출력

두 예시에서 알 수 있듯 정보를 흡수, 정리 후 배출하는 과정이 생략되

었습니다. 사고 영역에 변화를 주는 사고 혁신입니다.

이런 사고 혁신은 뇌에 어떤 영향을 끼칠까요?

정보를 언어로 바꿔 주는 일은 뇌의 브로카영역과 베르니케영역에서 수행합니다. 예시처럼 정보를 취합하고 배출하는 행위를 챗GPT가 해주면 언어영역인 브로카영역과 베르니케영역이 작동하지 않습니다. 일부 뇌과학자는 이 두 영역을 사용하지 않아 능력 저하로 학습능력이 저하 될 것이라고 합니다.

반면, 다른 뇌 과학자는 챗GPT의 정리된 정보를 보면 뇌는 창조적으로 재해석하려는 역반응을 일으킨다고 합니다. 이 느낌은 시상하부에서 흥분제 도파민을 배출합니다. 인간은 도파민을 더 많이 배출하기 위해 더욱더 창조 활동을 하는 동기부여를 얻습니다. 결국, 챗GPT의 등장은 사람을 창조적인 일에 몰두하게 만든다고 합니다.

정보 흡수 과정의 변화로 발생하게 될 퇴화와 진화. 과연 인간의 뇌에 어떤 영향을 줄까요? 챗GPT는 '2002 스페이스 오디세이'에 나오는 원시 인간을 진화로 이끈 검은 석판 모노리스와 같다는 생각을 합니다.

사회와 산업계의 변화

챗GPT가 유발 하라리의 대표작 『사피엔스』의 10주년 서문을 대신 써주고, 논문 초록을 써준 50편은 표절 검사 프로그램을 모두 통과했습니다. 뉴욕시는 '부정행위, 비판적 사고 능력 발달 저해'가 우려된다고 교육국 장비와 공립학교 인터넷 네트워크에서 인공지능 챗GPT 프로그램 접근을 차단했습니다.

챗GPT가 사회에 영향을 주고 있습니다. 챗GPT가 어떤 변화를 줄 것인지 설명하겠습니다. 여러 가지 변화가 있겠지만 이 책의 주제는 글쓰기로 이 부분에 관계된 것을 우선하겠습니다.

1. 숙제의 종말

미국은 작문 숙제가 많습니다. 챗GPT에 간단히 접근하여 숙제 내용을 쓰면 1, 2분 만에 작문 숙제가 해결됩니다. 접근하기가 너무 쉽습니다. 학생들은 부정행위의 유혹에 빠집니다.

모든 학습은 이제 학교에서 풀고, 쓰고, 제출하는 것으로 바뀔 것입니다. 이미 일부 마이스터고는 자기소개서를 면접일 오전에 격리된 반에서 아이들을 모아 놓고 쓰게 했습니다. 챗GPT의 등장으로 글쓰기가 실전이 되었고 더욱더 글쓰기를 배워야 하는 당위성이 높아졌습니다.

2. 미술과 영상, 코딩 숙련공들의 일자리 감소와 임금 저하

디지털 세계에서는 인공지능이 그림도 그려 주고 영상도 편집해 주고 코딩도 해줍니다. 마케팅 문구, 시장조사도 챗GPT가 합니다. 가장 큰 타격은 코딩 전문가가 받습니다. 코딩이 쉬워져 진입장벽이 낮아졌습니다. 금방 전문가처럼 단순하면서도 정확한 코딩을 보여줍니다. 그것도 1, 2분 만에요. 인간이면 온종일 했을 일입니다.

생산성이 높아졌습니다. 어떤 일이 일어날까요? 관련 사업의 인력 수요는 줄고 숙련도가 낮아진 만큼 많은 인력이 쉽게 들어 옵니다. 사업계에서 살아남더라도 임금은 낮아집니다. 남들과 다르게 실력이 월등히 높거나 독특함을 찾아야 할 것입니다.

3. 웹 브라우저 광고시장의 변화

앞서 설명처럼 기존에는 검색 키워드를 넣고 관련 페이지를 돌아다니며 정보를 취합했습니다. 챗GPT는 이런 과정 없이 바로 답을 보여줘 광고 노출이 안 됩니다.

웹 브라우저 회사 주 수입은 광고인데 페이지에 안 들어가니 광고 노출이 안 되어 주 수입이 감소합니다. 페이지 방문을 하지 않는 것은 경영에 큰 위협요소입니다. 구글이 "코드레드"를 발령한 이유입니다.

챗GPT 인공지능을 선점한 마이크로소프트 사는 이 둘의 특징을 살려 적용했습니다. 마이크로소프트 사 웹 브라우저 Microsoft Bing 검색창 오른쪽에 챗GPT의 답을 같이 표시했습니다. 검색시장을 챗GPT를 활용하여 장악하면서 광고시장을 같이 유지하는 방법을 취했습니다. 하지만, 웹브라우저를 이용한 광고 효과는 챗GPT 출연 전보다 감소한다는 것은 확실합니다.

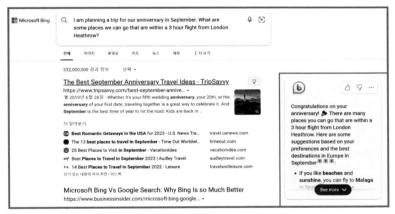

Microsoft Bing에서의 검색에 대한 답변입니다. 오른쪽 상자 안이 챗GPT 답변입니다.
검색의 결괏값과 챗GPT 결과를 동시 배치해 광고시장을 유지하면서 검색시장을 장악하려 합니다.

4. 블로그 생태계의 변화

챗GPT가 나오자 블로그 페이지 생산량이 갑자기 폭주했습니다. 이유는 무엇일까요? 챗GPT의 글을 그대로 복사/붙여넣기로 블로그에 올리는 것입니다. 블로그의 방문객을 늘리고 검색 시 상위 노출되기 위한 수단으로요.

그동안 블로그 산업 시장은 매우 컸습니다. 블로그에 인터넷 유저를 방문케 하여 광고를 노출시켜 애드센스와 애드포스트로 수익을 창출하고 유입량을 늘리기 위한 키워드를 선점하라는 강의산업도 많았습니다.

앞서 설명처럼 검색 시 페이지를 방문하지 않으니 당연히 수입 감소는 불 보듯 뻔합니다. 또한, 단순히 챗GPT가 보여주는 글을 복사 및 붙여넣기로 작성한 블로그 글은 검색이 안 될 것입니다. 블로그를 서비스하는 회사에서는 영혼 없는 챗GPT로 만든 글이 많아지면 자사의 서비스 품질을 깎아내리기 때문입니다. 세계 여러 나라와 기업에서는 인공지능이 쓴 글을 검색하는 인공지능을 만드는 작업에 착수했습니다.

블로그는 정보를 알리면서도 진정한 자신의 정체성을 알리는 수단으로 확고히 자리 잡을 것입니다. 영혼 있는 글이 더 필요하게 되었습니다. 챗GPT가 알려주는 글에 나의 이야기를 덧붙여 또 다른 창작을 해야 합니다. 이제부터는 짧은 글이라도 더욱더 자신의 열정을 담아 창조해야 합니다. 이런 글이 더 상위 노출될 것입니다.

전 세계 사람들은 챗GPT 제작자도 생각지 못한 곳에 챗GPT를 적용하고 있다고 합니다. 이 효과는 나비효과에서 말한 작은 날갯짓의 파장으로 나에게 어떤 강력한 영향을 끼칠지 모릅니다. 하지만, 한 가지는 확실합니다. 의외로 글쓰기의 필요성이 더 공고해졌다는 것을요.

평생 돈 버는 비즈니스 글쓰기의 힘

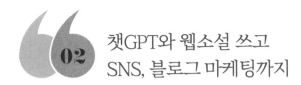

02 챗GPT와 웹소설 쓰고
SNS, 블로그 마케팅까지

웹소설 창작은 기획, 글 작성 연재, 마케팅까지
챗GPT와 함께하다

인공지능 시대에 살아남고 부를 쟁취하는 방법은 아이러니하게도 창조의 보조도구로 사용하는 것입니다. 챗GPT를 보조도구로 이용하여 웹소설을 써보겠습니다.

참고로 챗GPT의 기본언어는 영어입니다. 영어로 질문하는 것이 가장 정확하고 빠르게 답을 해줍니다. 한글로 질문하면 오류로 멈추는 경우가 간혹 있습니다. 영작이 어렵다면 네이버의 파파고에서 번역하여 복사해서 붙여넣기 하기를 추천합니다.

● **웹소설 창작과 연재, 마케팅까지** ●

순서	기획	글 작성	연재	기획
해야 할 일	•유행 장르 파악 •배경 설정 •인물 설정 •사건 설정 •관계 설정 •시놉시스 작성 등	•매화 작성 (연재 전 5화 작성) •플롯 구상	•플랫폼 선정 – 조아라 – 네이버챌린지 리그 – 로망띠끄 – 북팔 – 문피아 – 포스타입	•SNS 마케팅 •블로그 마케팅

웹소설을 쓰는 단계는 기획, 글 작성, 연재, 마케팅입니다. 도표를 보고 전체적인 흐름과 질문을 어떻게 할지 생각해 보세요.

기획:
챗GPT와의 대화로 영감을 얻어라

먼저 유행 장르 파악하기를 하겠습니다. 웹소설도 상품입니다. 예술작품이 아닙니다. 내가 쓰고 싶은 글이 아니라 독자가 원하는 글을 써야 합니다. 자본주의에서 제일 중요한 개념입니다. 반드시 유행의 흐름을 파악하여 내가 쓰고 싶은 글과 절묘하게 조화시켜야 합니다.

방법은 챗GPT에 물어보는 겁니다. 바로 조사해 줍니다. 약간의 과거 자료지만 참고하기에 좋습니다.

질문:
한국 웹소설 인기순위 1위에서 10위까지 보여주고, 간략한 설명 부탁해.

챗GPT 답변:
네, 다음은 순서 없이 나열한 10권의 한국어 웹소설과 간략한 설명입니다:

한비의 "MEMORIZE", 모든 사람이 "기술"이라고 불리는 독특한 능력을 가진 세상에서, 주인공은 '기술' 없이 태어납니다. 주인공은 살아남기 위해 길드에 가입하고 세상에 대한 위험한 비밀을 발견합니다.

로유진의 "탐식의 재림", 주인공은 환상의 세계로 환생하고 사람들 간에 욕망을 연결하는 보이지 않는 실인 "테더링"을 볼 수 있는 능력을 얻습니다. 주인공은 자신의 욕망을 충족시킨 후 새로운 세계에 대한 진실을 밝히기 위한 여행

평생 돈 버는 비즈니스 글쓰기의 힘

을 시작합니다.

추공의 "나 혼자 레벨업", 괴물로 가득 찬 차원의 포털이 열린 세상입니다. 약한 헌터가 비디오 게임처럼 레벨업할 수 있는 능력을 얻습니다. 주인공은 인류를 보호하고 포털 뒤에 숨겨진 비밀을 발견하기 위해 새로운 힘을 사용합니다.

남희성의 "달빛 조각사", 가상현실 MMORPG에서 가난한 학생은 돈을 벌기 위해 위드라는 이름의 전설적인 캐릭터를 만듭니다. 주인공은 곧 복잡한 상황에 휘말리고 극복하면서 게임에서 가장 위대한 플레이어가 되기 위해 싸웁니다.

연기는 길이다의 "환생한 주님의 이야기", 〈생략〉

유헌화의 "던전 디펜스", 〈생략〉

맥켄로의 "책 먹는 마법사", 〈생략〉

토이카의 "나 빼고 다 귀환자", 〈생략〉

간다라의 "튜토리얼은 너무 어렵다", 〈생략〉

온후의 "전장의 화신", 〈생략〉

• 한비의 "메모리즈"는 작가의 이름이 다르게 나옵니다. 챗GPT의 한계가 조금 보입니다.

지금 유행하는 웹소설의 흐름을 파악할 수 있습니다. 로맨스와 현대물보다는 환생과 게임판타지, 헌터물이 인기라는 것을 알 수 있습니다. 저는 헌터물인 『나 혼자만 레벨업』 같은 글을 써보겠습니다. 줄거리를 생각한 것이 없으니 그냥 만들어 달라고 하겠습니다.

질문:
"나 혼자만 레벨업" 같은 웹소설 줄거리 하나 만들어 줘.

챗GPT 답변:
네, "나 혼자만 레벨업"과 유사한 웹소설의 줄거리는 다음과 같습니다:

악마의 영역으로 가는 문이 열린 세상에서 인류는 파멸의 위기에 처해 있다. 악마들은 강력하고 수가 많고, 인류를 보호하는 사냥꾼들은 거의 없다. 그들 중에는 김준이라는 약한 사냥꾼인 주인공이 있다.

김준은 언제나 평범한 사냥꾼이었고, 가장 단순한 악마 사냥에서도 간신히 살아남았다. 그러나 어느 날, 일상적인 악마 사냥 중에, 그는 그의 팀에서 분리되어 강력한 악마의 공격을 받는다. 그는 죽었어야 했지만, 대신 비디오 게임에서처럼 레벨업할 수 있는 능력을 얻었음을 깨닫는다.

그날부터 김준의 삶은 확 달라진다. 그는 그가 가능하다고 생각했던 것 이상으로 힘과 기술을 얻으며, 빠르게 세계에서 가장 강력한 사냥꾼 중 한 명이 된다. 레벨이 올라가고 강해지면서, 그는 악마의 위협에는 생각하지 못한 훨씬 더 많은 위험이 도사리고 있다는 것을 알게 된다.

악마들은 생각 없는 단순한 괴물들이 아니다. 그들은 위계질서와 계획을 가지고 있고, 계획에는 인류의 파괴가 포함되어 있다. 김준은 악마의 세계를 더 깊이 파고들면서 악마들이 인간 세계에 악마의 군대를 불러들일 거대한 포탈을 여는 음모를 꾸미고 있다는 것을 발견한다. 시간이 촉박한 상황에서 김준은 강력한 사냥꾼들을 모아 악마의 영토로 모험을 감행해 음모를 저지하고 인류를 구해야 한다.

하지만 악마들은 쉽게 패배하지 않는다. 그들은 그들만의 강력한 지도자와 마법을 가지고 있었다. 김준과 그의 팀은 살아남기 위해 필사적으로 싸워야 한다. 그 과정에서 김준은 자신만이 레벨링 능력이 있는 것이 아니라는 것을 알게 된다. 그와 같은 다른 사람들이 있고, 그들은 악마들을 완전히 물리칠 열쇠를 쥐고 있을지도 모른다.

김준과 그의 팀은 인류를 구하기 위해 싸우면서, 매 순간 위험과 배신에 직면한다. 하지만 그의 새로운 힘과 팀의 도움으로, 인류의 영웅이 되는 데 필요한 것을 김준은 가지고 있었다.

줄거리를 이용하여 작품을 만들 정도의 글이지만 독창성이 부족합니다. "또 다른 것을 보여줘." 하면서 마음에 드는 작품을 찾아야겠습니다. 이번에는 미리 기획한 것으로 줄거리를 만들어 달라고 하겠습니다.

질문:
내가 기획한 이야기는 다음과 같아. 서울에 사는 고등학생 친구들이 갑자기 다른 세계의 서울로 가는 거야. "나 혼자만 레벨업" 같은 분위기로 써 줘.

챗GPT 답변:
네, "나 혼자만 레벨업"과 비슷한 분위기의 웹소설의 줄거리는 다음과 같습니다:

어느 날, 서울의 고등학생들은 갑자기 괴물과 위험으로 가득 찬 신비롭고 마법 같은 세계로 자신들이 옮겨지는 것을 발견한다. 그들은 자신들이 혼자가 아니라는 것을 빠르게 깨닫는다. 세계의 다른 지역에서 온 다른 사람들도 이 이상한 새로운 장소로 옮겨졌다.

학생들은 처음에는 겁을 먹고 혼란스러워하지만, 곧 자신들이 이 새로운 세계에서 놀라운 능력을 얻었다는 것을 깨닫는다. 각각의 학생들은 이 적대적인 환경에서 싸우고 살아남을 수 있는 독특한 기술을 가지고 있다.

학생들 중에 주인공인 이민준은 소심하고 겸손한 학생이다. 그는 처음에는 이 새로운 세계의 혼돈과 위험에 압도당하지만, 곧 비디오 게임에서처럼 자신이 "레벨 업"할 수 있는 능력이 있다는 것을 알게 된다. 각 레벨에 따라, 그는 생존하고 동료 학생들을 보호하는 데 도움이 되는 새로운 기술과 힘을 얻는다.

학생들은 이 새로운 세계를 탐험하면서 이곳은 강력한 괴물들과 암흑 마법으로 가득 차 있다는 것을 발견한다. 또한, 학생들은 목표와 생각이 다른 다양한 파벌과 그룹을 만난다. 적대적인 이들은 학생들을 해치려 하지만 다른 그룹은 원조와 지원을 제공한다.

이 위험한 신세계를 여행하는 동안 학생들은 살아남기 위해 함께 뭉쳐야 하고 서로에게 의지해야 한다. 수많은 도전과 전투에 직면하고, 많은 사람이 살아남지 못할 것이다. 하지만 이런 것들을 통해, 민준은 친구들을 보호하고 계속해서 더 강력하게 성장하며 그들의 세계로 돌아갈 방법을 찾기로 한다.

이 새로운 세계의 신비를 더 깊이 파고들면서, 학생들은 새로운 세계뿐만 아니라 그들의 옛 세계를 파괴할 위협이 되는 사악한 음모를 발견한다. 시간이 촉박한 상황에, 민준과 그의 친구들은 힘과 기술을 모아 이 사악한 계획의 배후에 있는 장본인과 맞서서 두 세계를 파멸로부터 구해야 한다.

높은 긴장과 치열한 전투, 복잡한 줄거리가 돋보이는 이 웹소설은 "나 혼자만 레벨업"과 같은 짜릿한 분위기를 담아내고 있다. 더해 고등학생 주인공들과 독특한 반전이 있다.

반전도 있다니 아주 흡족합니다. 제가 쓰고 싶은 내용에 인기 있는 『나 혼자만 레벨업』의 세계관과 흐름이 섞여 있습니다. 대만족입니다. 배경과 사건 설정은 어느 정도 되었습니다.

다음은 인물 설정입니다. 풀어 설명하자면 인물들의 성격, 외모, 대립 관계, 이름입니다. 살아 있듯이 인물들이 묘사되어 있으면 대립 관계 속에서 이야기는 저절로 만들어지고 흘러갑니다. 독자들은 주인공과 등장인물에 몰입합니다. 소설을 써나가기 전에 작가가 가장 고민할 부분입니다. 챗GPT에게 물어보겠습니다. 한꺼번에 물어보는 것보다 하나씩 물어보겠습니다. 질문이 개별적이어야 대답이 더 성의껏 나옵니다.

질문:
만들어 준 이야기가 마음에 들어. 이 이야기에 등장하는 인물들의 성격과 외모, 나이, 성장환경을 자세히 설명해 줘.

챗GPT 답변:
네, 다음은 주인공과 이야기의 다른 중요한 등장인물들에 대한 자세한 설명입니다:

이민준 – 주인공
성격: 소심하고 겸손하며 이야기 초반에는 자신감이 부족하다. 하지만, 그는 점점 더 많은 경험을 하면서 힘을 얻고 점점 더 자신감을 얻는다.
외모: 날씬하고 평균적인 키, 지저분한 검은 머리와 안경. 일반적으로 전투를 위해 교복이나 실용적인 옷을 입는다.
나이: 17세
성장환경: 이민준은 서울의 중산층 가정에서 자랐다. 좋은 학생이었지만 자신감 부족과 잘 어울리지 못하는 경향 때문에 동료들에게 종종 간과되었다.

박지현 – 민준의 가장 친한 친구
성격: 외향적이고 낙천적이며 친구들에게 충실하다. 종종 그룹의 긴장을 푸는 코믹 역할을 한다.
외모: 짧은 검은 머리와 친근한 미소를 가졌다. 운동신경이 좋은 근육질이다.

보통 캐주얼하고 스포티한 스타일의 옷을 입는다.

나이: 17세

성장환경: 박지현은 서울의 거친 동네에서 자랐지만, 긍정적인 태도와 스포츠에 대한 애정을 통해 역경을 극복했다.

김재원 - 그룹의 리더

성격: 의지가 강하고, 지적이고, 실용적이다. 그룹 내에서 이성과 리더십의 목소리로 여겨진다.

외모: 키가 크고 당당한 체격에 짧은 갈색 머리에 진지한 표정을 짓고 있다. 전투를 위한 실용적인 옷을 입으며, 종종 전술 조끼를 입는다.

나이: 18세

성장환경: 김재원은 군인 집안 출신으로 어릴 때부터 전투와 리더십 훈련을 받았다. 처음에는 그룹을 이끄는 것을 꺼렸지만 타고난 실력과 경험으로 동료들에 의해 선택된다.

최은지 - 조용하고 신비로운 멤버

성격: 내성적이며 비밀스럽다. 거의 말을 하지 않고 혼잣말을 한다. 숙련된 투사고 그룹의 귀중한 일원이다.

외모: 길고 검은 머리에 진지한 표정을 짓고 있다. 날씬하고 몸집이 작다. 전투용으로 개조된 한국의 전통 옷을 입고 갑옷과 무기를 착용한다.

나이: 16세

성장환경: 최은지는 부유한 집안 출신으로 어릴 때부터 무술과 활쏘기 훈련을 받았다. 종종 그룹 중에서 가장 숙련된 파이터로 보여지지만, 그녀의 신비로운 본성은 그녀를 더욱 신비스럽게 만든다.

이야기가 진행됨에 따라, 등장인물들과 다른 사람들은 자신의 기술을 시험하고 해결하는 다양한 도전과 장애물에 직면한다. 싸울 때마다 더 강해지고 자신감이 생기지만, 또한 서로에게 의지하고 적을 극복하기 위해 팀으로 일하는 법을 배운다. 투쟁과 승리를 통해, 아이들은 단지 마법의 세계에 갇힌 고등학생들의 그룹 이상으로 성장한다. 아이들은 공유된 사명과 깊은 우정과 유대로 묶인 가족이 된다.

평생 돈 버는 **비즈니스 글쓰기의 힘**

챗GPT가 한국 고등학생들 이름을 한국식으로 짓고 등장인물들의 성격을 상세히 묘사했습니다. 며칠 동안 고민하던 것을 몇 초 만에 해결해줍니다. 전율이 느껴지지 않나요? 저는 팔뚝에 소름이 돋았습니다. 웹소설에 정통한 친구가 옆에서 가르쳐 주고 있는 느낌이었습니다.

계속하겠습니다. 갈등 관계가 너무 뚜렷합니다. 신세계에서 원래 세계로 가려는 학생과 이들을 노리는 괴물들 간의 갈등만이 있습니다. 뭔가 밋밋합니다. 챗GPT에게 아이들 간의 갈등을 만들어 달라고 하겠습니다.

여기서 잠깐, 의지와 의지의 충돌인 나쁜 갈등을 제가 왜 등장인물 간에 만들려 할까요? 두 가지 이유가 있습니다.

첫째, 사람들은 갈등이 발생하고 해결되는 과정을 좋아합니다.

사람들은 자신이 갈등을 겪는 것을 원치 않지만, 남들이 갈등하는 것은 드라마처럼 즐겁습니다. 또한, 갈등 관계가 뚜렷할수록 이야기 짜기가 더 쉽습니다. 이야기는 갈등 관계에 넣으면서 시작합니다. 막장을 좋아하는 이유가 갈등이 안 일어날 것 같은 사이에 갈등 관계를 만들기 때문입니다. 식상하지 않은 새로운 갈등입니다.

둘째, 사람들이 가장 좋아하는 성장이란 코드를 이야기에 넣을 수 있기 때문입니다.

이야기에서의 주 갈등은 원래 세계의 서울로 가는 아이들과 이를 방해하는 세력 간의 갈등입니다. 이 갈등은 외적 갈등으로 고난과 역경입니다. 고난과 역경을 이겨낸 주인공은 외적(신체, 능력) 성장을 이룹니다.

만들려고 하는 아이들 간의 갈등도 고난입니다. 원래 세계인 서울로 가려면 서로 힘을 합쳐야 합니다. 하지만, 성격과 의견 차이로 반목합니다. 이야기 후반으로 갈수록 서로를 이해하며 힘을 합칩니다. 서로를 이해하는 마음의 성장은 아이들의 내적(마음) 성장입니다. 아이들은 외적 성장과 내적 성장 두 가지를 이룹니다. 일부 소설, 동화 작법서에는 주인공의 성장이 반드시 있어야 한다고 강조합니다.

참고로 픽사의 스토리텔러 매튜 룬이 쓴 『픽사 스토리텔링』이라는 책에서 고객의 마음을 사로잡는 9가지 스토리 법칙을 말합니다. 법칙은 '후크, 변화, 교감, 진심, 구조, 영웅, 조언, 혁신, 영감'입니다. 여기서 변화는 성장을 말합니다. 픽사의 애니메이션 〈토이스토리〉는 우디와 버즈 라이트이어의 성장, 〈니모를 찾아서〉는 아버지와 니모의 성장, 〈업〉은 러셀과 칼 프레드릭슨의 성장을 담고 있습니다. 이들의 성장을 보면 마음이 훈훈해지지 않나요? 픽사의 애니메이션이 인기 있는 이유는 주인공의 내적 성장에 관객들이 공감하기 때문입니다.

챗GPT에 등장인물들 사이에 갈등을 만들라고 하겠습니다.

질문:
등장인물들의 설명이 마음에 들어. 이야기 초반에 등장인물들끼리 갈등이 있으면 재미있을 것 같아. 이야기 초반에 등장인물 간의 갈등을 만들어 주고 설명 부탁해.

챗GPT 답변:
네, 다음은 이야기의 시작 부분에서 발생하는 등장인물 간의 갈등에 관한 설명입니다:

고등학생들이 마법 세계로 처음 옮겨질 때, 모두 방향을 잃고 겁을 먹는다. 그들은 자신들이 혼자가 아니라는 것을 금세 깨닫고, 안전을 위해 무리를 짓기 시작한다. 그들 중에는 이민준, 박지현, 김재원, 최은지가 있다.

이야기의 시작 부분에서, 아이들은 마법 세계로 옮겨지는 경험을 제외하고는 공통점이 거의 없다. 아이들은 서로 다른 환경에서 왔고, 다른 성격과 기술을 가지고 있으며, 다른 목표와 동기만 있었다. 새로운 환경에 적응하고 생존하기 위해 몸부림치는 와중에 갈등과 긴장감이 팽배해졌다.

예를 들어, 이민준은 처음에 그룹에 합류하는 것을 주저했고 사람들에게 약하고 쓸모없다고 여겨졌다. 박지현은 그를 합류시키도록 노력했지만, 진지하고 실용적인 것을 내세우는 김재원에게 종종 거부당했다. 최은지는 더욱 냉담하고 비밀스러운 모습을 보여줘 주위의 의혹과 불신을 산다.

이러한 갈등은 그들을 위협하는 괴물들의 무리와 첫 번째 마주쳤을 때 정점에 도달한다. 아이들은 이 상황을 어떻게 헤쳐나갈지 각자 다른 생각만 한다. 논쟁과 의견 불일치로 모두 위기에 빠졌다. 마침내 아이들은 차이점을 이해하고 한 팀으로 함께했고 비로소 괴물들을 제거하고 살아남았다.

함께하는 경험과 전투를 통해, 등장인물들은 점차 서로를 믿고 의지하는 법을 배워 나갔다. 서로의 강점과 약점을 보기 시작했고 떨어져 있는 것보다 함께하는 것이 더 강하다는 것을 이해했다. 원래의 세계로 돌아가는 길을 찾기 위해 함께 노력하면서 우정과 유대가 깊어졌고 이는 공동의 목적의식으로 이어졌다.

인물들 간의 갈등 관계까지 만들었습니다. 이세계물과 게임판타지, 헌터물에서는 등장인물들의 고유 기술이 중요합니다. 이것도 작가가 가장 심각하게 고민하는 문제입니다. 각각의 등장인물들에게 기술을 만들어 달라 하겠습니다. 그리고 이것도 점차 성장하게 만들어 달라고 해야 재미있겠지요.

질문:
등장인물들에게 각각의 고유 무기와 기술들을 만들어 줘. 이왕이면 숙련도가 낮을 때는 다른 기술이었다가 숙련도가 높아짐에 따라 점점 강력해지는 기술과 무기로.

챗GPT 답변:
네, 다음은 경험과 기술을 습득함에 따라 강력해지는 각 캐릭터별 무기와 기술입니다:

이민준 – 초반, 숙련되지 않았고 살아남기 위해 지혜와 민첩성에 의존해야 했다. 무기는 단순한 새총으로, 적들의 주의를 산만하게 하고 방향을 혼란시키는 데 사용한다. 경험을 쌓으면서 새총을 더 효과적으로 사용하는 법을 익힌다. 한 번에 여러 개의 돌을 쏠 수 있는 특수 기술을 개발하였다. 탄막을 만드는 기술은 더 큰 적을 쓰러뜨릴 수 있다.

박지현 – 타고난 지도자며 투사다. 무기는 롱소드, 처음에는 기본적인 검투법만 사용하지만, 경험을 쌓으면서 패리, 리포스테, 시늉과 같은 고급 기술을 사용한다. 특수 기술은 회오리치기로 칼을 빙빙 돌려 적을 쓰러뜨리고 큰 피해를 입힐 수 있는 에너지 소용돌이를 만든다.

김재원 – 진지하고 실용적인 투사다. 무기는 할버드다. 전투 스타일은 정확하고 효율적이다. 빠르게 적을 쓰러뜨리기 위해 스러스트와 런지에 초점을 맞춘다. 경험을 쌓으면서 할버드를 이용해 적들의 무장을 해제하고 발을 걸어 넘어뜨리는 방법을 익힌다. 또한, 기의 에너지를 무기로 돌릴 수 있는 특별한 기술을 개발해 여러 적을 한꺼번에 쓰러뜨릴 수 있는 강력한 충격파를 만들어 낸다.

최은지 – 신비롭고 자주 은닉한다. 그녀의 무기는 표창이다. 전투 스타일은 치고 빠지기다. 전투에 뛰어들고 나가며 취약한 지점을 공격한다. 경험을 쌓으면서 그녀는 매우 정확하게 표창 던지는 법을 배웠다. 짧은 거리를 순간 이동할 수 있는 특별한 기술을 개발하여 전투 시 공격을 피하고 자신의 위치를 바꿀 수 있다.

평생 돈 버는 **비즈니스 글쓰기의 힘**

등장인물들이 숙련되고 더 많은 경험을 쌓을수록, 그들의 무기와 기술은 진화하고 더 강력해집니다. 전투를 통해 숙련도가 상승합니다. 또한, 새로운 도전과 적을 마주치면서 새로운 기술과 무기를 배우고 얻습니다. 이런 기술과 무기들은 아이들이 어떤 장애물도 극복할 수 있게 합니다.

등장인물들의 묘사가 끝났습니다. 하지만, 뭔가 부족합니다. 악당이 빠졌습니다. 강력한 괴물이나 악당이 등장해야 재미가 있습니다. 아이들을 위험에 빠트리는 악당들을 만들어 보겠습니다.

질문:

등장인물들을 위험에 빠뜨리는 강력한 괴물, 악당들을 만들어 줘.

챗GPT 답변:

네, 등장인물들을 위험에 빠뜨릴 수 있는 강력한 괴물이나 악당이 있습니다:

아이들이 마법 세계를 탐험하면서, 마침내 쉐도우 드래곤으로 알려진 강력한 괴물을 만난다. 쉐도우 드래곤은 수 세기 동안 이 땅을 공포로 몰아넣은 전설적인 생물이며, 많은 모험가가 그것을 물리치려고 시도했지만 실패했다.

쉐도우 드래곤은 거대하고, 빛을 흡수하여 어둠 속에서 거의 보이지 않게 만드는 제트 블랙 비늘을 가지고 있다. 쉐도우 드래곤은 강철을 녹이고 살을 재로 바꿀 수 있는 검은 불을 만들어 낸다. 면도날처럼 날카로운 발톱과 이빨을 가지고 있으며 가장 단단한 갑옷도 뚫을 수 있다.

쉐도우 드래곤은 영리하고 교활하다. 또한, 정보를 수집하고 적들 사이에 불화를 퍼뜨리기 위해 사용하는 미니언과 추종자 네트워크를 가지고 있다. 심지어 쉐도우 드래곤은 약한 생물들의 마음을 조종하여 하인으로 만든다는 소문도 있다.

아이들이 쉐도우 드래곤을 처음 만났을 때는 상대가 되지 않았다. 쉐도우 드래곤은 아이들을 가두고 놀리고 비웃었다. 아이들은 꾀를 써서 간신히 탈출할 수 있었지만, 쉐도우 드래곤을 물리치기 전까지는 안전할 수 없다는 것을 깨닫는다.

쉐도우 드래곤을 물리치기 위해 아이들은 힘을 합치고 모든 기술과 무기를 사용해야 한다. 또한, 아이들은 쉐도우 드래곤을 보호하기 위해 움직이는 부하들과 추종자들을 이길 방법을 찾아야 한다. 어렵고 힘든 여정이 될 것이지만, 아이들은 쉐도우 드래곤과 정면으로 맞서서 최후의 승리를 거둘 수 있다는 것을 알고 있다.

아이들을 위험에 빠트리는 강력한 악당도 만들어졌습니다. 다양한 질문으로 악당의 외모, 성격, 성장환경을 만들 수 있고, 악당과 아이들 간의 관계를 만들 수도 있습니다. 아이들을 만드는 것과 동일한 내용으로 질문만 적고 챗GPT의 답은 적지 않겠습니다.

- 쉐도우 드래곤(괴물, 악당)의 외모와 성격, 나이, 성장환경을 자세히 설명해 줘.
- 쉐도우 드래곤의 부하들도 만들어 주고 이들의 외모와 성격을 설명해 줘.
- 이들의 주 무기를 만들어 줘.
- 주 역할은 없지만, 아이들을 위험하게 하는 몬스터들을 만들어 줘.

악당들도 자세히 설정했습니다. 이야기가 더욱 풍성해질 것 같습니다. 다른 사람들은 여기서 끝나는데 악당들과 아이들 간의 라이벌 관계를 만

평생 돈 버는 **비즈니스 글쓰기의 힘**

들어 주면 더욱 흥미진진 해지겠지요?

쉐도우 드래곤의 부하들을 만들어 달라고 해서 루나, 올리버, 세라피나가 만들어졌습니다. 상세한 것은 생략하겠습니다.

질문:

이야기의 등장인물 이민준, 박지현, 김재원, 최은지와 상대인 쉐도우 드래곤, 루나, 올리버, 세라피나 서로 라이벌 관계를 만들어 줘.

챗GPT 답변:
네, 등장인물들 사이에서 발전할 수 있는 몇 가지 경쟁 관계는 다음과 같습니다:

이민준과 루나 – 친구들을 지키기 위한 투지가 치열한 이민준은 쉐도우 드래곤을 위해 몬스터를 만드는 것에 대해 내적 갈등을 겪는 루나와 충돌할 수 있다. 이민준은 쉐도우 드래곤에 대한 그녀의 충성심에 의문을 제기하고 괴물을 창조하는 역할을 포기하도록 그녀를 설득하려고 할 수도 있다.

박지현과 올리버 – 손기술이 뛰어난 박지현은 장궁과 원거리 공격에 의존하는 올리버와 충돌할 수 있다. 박지현은 올리버가 근접전을 하지 않는 것을 비겁하고 나약한 것으로 볼 수도 있고, 올리버는 박지현이 무모하고 충동적이라고 판단할 수 있다.

김재원과 세라피나 – 지능이 높고 전략적인 김재원이 쉐도우 드래곤의 몬스터를 만드는 것에 대해 갈등을 겪는 세라피나와 충돌할 수 있다. 김재원은 논리와 이성을 이용해 세라피나가 괴물을 만드는 역할을 포기하도록 설득하려할 수도 있고, 세라피나는 쉐도우 드래곤에 대한 충성심을 자신의 양심과 조화시키기 위해 고군분투할 수 있다.

최은지와 쉐도우 드래곤 – 정의감과 공정성이 강한 최은지는 쉐도우 드래곤과 충돌할 수 있다. 그녀는 쉐도우 드래곤을 무고한 사람들에게 해를 끼치고

　다양한 아이디어를 얻었습니다. 기획 단계에서 해야 할 유행 장르 파
악, 배경 설정, 인물 설정, 사건 설정, 관계 설정까지 했습니다. 다음 단계로
시놉시스를 작성해야 합니다.

　시놉시스 설명 전에 인물의 이름에 대한 에피소드를 말씀드리겠습니
다. 인물의 이름은 시대를 반영하고 인물의 성격을 반영하기 때문에 소설
의 분위기를 좌우합니다. 이름만 잘 지어도 분위기가 확 삽니다. 중세를
배경으로 하는 판타지 소설을 쓸 때였습니다. 영국식과 독일식 이름이 좋
은데 아무리 해도 지을 수 없어서 결국 현상 수배범 이름을 사용했습니다.

　등장인물들의 이름을 중세 판타지 소설에 등장하는 이름으로 바꿔
달라고 해보겠습니다. 과거가 배경이면 과거 배경에 맞는 이름으로 바꿔
달라는 것도 방법입니다.

이민준 – 에릭 드로건
박지현 – 리라 실버우드
김재원 – 에메릭 블랙우드
최은지 – 그웬돌린 하스스톤
쉐도우 드래곤 – 네파리안 블랙스케일
루나 – 아리아 선위스퍼
올리버 – 세드릭 다크로우
세라피나 – 이사도라 나이트쉐이드

이런 새로운 이름의 캐릭터는 중세 판타지 세계에서 훨씬 더 편안하게 느낄 수 있습니다. 이들의 경쟁과 갈등은 더 신화적이고 전설적인 분위기를 가질 수 있습니다.

재미있죠? 챗GPT 답변처럼 중세 분위기가 물씬 나옵니다.

계속해서 시놉시스를 설명하겠습니다. 시놉시스는 한마디로 원고를 소개하는 기획서입니다. A4 용지 한두 장 분량으로 내 작품이 어떤 이야기인지 보여주는 기획안입니다. 시놉시스에 들어갈 내용은 다음과 같습니다.

- 분야
- 제목
- 로그 라인
- 등장인물 소개
- 간단한 줄거리
- 차례
- 작가 소개 등이 있습니다.

전체를 살펴보면 기획서에서 구상한 내용과 비슷한 것을 알 수 있습니다. 작가들은 시놉시스에 따라 구상하고 정리합니다. 시놉시스 작성에만 며칠이 걸립니다. 다른 것은 다 알겠는데 '로그 라인'이라는 못 보던 단어가 있습니다. 그것도 제목 다음에 있습니다. '로그 라인'은 무엇일까요?

"로그 라인(Log Line)"은 원래 시나리오 용어로 '작품 내용을 한 줄로 요약'하는 것을 말합니다. 엔터테인먼트 산업에서는 엘리베이터 피치(Elevator Pitch)라고도 합니다. 엘리베이터에서 거장 감독과 단둘이 타게 되었을 때, 거장이 내리기 전에 내 아이디어를 소개해야 하기 때문입니다. 반대로 내가 내 이야기를 간략히 정리하지 못하는데 남들이 이해할 수 있을까요?

제목과 로그 라인을 작성해 보겠습니다.

질문:
지금까지의 이야기를 참고해서 이야기 제목을 10개 보여 주는데 "나 혼자만 레벨업" 같은 분위기로 작성해 줘.

챗GPT 답변:
네, 다음은 "나 혼자만 레벨업"과 유사한 분위기의 줄거리와 캐릭터를 기반으로 한 10가지 가능한 스토리 제목입니다:

– 쉐도우의 복수: 다른 세상에 갇힌 고등학생들
– 쉐도우 드래곤의 미니언즈: 온화한 얼굴, 치명적인 의도
– 영혼의 무기: 내면의 힘을 발휘하라
– 로열티 비용: 친구가 적이 될 때
– 빛과 어둠: 두 세계의 운명을 위한 싸움
– 배신의 화살: 동맹국들이 서로에게 등을 돌릴 때
– 트위스트 매직: 권력의 부패한 영향

평생 돈 버는 **비즈니스 글쓰기의 힘**

- 몬스터 언리쉬드: 좋은 의도가 어긋날 때
- 쉐도우 드래곤의 갬빗: 킹스 게임
- 자유의 대가: 생존을 위한 고등학생들의 필사적인 투쟁

제목은 "쉐도우의 복수: 다른 세상에 갇힌 고등학생들"로 하겠습니다. 이제, 로그 라인을 작성하겠습니다.

질문:

지금까지의 이야기로 시놉시스를 쓰려고 해. 시놉시스에 들어가는 로그 라인을 작성해 줘.

챗GPT 답변:
네, 지금까지의 이야기를 소개하는 데 사용할 수 있는 로그 라인은 다음과 같습니다:

"서울에서 한 무리의 고등학생들이 갑자기 다른 세계로 옮겨집니다. 그들은 괴물과 마법 세계에서 살아남기 위해 함께 뭉쳐야 한다는 것을 발견합니다. 집으로 돌아가는 길을 찾기 위해 고군분투합니다. 강력한 악당인 쉐도우 드래곤과 부하들에 대항하여 싸워야 합니다. 악당들은 아이들을 파괴하기 위해 멈추지 않을 것입니다."

그리고 지금까지의 이야기를 바탕으로 가능한 줄거리는 다음과 같습니다.

"고등학교 중간에 의문의 포탈이 나타납니다. 이민준, 박지현, 김재원, 최은지는 그들이 지금까지 보지 못했던 세계로 옮겨집니다. 무시무시한 괴물들과

신비로운 새로운 힘을 마주한 아이들은 살아남으려면 함께 해야 한다는 것을 배워야 합니다. 아이들은 이 신비한 세계로 깊이 여행하면서, 혼자가 아니라는 것을 발견합니다. 강력한 악당 쉐도우 드래곤은 아이들에게 관심을 가져왔고 파괴하기 위해 멈추지 않을 것입니다. 고등학생들은 쉐도우 드래곤을 물리치고 집으로 돌아갈 길을 찾으려면 목숨을 걸고 위험한 지형을 여행해야 합니다. 사나운 괴물들과 싸우고, 자신들의 내면의 악마들과 맞서야 합니다."

고맙게 로그 라인뿐만 아니라 줄거리까지 써주었습니다. 등장인물에 대해 간략히 써달라고 하겠습니다.

질문:
지금까지 이야기로 시놉시스를 쓰려고 해, 등장인물을 간략히 소개해 줘.

챗GPT 답변:
네, 다음은 이 이야기의 주인공들에 대한 가능한 소개입니다:

이민준 – 빠른 사고와 재치있는 말로 유명한 인기 있는 고등학생. 그는 처음에는 자신의 새로운 환경에 대해 회의적이지만, 새로운 세계의 도전에 빠르게 적응한다.

박지현 – 전략과 기획에 뛰어난 공부를 잘하고 내성적인 고등학생. 처음에는 새로운 세계에 압도당하지만, 귀중한 멤버로서의 그녀 가치를 빠르게 증명한다.

김재원 – 여유롭고 카리스마 넘치는 고등학생으로, 매력과 재치에 의지해 살아간다. 처음에는 신세계의 위험을 무시하지만, 위험이 커질수록 상황을 심각하게 받아들이는 법을 배운다.

최은지 – 치유 마법에 재능이 있는 조용하고 내성적인 고등학생. 처음에는 그 룹의 모험에 참여하는 것을 주저하지만, 친구들에 의해 함께하는 것을 배운다.

쉐도우 드래곤 – 고등학생과 모든 사람을 파괴하려는 강력하고 악의적인 존재다. 그 진정한 동기는 수수께끼에 싸여 있지만, 목표를 달성하기 위해 어떤 일도 멈추지 않을 것이 분명하다.

상세한 등장인물들 소개와 달리 요점만 정확하게 설명되어 있습니다. 그러면 이것들을 합쳐 시놉시스를 작성하겠습니다.

시놉시스 작성예시

1. 분야: 이세계물, 헌터물
2. 제목(가제): 쉐도우의 복수: 다른 세상에 갇힌 고등학생들
3. 로그 라인: 서울에서 한 무리의 고등학생들이 갑자기 다른 세계로 옮겨진다. 그들은 괴물과 마법 세계에서 살아남기 위해 함께 뭉쳐야 한다는 것을 발견한다. 집으로 돌아가는 길을 찾기 위해 고군분투한다. 강력한 악당인 쉐도우 드래곤과 부하들에 대항하여 싸워야 한다. 악당들은 아이들을 파괴하기 위해 멈추지 않을 것이다.
4. 등장인물:
   - 이민준: 빠른 사고와 재치있는 말로 유명한 인기 있는 고등학생. 그는 처음에는 자신의 새로운 환경에 대해 회의적이지만, 새로운 세계의 도전에 빠르게 적응한다.

- 박지현: 전략과 기획에 뛰어난 공부를 잘하고 내성적인 고등학생. 처음에는 새로운 세계에 압도당하지만, 귀중한 멤버로서의 그녀 가치를 빠르게 증명한다.
- 김재원: 여유롭고 카리스마 넘치는 고등학생으로, 매력과 재치에 의지해 살아간다. 처음에는 신세계의 위험을 무시하지만, 위험이 커질수록 상황을 심각하게 받아들이는 법을 배운다.
- 최은지: 치유 마법에 재능이 있는 조용하고 내성적인 고등학생. 처음에는 그룹의 모험에 참여하는 것을 주저하지만, 친구들에 의해 함께하는 것을 배운다.
- 쉐도우 드래곤: 고등학생과 모든 사람을 파괴하려는 강력하고 악의적인 존재이다. 그 진정한 동기는 수수께끼에 싸여 있지만 목표를 달성하기 위해 어떤 일도 멈추지 않을 것이 분명하다.

5. 줄거리: 고등학교 중간에 의문의 포탈이 나타난다. 이민준, 박지현, 김재원, 최은지는 그들이 지금까지 보지 못했던 세계로 옮겨진다. 무시무시한 괴물들과 신비로운 새로운 힘을 마주한 아이들은 살아남으려면 함께해야 한다는 것을 배워야 한다. 아이들은 이 신비한 세계로 깊이 여행하면서, 혼자가 아니라는 것을 발견한다. 강력한 악당 쉐도우 드래곤은 아이들에게 관심을 가져왔고 파괴하기 위해 멈추지 않을 것이다. 고등학생들은 쉐도우 드래곤을 물리치고 집으로 돌아갈 길을 찾으려면 목숨을 걸고 위험한 지형을 여행해야 한다. 사나운 괴물들과 싸우고, 자신들의 내면의 악마들과 맞서야 한다.

6. 차례:

7. 작가 소개:

글 작성:
트리트먼트는 챗GPT로

이제 챗GPT와 협업으로 글을 작성할 차례입니다. 작성 전에 트리트먼트라는 것을 먼저 설명하겠습니다. 트리트먼트는 줄거리보다 더 자세한 줄거리로 글을 쓰기 전에 뼈대를 만드는 것입니다. 원고의 30% 분량입니다. 만일 줄거리와 시놉시스에서 "두 주인공이 싸웠다."라고 표현되어 있으면 트리트먼트는 "두 주인공이 쉐도우 드래곤에게 빠져나오는 방법을 놓고 싸웠다."라고 더 자세히 적습니다. 구체적인 사건과 핵심을 다룹니다. 사건의 인과관계 개연성, 복선은 잘 나와 있는지 알 수 있습니다.

여기서 설명하는 이유는 챗GPT에게 "줄거리를 써 줘."하고 요청하는 것보다 "트리트먼트를 써 줘."하고 요청하는 것이 더 직설적이고 좋은 대답을 얻을 수 있기 때문입니다. 웹소설의 1화는 5,000~5,500자로 이루어져 있어서 5,000자를 쓸 수 있는 트리트먼트를 요구해야 합니다.

질문:
지금까지의 이야기로 첫 화를 작성하려고 해. 첫 화는 고등학생들이 다른 세계로 가서 쉐도우 드래곤과 만나는 장면이야. 트리트먼트로 작성해 줘. 1화 분량은 5,000자 이내로 쓸 거야.

챗GPT 답변:
네, 이야기의 첫 번째 에피소드에 대한 트리트먼트는 다음과 같습니다:

제목: 다른 세상
오프닝 장면: 붐비는 고등학교 복도. 이민준, 박지현, 김재원, 그리고 최은지가 교실로 걸어가고 있는데 갑자기 밝은 빛이 그들을 집어삼킨다. 그들이 눈을

떴을 때, 그들은 우뚝 솟은 산, 울창한 숲, 그리고 위험한 괴물들로 가득 찬 이상하고 새로운 세계에 있는 자신들을 발견한다.

아이들은 새로운 환경에 혼란스럽고 겁을 먹지만, 살아남으려면 함께해야 한다는 것을 빠르게 깨닫는다. 아이들은 새로운 세계를 탐험하면서, 강력하고 무서운 생물인 쉐도우 드래곤을 만난다.

쉐도우 드래곤은 아이들에게 왜 이 세계로 왔는지 묻는다. 고등학생들은 처음에는 용의 크기와 힘에 주눅이 들었지만, 이민준이 나서서 두려워하지 않는다고 과감하게 선언한다.

쉐도우 드래곤은 이민준의 용맹함에 감동해 일단 일행을 살려두기로 한다. 그러나 이 세상은 외부인들에게 안전하지 않기 때문에 조심해야 한다고 경고한다.

아이들은 탐험을 시작하면서, 자신들이 혼자가 아니라는 것을 깨닫는다. 우호적이든 적대적이든 다른 생물들이 새로운 세계에 살고 있었다. 그들은 생존하고 집으로 가는 길을 찾기 위해 그들의 모든 지혜와 기술을 사용해야 한다.

넓고 아름답고 위험한 신세계가 내려다보이는 절벽 위에 서 있는 일행의 마무리 샷, 그들은 새로운 상황을 최대한 활용하기로 한다.

완벽하게 마음에 들지 않습니다. 하지만 참고하거나 아이디어를 얻기에는 좋습니다. 챗GPT가 혁명인 이유는 말의 흐름을 알아듣는 것에 있습니다. 앞의 말을 이어서 계속 이해하기 때문입니다. 만일, 수정 요구사항이 있으면 "다른 내용을 추가해 줘." 하는 식으로 영감을 얻을 수 있습니다. 2화를 써보겠습니다.

질문:

2화를 쓸 거야. 쉐도우 드래곤의 부하들이 아닌 이 세계에서 사는 몬스터들이 아이들을 공격해. 아이들은 도망치고 막으면서 각자의 능력을 스스로 깨닫게 되는 내용의 트리트먼트를 써 줘.

챗GPT 답변:

네, 두 번째 에피소드에 대한 트리트먼트는 다음과 같습니다:

제목: 미지의 세계와 마주하기

울창한 숲을 걷는 아이들의 오프닝 샷. 아이들은 새로운 환경에 적응하고 있고 조그마한 위험에도 경계하고 있다. 아이들은 덤불 속에서 바스락거리는 소리를 듣는다. 이후 갑자기, 그들을 향해 돌진하는 한 무리의 괴물들을 본다.

고등학생들은 당황해서 뛰기 시작한다. 하지만, 괴물들을 따돌릴 수 없다는 것을 빠르게 깨닫는다. 이민준은 전투 경험이 없음에도 불구하고 아이들에게 싸울 것을 제안한다.

괴물들이 공격한다. 고등학생들은 처음에는 압도당한다. 아이들은 새로운 기술과 팀워크를 이용하여 간신히 반격한다. 괴물들을 물리치면서, 아이들은 자신들의 잠재력과 힘을 깨닫기 시작한다.

전투가 끝난 후, 아이들은 자신들이 방금 성취한 것에 관해 생각한다. 만약, 우리가 이 세상에서 살아남으려면 기술을 계속 발전시켜야 한다는 것을 깨닫는다. 아이들은 또한 왜 이 세상에 오게 되었는지 그리고 목적이 무엇인지에 대해 의문을 품기 시작한다.

여행을 계속하면서, 그들은 자신을 루나라고 소개하는 신비한 인물을 우연히 만난다. 그녀는 그들을 지켜보며 그들의 용감함과 힘에 감명을 받았다고 말한다. 하지만 그녀는 그들이 미래에 훨씬 더 큰 도전에 직면할 것이라고 경고

한다.

　아이들이 여정을 계속하는 마지막 장면, 아이들은 자신들에게 닥치는 모든 도전에 맞서기로 다짐한다. 또한, 자신들이 이 세상에 온 진정한 목적이 무엇인지 궁금해한다.

연재,
챗GPT로 나에게 맞는 플랫폼을 찾아라

　연재를 시작하기 전에 5화까지 작성하는 것을 추천합니다. 연재할 때 부담이 없기 때문입니다. 어느 플랫폼에 연재하면 좋을지 챗GPT에게 묻겠습니다.

질문:

지금까지의 이야기로 웹소설 1화를 작성했어. 한국에서는 어느 플랫폼에 올려야 할까?

(한국이라는 지명을 빼고 물으니 외국 플랫폼을 가르쳐줬습니다. 우리나라만 국한된 것을 물을 때는 꼭 한국이라고 넣는 것을 잊지 마세요.)

챗GPT 답변:

네, 한국에는 웹소설을 출판할 수 있는 플랫폼이 몇 개 있습니다. 다음은 가장 인기 있는 것들입니다:

평생 돈 버는 **비즈니스 글쓰기의 힘**

네이버 웹툰 – 네이버는 한국에서 가장 큰 웹툰 플랫폼이며 웹소설 대회를 주최한다. 만약 당신이 웹소설을 네이버에 게재하고 싶다면, 계정을 만들고 그들의 출판 포털을 통해 작품을 제출한다.

카카오페이지 – 카카오페이지는 한국에서 웹소설과 웹툰을 위한 또 다른 인기 있는 플랫폼이다. 계정을 만들고 게시 포털을 통해 제출할 수도 있다.

문피아 – 문피아는 판타지, 로맨스, 스릴러 장르를 전문으로 하는 웹소설 플랫폼이다. 또한, 인기 있는 작가들을 위한 수익화 프로그램을 제공한다.

리디북스 – 리디북스는 한국에서 인기 있는 전자책 플랫폼으로 웹소설도 제공한다. 출판 포털을 통해 당신의 작품을 제출하고 많은 독자에게 다가갈 수 있다.

북큐브 – 북큐브는 자체 출판에 초점을 맞춘 플랫폼이다. 작가들의 작품을 출판하고 마케팅하는 것을 돕는 다양한 도구와 서비스를 제공한다.

이것들은 한국에서 웹소설을 출판하는 많은 플랫폼 중 몇 가지에 불과합니다. 각 플랫폼의 가이드라인과 사용자 기반을 조사하면 자신의 스토리에 가장 적합한 플랫폼을 찾을 수 있습니다. 행운을 빕니다.

제가 몰랐던 내용도 알게 되었습니다. 다음은 연재할 때 꼭 필요한 표지를 만들 순서입니다. 강렬한 표지는 독자의 시선을 끌 수 있습니다. 표지의 디자인은 그림을 그려주는 인공지능 DALLE-2를 이용하겠습니다.

참고로 DALLE-2를 모르는 사람들을 위해 잠깐 설명하겠습니다. DALLE-2는 영어로 텍스트를 입력하거나 이미지 파일을 삽입하면 알아서 그림을 생성해 주는 인공지능입니다. 챗GPT와 같이 OpenAI에서 개발하였습니다.

　구글 검색창에 'DALLE-2'를 입력하면 'DALLE2-OpenAI'가 아래처럼 나오는데 DALLE-2 OpenAI를 클릭하고 들어가면 다음과 같은 화면이 나옵니다. 챗GPT처럼 가입해서 사용합니다. 사용 방법은 어떤 그림을 원하는지 텍스트로 입력하면 됩니다. 사용 방법이 매우 쉬워 설명은 생략하겠습니다.

https://openai.com › dall-e-2 ▾
DALL·E 2 - OpenAI
DALL·E 2 is a new AI system that can create realistic images and art from a description in natural language.

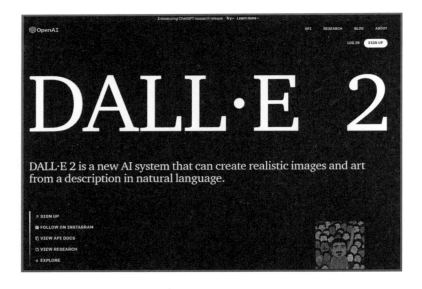

　챗GPT에 DALLE-2에 표지를 그려 달라는 입력 문장을 어떻게 써야 하는지 묻겠습니다.

질문:
**지금까지의 이야기를 참고하여 표지를 만들려고 해 DALLE-2에 어떤 컨셉
으로 어떻게 부탁하면 좋을까?**

챗GPT 답변:
네, DALLE-2에 지금까지의 스토리를 바탕으로 하는 표지 컨셉을 요청하려
면 표지 디자인에 포함시키고 싶은 키워드와 요소를 입력하면 됩니다. 다음은
사용할 수 있는 몇 가지 키워드 및 요소입니다:

- 고등학생들
- 다른 세상
- 쉐도우 드래곤
- 몬스터즈
- 무기와 마법
- 액션과 모험

표지가 전달할 분위기를 지정할 수도 있습니다. 예를 들어, 표지가 『나
혼자만 레벨업』처럼 어둡고 강렬한 분위기를 갖고 싶다면 그것도 언급할
수 있습니다.

이런 입력을 바탕으로 DALLE-2는 선택할 수 있는 여러 표지 개념을
생성할 수 있습니다. 각 컨셉에 대한 피드백을 주고 최종 디자인이 만족스
러울 때까지 수정요청을 할 수 있습니다.

저는 완성된 문구를 원했습니다. 다시 물었습니다.

이대로 DALLE-2에 입력했습니다. 물론 영어로 입력했습니다.

출력된 이미지

마케팅

아무리 좋은 것이라도 알려야 합니다. SNS와 블로그에 마케팅 문구를
챗GPT를 이용하여 작성해 보겠습니다.

평생 돈 버는 **비즈니스 글쓰기의 힘**

질문:

지금까지의 이야기를 마케팅할 거야. 제목은 "쉐도우의 복수: 다른 세상에 갇힌 고등학생들"이야. SNS 마케팅 문구 5개 써 줘. 참고로 인스타그램에 올릴 거야.

챗GPT 답변:

네, 다음은 5가지 SNS 마케팅 문구입니다:

"쉐도우의 복수: 다른 세상에 갇힌 고등학생들"

"괴물과 마법이 가득한 세상에서 생존을 위한 싸움에 동참하십시오. "쉐도우의 복수"는 당신이 기다리던 궁극의 아드레날린을 뿜게 할 것입니다!"

#자유의 대가 #웹소설 #액션어드벤처

"서울에서 온 고등학생들은 자신들이 다른 세계에 갇혀 있다는 것을 알게 된다. 그곳에서 탈출할 방법은 싸우는 것밖에 없다. 역경을 이겨내고 고향으로 돌아갈 수 있을까? "쉐도우의 복수"에서 알아보세요!"

#웹픽션 #고등학생들인_어나더_월드 #서바이벌_스토리

"쉐도우의 복수"로 뜻밖의 스릴을 느껴보세요. 고등학생들이 위험과 마법의 세계에 던져질 때, 그들은 살아남기 위해 자신을 극한까지 밀어붙여야 할 것입니다. 도전할 준비가 되셨나요?"

#액션소설 #판타지 #YA

"상상할 수 있는 가장 치명적인 괴물들과 생존을 위해 싸우는 고등학생들 세계의 운명은 그들에게 맡겨져 있다. 그들은 승리할 것인가 아니면 소멸할 것인가? "쉐도우의 복수"를 놓치지 마세요!"

#몬스터vs고등학생들 #에픽_배틀 #웹픽션

"쉐도우의 복수"로 마법과 위험, 모험의 신세계를 발견하세요. 용감한 고등학생들이 목숨을 걸고 싸우는 과정을 따라가고 신비로운 영역의 비밀이 밝혀지는 것을 확인하세요."

#웹소설_시리즈 #판타지_어드벤처 #커밍_오브_에이지

인스타그램에 올릴 짧은 글과 해시 태그까지 만들어 주었습니다. 블로 그에서도 마케팅하겠습니다.

질문:
지금까지 이야기로 마케팅할 거야. 제목은 "쉐도우의 복수: 다른 세상에 갇힌 고등학생들"이야. 블로그에 올릴 마케팅 글을 써 줘.

챗GPT 답변:
네, 물론입니다. "쉐도우의 복수: 다른 세상에 갇힌 고등학생들"이라는 귀하의 이야기를 마케팅하기 위한 블로그 게시물은 다음과 같습니다:

위험, 마법, 서스펜스가 가득한 가슴 뛰는 모험을 찾고 계십니까? 죽음의 세계에 갇힌 서울 고등학생들의 여정을 따라가는 스릴 넘치는 새 웹소설 "쉐도우의 복수"를 만나 보세요.

액션 가득한 이 이야기에서 여러분은 이민준, 박지현, 김재원, 그리고 최은지가 살아남기 위해 괴물들과 필사적으로 싸우는 위험천만한 여행을 함께할 것입니다. 이 과정에서, 아이들은 새로운 힘을 발견하고 숨겨져 있던 비밀을 밝혀낼 것입니다.

서사적 줄거리와 잊을 수 없는 등장인물들로 구성된 "쉐도우의 복수", 액션, 모험, 그리고 판타지를 사랑하는 모든 이들에게 필독서입니다. 이 놀라운 여정

평생 돈 버는 비즈니스 글쓰기의 힘

을 놓치지 마세요. 오늘부터 책을 읽어 보세요!

[여기에 웹소설을 올린 플랫폼 링크 삽입]을 포함하여 인기 있는 웹 픽션 플랫폼에서 지금 만나실 수 있습니다.

당신의 블로그와 필요에 따라 이 게시물을 자유롭게 사용하세요. 마케팅 노력에 행운을 빌겠습니다!

블로그 글도 완성했습니다. 블로그 중간에 플랫폼에 올린 내 글의 링크를 만들어 주는 것까지 지정해 주는 것이 신선했습니다.

지금까지 웹소설을 챗GPT와 함께 기획, 글 작성, 연재, 마케팅까지 해 봤습니다.

챗GPT와 동화 쓰고
SNS, 유튜브 마케팅까지

동화를 쓰고 책으로 만들어 판매하는 과정을 살펴보겠습니다. 이 순서대로 챗GPT를 이용하여 책을 만들고 판매까지 해보겠습니다. 책을 기획하고 판매하는 과정과 거의 흡사합니다.

● 책 만드는 순서 ●

순서	기획	글 작성	디자인	출판	판매
해야 할 일	• 종류는? • 대상은? • 내용은? • 교훈은? • 방식은?	• 26페이지 작성	• 페이지에 맞는 그림 작성	• 자비출판 • 기획출판 • 전자책 • POD 출판	• 마케팅 • 홍보

기획:
챗GPT와의 대화로 영감을 얻고 초안을 잡아라

제가 비둘기를 주제로 한 동화『비돌이의 꿈』으로 국무총리상을 받았기 때문에 이번에도 비둘기를 주제로 동화를 써보겠습니다. 먼저 영감을 얻어야겠죠? 비둘기에 대한 베스트셀러 동화가 있는지 물어봤습니다.

질문:

전 세계적인 베스트셀러 동화 중 비둘기가 주인공인 동화책 3권과 교훈을 간략히 설명해 줘.

챗GPT 답변:

네, 비둘기는 일반적으로 전래 동화의 주인공으로 등장하지 않기 때문에 질문에 약간의 혼란이 있을 수 있다고 생각합니다. 그러나 비둘기를 주인공으로 하는 인기 동화책이 여러 개 있는데, 아래에 간략하게 설명할 수 있습니다:

1. Mo Willems의 "Don't Let the Pigeon Drive the Bus!"
   이 유머러스한 책은 자격이 없음에도 불구하고 자신이 버스를 운전할 수 있도록 독자를 설득하려는 집요한 비둘기를 다루고 있습니다. 이 책은 아이들에게 규칙을 따르고 안전한 선택을 하는 방법을 가르칩니다.

2. Arthur Ransome의 "Pigeon Post"
   영국 레이크 디스트릭트를 배경으로 한 어린이 소설로, 집 비둘기를 사용하여 서로에게 메시지를 전달하는 아이들 이야기입니다. 이 책은 아이들에게 소통과 협력의 중요성에 대해 가르칩니다.

3. Stephen Kelman의 "Pigeon English"
   11년간의 삶을 따라가는 청소년 성장 소설입니다. 런던으로 이주한 가나의 소년이 살인 사건에 휘말립니다. 이 책의 비둘기는 주인공은 아니지만, 자유와 탈출의 상징으로 이야기 화자의 역할을 합니다. 이 책은 아이들에게 새로운 문화에 적응하는 데 따르는 어려움과 옳은 것을 옹호하는 것의 중요성에 대해 가르칩니다.

챗GPT가 아니었으면 이런 책들이 있는지도 몰랐습니다. 이제 이 책들의 좋은 점만을 살린 동화 내용을 만들어 달라고 하겠습니다.

질문:
앞의 내용을 참고해서 아이들이 좋아할 동화책을 만들고 싶어. 동화책의 주제와 교훈, 줄거리를 작성해 줘.

챗GPT 답변:
네, 앞서 언급한 책의 요소를 통합한 동화책 아이디어는 다음과 같습니다:

제목: 비둘기 우편 배달부
주제: 소통, 협력, 우정
교훈: 의사소통의 중요성, 함께 문제를 해결하기, 우정의 가치
줄거리: 숲에 함께 사는 비둘기, 토끼, 다람쥐, 고슴도치. 동물들은 모두 함께 노는 것을 좋아하지만 때때로 의사소통에 어려움을 겪습니다.

어느 날 비둘기는 서로 간의 의사소통을 더 잘할 수 있는 아이디어를 냅니다. 비둘기의 귀소 본능을 이용한 것입니다. 비둘기는 자기 다리에 메시지를 적은 쪽지를 묶어 서로에게 보낼 수 있는 '비둘기 우편' 서비스를 제안합니다.

다른 동물들도 좋은 아이디어라고 합니다. 모두 협력하여 비둘기장을 짓고 비둘기는 메시지를 전하도록 훈련합니다. 동물들은 서로에게 놀이 초대장을 보내고, 도움을 요청하고, 생각과 감정을 공유하는 '비둘기 우편' 서비스를 사용하기 시작합니다.

그러던 어느 날 비둘기가 메시지를 전하다가 길을 잃습니다. 모든 동물은 그를 찾기 위해 힘을 합칩니다. 협동과 인내를 통해 동물들은 비둘기를 구조합니다. '비둘기 우편' 서비스는 다시 시작합니다.

동물들은 의사소통이 강한 우정을 쌓는 데 중요하다는 사실과 문제를 해결하기 위해 협력해야 한다는 것을 배웠습니다. 이 두 가지가 동물들을 큰 성장으로 이끕니다. 비둘기 우편 배달부는 숲에서 사랑받는 인물이 됩니다. 동물들은 계속해서 그의 도움을 받아 서로 간에 연락하고 함께 즐겁게 지냅니다.

동물들이 함께 성장한다. 가슴이 따뜻해지는 내용입니다. 다음은 등장인물에 대한 세세한 성격과 복장, 외모를 물어보겠습니다.

질문:
이야기에 등장하는 비둘기, 토끼, 다람쥐, 고슴도치의 외모와 복장, 성격에 관해서 설명해 줘.

챗GPT 답변:
네, "비둘기 우편 배달부" 스토리북에 등장하는 동물 캐릭터들의 외모, 옷차림, 성격에 대한 간략한 설명은 다음과 같습니다:

비둘기 – 이야기의 주인공입니다. 동물 친구들 사이에서 메시지를 전하는 우편 배달부입니다. 그는 회색 깃털, 하얀 배, 밝고 호기심 많은 눈을 가진 작고 통통한 새입니다. 메시지를 담기 위해 주머니가 달린 작은 파란색 조끼를 입습니다. 비둘기는 친절하고 도움이 되며 결단력이 있으며 새로운 것을 탐색하고 발견하는 것을 좋아합니다.

토끼 – 부드럽고 푹신푹신한 동물입니다. 긴 귀가 경련을 일으킵니다. 그는 목에 빨간 스카프를 두르고 큰 주머니가 달린 갈색 조끼를 입고 있습니다. 외향적이고 모험적입니다. 약간의 장난꾸러기입니다. 친구들에게 장난을 치고 친구들을 웃게 만드는 것을 좋아합니다.

다람쥐 – 다람쥐는 덤불 같은 꼬리와 날카로운 발톱을 가진 민첩한 동물입니다. 그녀는 목에 녹색 활을 두르고 주머니가 달린 노란색 앞치마를 착용합니다. 다람쥐는 조직적이고 활동적이라 항상 움직입니다. 견과류와 씨앗을 수집하고 집을 정돈하는 것을 좋아합니다.

고슴도치 – 고슴도치는 배가 둥글고 호기심 많은 표정을 지닌 작고 뾰족한 동물입니다. 그는 후드와 주머니가 달린 갈색 조끼를 입습니다. 고슴도치는 수줍음이 많고 사려 깊고 약간 걱정이 많습니다. 책을 읽고 새로운 것을 배우는 것을 좋아하지만 쉽게 겁을 먹기도 하고 친구들의 격려를 필요로 합니다.

전반적으로 "비둘기 우편 배달부"의 동물 캐릭터들은 개인의 강점과 약점을 반영하는 뚜렷한 외모, 의복 및 성격을 갖고 있습니다. 동물들은 협력하여 어려움을 극복하고 강한 우정을 쌓고 성공을 달성하는 데 있어 소통과 협력의 중요성을 보여줍니다.

기획 부분에서 어느 정도 마무리가 되었습니다. 그런데 제목이 조금 밋밋합니다. 제목을 여러 가지 보여달라고 부탁해보겠습니다.

질문:
이 이야기 제목을 5세에서 6세 아이가 좋아할 만한 제목으로 5개 만들어 줘.

챗GPT 답변:
네, 다음은 5~6세 어린이가 즐길 수 있는 "비둘기 우편 배달부" 동화책의 예상 제목 5가지입니다:

1. Pigeon Post Adventures
2. Animal Friends Forever(영원한 동물 친구들의 우정)
3. 대숲 메시지 교환
4. 비둘기 우편: 우정 전달
5. 우체부 비둘기와 친구들

처음 제목인 "비둘기 우편 배달부"가 훨씬 나은 것 같습니다. 제목은 그냥 가겠습니다.

글 작성:
챗GPT와 함께 동화책의 구성에 맞게 글을 쓰고 배열하라

동화책의 글을 작성할 순서입니다. 동화책은 보통 24페이지로 구성되어 있습니다. 각 페이지에 들어갈 문구와 이미지를 정리해 달라고 하겠습니다. 독자는 5~6세라고 부탁합니다.

질문:

앞서 작성한 내용으로 동화책을 만들려고 해. 표지 제외하고 24페이지인데, 각 페이지에 들어갈 문구와 대사를 만들어 줘. 읽는 아이들은 5~6세야.

챗GPT 답변:

네, "비둘기 우편 배달부" 동화를 기반으로 24페이지로 구성된 동화책 각 페이지에 대한 문구와 이미지를 구성하는 방법에 대한 간략한 개요를 제공할 수 있습니다:

1. **표지:** "비둘기 우편 배달부" 제목과 파란색 조끼를 입고 편지를 들고 있는 비둘기의 이미지
2. **소개 페이지:** "옛날, 옛날 동물들이 가득한 숲에 비둘기라는 이름의 특별한 새가 살았습니다." 나뭇가지에 앉아 숲을 바라보고 있는 비둘기의 이미지
3–4. **동물 친구들 페이지:** "숲에는 비둘기, 토끼, 다람쥐, 고슴도치 등 많은 동물 친구가 있었습니다."라며 동물 친구들이 모여 있는 이미지
5–6. **소통 장애 페이지:** "가끔 동물 친구들끼리 소통이 잘 안되는 경우가 있어요.", 당황하거나 답답해하는 동물 친구들의 모습
7–8. **비둘기의 아이디어 페이지:** "어느 날, 비둘기는 친구들이 의사소통을 더 잘할 수 있도록 기발한 아이디어를 떠올렸습니다. 바로 비둘기 우체국이었습니다!" 동물 친구들이 닭장을 짓고 비둘기는 훈련하는 모습
9–10. **메시지 보내기 페이지:** "비둘기 우체국을 통해 동물 친구들이 서로 메시

지를 주고받으며 소통할 수 있었습니다." 그리고 동물 친구들이 쪽지를 주고받는 이미지

11-12. 길 잃은 비둘기 페이지: "어느 날 비둘기가 메시지를 전하다가 길을 잃었습니다."라는 내용과 길 잃은 비둘기를 찾는 동물 친구들의 모습

13-14. 구조 페이지: "길 잃은 비둘기를 찾기 위해 동물 친구들은 함께 노력하였습니다." 서로 돕는 동물 친구들의 모습

15-16. 복구된 비둘기 우체국 페이지: "협동 덕분에 비둘기 우체국이 이전보다 훨씬 튼튼하게 지어졌습니다."라는 내용과 축하하는 동물 친구들의 모습

17-18. 소통의 중요성 페이지: "소통과 협력이 돈독한 우정을 쌓는 열쇠임을 알게 된 동물 친구들"과 함께 즐기는 동물 친구들의 모습

19-20. 안녕히 계세요 페이지: "동물 친구들은 항상 비둘기가 편지를 전달한다는 것을 알고 비둘기에게 인사했습니다." 그리고 손을 흔드는 동물 친구들의 이미지

21-22. 결론 페이지: "그래서 비둘기와 동물 친구들은 숲에서 서로 연결되어 즐겁게 지내며 행복하게 살았습니다."

23. 작가 페이지 정보: 작가/일러스트레이터의 간략한 약력 및 작가/일러스트레이터의 이미지

24. 뒷표지: 편지를 부리에 물고 날아가는 비둘기의 이미지와 감사의 메시지

사용된 특정 문구와 이미지는 만들고 있는 책의 스타일과 어조에 따라 다를 수 있지만, 이 개요는 24페이지에 걸쳐 콘텐츠를 구성하는 방법에 대한 일반적인 아이디어를 제공합니다.

표지를 제외하고 24페이지라고 했는데 질문이 잘못되었는지 1페이지를 표지로 하고 시작하네요. 재미있는 것은 그림책이라는 것을 인식하여 한 페이지에 들어가는 문장과 그림이 함께 설명되어 있습니다. 페이지에 들어갈 글은 완성되었습니다. 이제 그림책이니까 그림을 넣어야겠지요.

평생 돈 버는 **비즈니스 글쓰기의 힘**

디자인:
챗GPT와 함께 문장에 맞는 그림을 그려라

동화책은 그림이 중요합니다. DALLE-2를 이용하여 그림을 만들겠습니다. 각각의 페이지 이미지에 맞춰 영어로 바꿔 입력합니다.

DALLE-2 입력:

나뭇가지에 앉아 숲을 바라보고 있는 비둘기의 이미지. (물론 영어로 입력해야 합니다.)

DALLE-2 출력물:

이미지가 생성되었습니다. 마음에 드는 이미지를 선택하여 〈한글〉이나 〈MS워드〉로 작성하고 PDF 문서를 만들면 그림책 하나가 완성됩니다.

출판:
챗GPT와 함께 하는 투고

동화책이 완성되었습니다. 자비출판, 기획출판, 전자책, POD 출판방법이 있습니다. 저는 PDF로 만들어 유페이퍼에 전자책 등록하는 것을 추천합니다. 아무런 비용도 들지 않기 때문입니다.

기획출판을 위해 챗GPT에게 "투고를 위해 출간 기획서를 작성해 줘." 물으니 기획서 작성법을 가르쳐 주었고, "이 동화책을 투고할 출판사의 이 메일 10개 부탁해." 하니 출판사의 이메일을 알려 줄 수 없다며, 이메일을 얻을 수 있는 다섯 가지 방법을 가르쳐 주었습니다. 직접 수고를 들여야 합니다.

판매:
챗GPT와 함께 마케팅 유튜브를 만들자

만들면 뭐합니까? 팔아야지요. 마케팅 문구와 홍보 유튜브를 만들겠 습니다.

질문:
이 이야기를 그림책으로 만들려고 해. 판매를 위한 좋은 마케팅 문구 5개 추천 해 줘.

챗GPT 답변:
네, 다음은 그림책에 사용할 수 있는 5가지 마케팅 문구입니다:

1. "따뜻한 이야기, 비둘기와 동물 친구들, 우정의 마법을 발견하세요!"
2. "동물 친구들이 소통과 협력의 힘을 배우도록 돕는 비둘기의 모험에 동참하 세요!"
3. "이 매력적인 동화책과 함께 유대와 협력의 기쁨을 경험하세요!"

평생 돈 버는 **비즈니스 글쓰기의 힘**

4. "숲 동물과 그들의 특별한 친구인 비둘기에 관한 이 유쾌한 이야기를 통해 자녀의 상상력을 자극하고 독서에 대한 사랑을 불러일으키세요! 아름답게 삽화가 들어 있는 책과 함께 즐거운 시간을 보내세요!"
5. "자녀가 사랑스러운 이야기와 사랑스러운 캐릭터를 통해 우정의 가치와 협력의 힘을 배우는 모습을 지켜보세요!"

여러 가지 마케팅 문구가 나왔습니다. 여기서 마음에 드는 것을 선택합니다.

다음은 유튜브입니다. 유튜브 만드는 것도 챗GPT에 부탁합니다.

질문:

이 이야기 책을 홍보하는 1분짜리 영상 스크립트를 작성해 줘.

챗GPT 답변:

[정원에서 노는 아이들의 오프닝 장면]

내레이터: 자녀에게 독서에 대한 사랑을 심어주고 싶습니까?

[엄마와 아이가 함께 책 한 권 읽는 장면으로 전환]

내레이터: 특별한 친구 비둘기 덕분에 소통과 협력의 소중함을 알게 된 동물들, 가슴 따뜻한 이야기 "비둘기와 친구들: 숲속의 모험"을 소개합니다.

[숲의 비둘기와 동물 친구들이 삽화로 화면 전환]

내레이터: 비둘기와 그의 친구들(토끼, 다람쥐, 고슴도치)에게 문제가 있습니다. 그들은 서로 소통하지 않는 것 같고, 그것은 숲에 혼란을 일으킵니다.

[함께 일하려는 비둘기와 그의 친구들로 화면이 전환됨]

내레이터: 하지만, 그들은 비둘기의 도움을 받아 효과적으로 의사소통하는 방법과 협력함으로써 큰 일을 성취할 수 있다는 것을 배웁니다.

[문제를 해결하기 위해 협력하는 동물의 삽화로 전환됨]

내레이터: "비둘기와 친구들: 숲속의 모험"은 아름답게 삽화가 그려진 동화책으로 자녀의 상상력을 자극하고 우정, 협동, 자연 세계의 경이로움에 대한 소중한 교훈을 가르쳐줍니다.

[어머니와 어머니의 클로징 샷, 함께 책을 읽는 아이]

내레이터: 오늘 책을 주문하고 "비둘기와 친구들"의 마법이 자녀의 독서와 모험에 대한 사랑을 촉발하게 하세요.

• 챗GPT에게 제목을 "비둘기 우편 배달부"라고 정했다고 답을 해주지 않아 챗GPT가 알아서 "비둘기와 친구들: 숲속의 모험"으로 정하여 유튜브 영상 스크립트를 작성했습니다.

스크립트가 작성되었습니다. 영상은 어떻게 만드냐고요? 구글 검색창에서 'Pictory'라고 입력하고 검색하세요. 그러면 Pictory.ai-Pictory가 나옵니다. Pictory.ai-Pictory를 클릭하고 들어가면 다음과 같은 화면이 나옵니다. 가입하고 사용하면 됩니다. 스크립트를 복사해서 Pictory의 명령에 따라 넣기만 하면 됩니다. 영상을 만들어 주는 인공지능으로 사용하기 너무 간편합니다. 10분이면 배울 수 있습니다.

평생 돈 버는 **비즈니스 글쓰기의 힘**

Pictory.ai - Pictory

Use **Pictory** to automatically create high-conversion Video Sales Letters complete. **Pictory** Saves Time And Opened Up New Opportunities In His Business. Check Pricing. Chat Support Available. Browse Features. Highlights: Free Trial Available, Help Center Available.
Create Videos From Text · Pricing Table · Edit Video Using Text · Blog Post To Video · Auto Ca...

https://pictory.ai ▼

Pictory – Video Marketing Made Easy - Pictory.ai

Create Short Branded Video Snippets From Long Form Videos. **Pictory's** advanced Artificial Intelligence (AI) gets your content working for you by automatically ...

04 챗GPT와 함께 철학자를 만나 인문고전까지

인문고전에 관한 책, 이젠 더 쓰기 쉬워

인문고전에 관한 책을 써보겠습니다. 여러분은 순간 내가 인문고전에 관한 책을 쓴다고? 어떻게? 하는 물음을 할 겁니다. 왜 그럴까요? 다른 분야의 책을 쓰는 것보다 높은 난도를 요구하기 때문입니다. 왜 난도가 높을까요? 이유를 크게 두 가지로 나눠 설명하겠습니다.

첫째, 인문고전은 지식습득 자체가 어렵기 때문이다.

철학서 같은 것들은 내용 자체의 난도가 높습니다. 마르크스의 『자본론』, 칸트의 『순수이성비판』 같은 것들은 내용이 어려운 것을 떠나 읽기도 어렵습니다. 읽어도 그 뜻을 완전히 이해하기 어렵습니다.

둘째, 양이 많아 지식을 갖추는데 많은 시간이 소모된다.

첫째의 이유와 연관됩니다. 어려운 지식을 완전히 내 것으로 만든다? 칸트의 철학을 일반 직장인이 공부하여 남들에게 설명할 정도가 되려면 한 5년은 집중적으로 공부해야 합니다. 이런 이유로 철학과 고전의 해설에 관련된 책을 쓰는 작가는 대부분 대학의 교수입니다. 평생을 공부하여 쓴 것이죠.

이런 어려움이 있으나 우리는 쓸 수 있습니다. 어떻게 쓰냐고요? 챗GPT와 함께 쓰는 겁니다.

삼대 철학자와 함께
삶과 죽음에 관해 논하다

인류의 위대한 철학자 세 명이 바라보는 삶과 죽음에 관한 책을 써보기로 하겠습니다. 제목은 "삼대 철학자와 함께 삶과 죽음에 관해 논하다"입니다.

먼저 인류의 삼대 철학자를 모셔오도록 하겠습니다.

질문:

위대한 철학자 세 명을 뽑아줘.

챗GPT 답변:
- **플라톤:** 역사상 가장 영향력 있는 철학자 중 한 명인 플라톤은 소크라테스의 제자이자 서구 세계 최초의 고등 교육 기관인 아테네 아카데미의 설립자였습니다. "공화국"과 같은 그의 대화는 윤리, 정치, 형이상학 및 인식론과 같은 주제를 탐구합니다.
- **아리스토텔레스:** 또 다른 고대 그리스 철학자인 아리스토텔레스는 플라톤의 제자였습니다. 알렉산더 대왕을 가르쳤습니다. 그는 논리학, 형이상학, 윤리학, 정치학, 생물학, 물리학을 포함한 많은 분야에서 중요한 공헌을 했습니다. "니코마코스 윤리학", "정치학" 등 그의 저서는 오늘날에도 여전히 연구되고 논의되고 있습니다.
- **칸트:** 18세기를 살았던 독일의 철학자 칸트는 인식론, 형이상학, 윤리학 및 미학 분야에서 그의 작품으로 유명합니다. 대표작으로는 "순수이성비판", "실천

이들이 함께 모여 대담하듯이 이야기하는 것을 만들기로 했습니다.

질문:

플라톤, 아리스토텔레스, 칸트가 서로 인사하는 인사말을 만들어 줘.

챗GPT 답변:

- **플라톤:** 존경하는 동료들에게 인사드립니다! 이런 위대한 지성들과 함께하게 하여 영광입니다. 소크라테스가 말했듯이 "지혜는 경이로움에서 시작됩니다." 저는 두 분이 철학적 토론에 가져오는 통찰력에 항상 경외심을 느낍니다.
- **아리스토텔레스:** 맞습니다, 플라톤. 또한, 이렇게 존경받는 모임에 속하게 된 것을 영광으로 생각합니다. 철학에 대한 당신의 기여는 우리 작업의 많은 토대를 마련했으며 당신의 아이디어를 계속 발전시킬 수 있는 기회에 감사드립니다.
- **칸트:** 친애하는 플라톤과 아리스토텔레스 함께하여 영광입니다. 당신과 함께하는 이 지적인 공간, 당신의 작품은 내 철학적 여정에서 나를 인도하는 등불이었습니다. 우리가 현실의 본질과 인간 경험을 더 깊이 파고들면서 계속해서 서로에게서 배우고 세상에 대한 이해를 넓힐 것이라고 확신합니다.

인사는 끝났고 먼저 이분들이 인간의 삶은 어떻게 바라보는지 물어보겠습니다.

질문:

이 세 철학자가 인간의 삶을 어떻게 정의 내리는지 서로 묻고 답하는 내용을 만들어 줘.

챗GPT 답변:

- **플라톤:** 친애하는 동료 여러분, 우리가 현실의 본질과 인간 경험을 더 깊이 탐구함에 따라 인간의 삶을 정의하는 방법에 대한 질문을 고려하는 것이 중요하다고 생각합니다. 우리를 인간으로 만들고 다른 존재와 구별되는 것은 무엇입니까?

- **아리스토텔레스:** 동의합니다. 플라톤. 내 생각에 인간의 삶은 합리성과 자기 성찰의 능력으로 특징지어집니다. 우리는 추상적인 개념을 숙고하고 철학적 탐구에 참여할 수 있어 다른 피조물과 구별됩니다.

- **칸트:** 이성과 성찰의 중요성에 대해서는 두 분 모두 동의하지만, 인간의 삶은 도덕적 선택 의지에 대한 우리의 능력에 의해 정의됩니다. 우리에게는 도덕적 의무를 인식하고 이에 따라 행동할 수 있는 능력이 있습니다. 이는 우리 종의 독특하고 결정적인 특성입니다.

- **플라톤:** 요점을 알겠습니다. 칸트. 그러나 나는 인간 삶의 본질이 지식과 이해의 추구에 있다고 주장하고 싶습니다. 이성과 사색 능력을 통해 우리는 세상과 그 안의 우리 위치에 대한 진실을 밝히기 위해 노력합니다.

- **아리스토텔레스:** 하지만 지식과 이해를 추구하는 것이 궁극적으로 우리를 더 완전하고 더 많은 것으로 인도하지 않습니까? 의미 있는 삶의 경험? 내 생각에 인간의 삶은 합리성뿐만 아니라 행복과 성취에 대한 욕구도 특징입니다.

- **칸트:** 이 점에 대해서는 아리스토텔레스의 의견에 동의합니다. 인간의 삶은 합리성이나 도덕적 행위자에 관한 것일 뿐만 아니라 행복과 복지에 대한 우리의 능력에 관한 것입니다. 우리는 삶에서 목적의식과 의미를 키우고 주변 세상의 아름다움과 경이로움에 대한 깊은 감사를 발전시키기 위해 노력해야 합니다.

- **플라톤:** 우리는 약간 다른 관점을 가지고 있습니다. 인간이 된다는 것이 무엇을 의미하는지에 대해. 그러나 아마도 그것이 철학의 아름다움일 것입니다.

철학은 우리가 대화에 참여하고 다양한 관점을 탐구할 수 있게 하여 궁극적으로 세상과 우리 자신에 대한 더 깊고 미묘한 이해로 이끕니다.

읽기만 해도 지식의 바다에 빠지는 것 같습니다. 이제는 이들에게 죽음에 관해 물어보겠습니다.

질문:
이 세 철학자가 인간의 죽음을 어떻게 정의 내리는지 서로 묻고 답하는 내용을 만들어 줘.

챗GPT 답변:
- **플라톤:** 존경하는 동료 여러분, 인간 삶의 본질을 숙고할 때 인간의 죽음에 대한 질문도 고려하는 것이 중요하다고 생각합니다. 우리를 인간으로 만드는 것은 무엇이며 언제 인간이 아니게 될까요?
- **아리스토텔레스:** 동의합니다. 플라톤. 내 생각에 죽음은 신체의 생물학적 기능의 끝을 의미하지만 반드시 그 사람의 정체성의 끝을 의미하지는 않습니다. 우리는 계속해서 기억 속에 존재하며 세상에 대한 우리의 영향은 우리가 남긴 유산을 통해 살아 있습니다.
- **칸트:** 우리가 세상에 미치는 영향은 사후에도 계속될 수 있다는 데 동의하지만 죽음의 흔적은 우리 각자의 존재의 끝. 우리는 유한한 존재이며 우리의 의식은 우리가 죽으면 더 이상 존재하지 않습니다.
- **플라톤:** 요점을 알겠습니다. 칸트. 그러나 나는 죽음이 한 존재 상태에서 다른 존재 상태로의 전환을 의미한다고 주장하고 싶습니다. 불멸인 우리의 영혼은 죽은 후에도 계속 존재하며 육체는 영혼의 여정을 위한 일시적인 그릇일 뿐입니다.

평생 돈 버는 **비즈니스 글쓰기의 힘**

- **아리스토텔레스**: 그런데 영혼을 어떻게 정의해야 할까요, 플라톤? 육체와 분리될 수 있는 유형의 실체인가요, 아니면 단순히 우리의 의식과 정체성을 나타내는 은유적 개념인가요?
- **칸트**: 그리고 영혼이 존재한다고 해도 어떻게 확신할 수 있을까요? 죽음 이후에도 계속된다? 우리는 믿음에만 의존할 수 없습니다. 우리의 주장을 뒷받침할 경험적 증거를 찾아야 합니다.
- **플라톤**: 저는 영혼이 실제로 몸에서 분리될 수 있는 유형의 실체라고 믿습니다. 실증적 증거를 찾기 위해서는 물리적 세계 너머를 봐야 합니다. 묵상과 철학적 탐구를 통해 우리는 영혼의 본성과 몸과의 관계를 더 깊이 이해할 수 있습니다.
- **아리스토텔레스**: 그러나 영혼이 사후에도 계속 존재하더라도 우리는 여전히 씨름해야 합니다. 우리의 육체가 더 이상 존재하지 않는다는 사실과 함께, 죽음의 순간을 어떻게 정의할 수 있을까요? 심장 박동의 중단, 뇌 활동의 중단, 아니면 완전히 다른 어떤 것인가요?
- **칸트**: 정말 어려운 질문입니다. 아마도 우리는 죽음을 절대적으로 확실하게 정의할 수 없으며 대신 생물학적 및 철학적 기준의 조합에 의존하여 사람이 이 세상을 떠난 시기를 결정해야 합니다.

고대 그리스의 아고라에서 열띤 토론을 하는 것 같습니다.

이렇게 이야기를 끌어나가며 삶, 죽음 여기에 더해 영혼이 과연 있을까? 인간에게 종교란 무엇일까? 등을 물어봅니다. 질문 하나당 하나의 목차를 만듭니다. 이렇게 하면 하나의 책이 되겠지요?

지금까지의 질문은 과거부터 해왔던 질문들입니다. 그러면 현대적인 이슈에 대해서도 물어보겠습니다. 여러 가지 이슈 중 고령화에 따른 존엄사 문제에 관해 물어보겠습니다.

질문:

현대 사회의 인간들은 고령화가 되어서 인간이 스스로 움직이고 생각할 수 없는 나이까지 살고 있어. 이런 이유로 스스로 죽음을 선택하는 존엄사에 대한 논의가 이루어지고 있어. 일부 국가에서는 허용을 해주고 있어. 존엄사에 대해 많은 논의가 이루어지는데 쟁점 중 하나가 존엄사는 자살과 어떻게 다르냐는 거지. 철학자분들은 각각 존엄사를 어떻게 보고 자살과 어떻게 다른지 설명 부탁해.

챗GPT 답변:

- **플라톤**: 동료 여러분, 존엄사라는 참으로 어려운 주제이며 중요한 윤리적 질문을 제기합니다. 제 생각에는 존엄사에 따른 죽음과 자살의 주요 차이점은 행위 이면의 의도에 있습니다.
- **아리스토텔레스**: 동의합니다, 플라톤. 자살은 절망감과 절망감에서 비롯된 절박한 행동으로 간주하는 경우가 많습니다. 반면에 존엄사는 임종을 앞둔 개인이 의도적이고 의식적으로 내린 결정입니다.
- **칸트**: 플라톤과 아리스토텔레스, 귀하의 요점을 이해하지만, 존엄사와 자살 사이의 구별은 단순히 행위 이면의 의도를 보는 것보다 더 복잡합니다. 우리는 또한 사회 전체에 대한 행위의 결과를 고려해야 합니다.
- **플라톤**: 요점을 알겠습니다, 칸트. 그러나 저는 존엄사를 자기 결정과 자율의 한 형태로 볼 수 있는 반면, 자살은 종종 삶의 도전에 대처하지 못하는 것으로 볼 수 있다고 주장하고 싶습니다.
- **아리스토텔레스**: 예, 그렇게 하겠습니다. 또한, 존엄한 죽음은 개인이 자신의 삶을 어떻게 끝내고 싶은지에 대해 의식적이고 의미 있는 결정을 내릴 수 있게 해주기 때문에 삶의 긍정으로 볼 수 있다고 덧붙입니다.
- **칸트**: 하지만 죽음의 영향은 어떻습니까? 사회 전체에 대한 그러한 결정? 개인이 존엄하게 삶을 마감하도록 허용한다면 비슷한 문제로 어려움을 겪고 있는 다른 사람들에게 어떤 메시지를 전달할까요?
- **플라톤**: 개인의 자율성에 대한 연민과 존중의 메시지를 전달한다고 생각합니다. 개인이 어떻게 죽고 싶은지에 대해 스스로 결정하도록 허용함으로써 인간

으로서의 가치와 존엄성을 인정하는 것입니다.

- **아리스토텔레스:** 그리고 남겨진 사람들에게 미치는 영향도 고려해야 합니다. 개인이 존엄하게 죽을 수 있다면 사랑하는 사람에게 폐쇄감과 평화를 가져다 줄 수 있으며 이는 애도 과정의 중요한 부분이 될 수 있습니다.
- **플라톤:** 요점은 알지만 저는 여전히 우리가 이 문제에 접근하는 방식에 있어서 신중해야 한다고 믿습니다. 단순히 개인의 자율성과 선택에만 의존할 수는 없지만, 사회 전체에 미치는 영향도 고려해야 합니다.
- **플라톤:** 조심해야 한다는 점에는 동의하지만 죽음은 자연스러운 현상이라는 점도 인식해야 합니다. 그리고 개인은 자신이 어떻게 죽고 싶은지에 대해 스스로 결정할 권리가 있습니다. 연민과 공감을 가지고 이 문제에 접근해야 하며, 모든 인간 생명의 존엄성과 가치를 항상 염두에 두어야 합니다.

존엄사와 자살은 하나의 공통점이 있습니다. 개인의 의지로 한다는 것입니다. 자살하는 사람 마음이 어찌 되었든 인간의 의지인데, 왜 종교와 사회에서는 존엄사는 어느 정도 존중해주면서 자살은 금기하는 걸까요? 물어보겠습니다.

질문:

존엄사도 자살의 하나의 방법이야. 존엄사는 어느 정도 허용하는데 자살은 종교와 사회에서 죄악시하고 금기하고 있어. 반면 인간은 자신의 삶을 선택할 자유의지가 있어. 자살도 하나의 자유의지의 발현이라고 봐야 하지 않을까? 왜 사회와 종교에서는 인간의 자유의지인 자살을 반대하는지 철학자분들의 의견을 듣고 싶어.

챗GPT 답변:

- **플라톤:** 왜 사회와 종교가 자살을 반대하는지에 대한 질문은 참으로 중요한

질문입니다. 내 생각에 자살은 역사적으로 개인과 사회 사이의 사회적 계약을 위반하는 것으로 여겨져 왔습니다. 사람이 스스로 목숨을 끊는 것은 공동체의 일원이 되는 데 따르는 신뢰와 책임을 저버리는 것으로 비춰집니다.

- **아리스토텔레스:** 동의합니다, 플라톤. 자살은 또한 사물의 자연스러운 질서에 대한 거부로 여겨져 왔습니다. 죽음은 삶의 자연스러운 부분으로 여겨지고, 개인이 스스로 목숨을 끊는 것은 노화와 죽음의 자연스러운 과정에서 벗어나려는 것으로 여겨집니다.

- **칸트:** 당신의 요점은 이해하지만, 플라톤과 아리스토텔레스는 자살에 대한 금기가 종교적, 도덕적 신념에 뿌리를 두고 있다고 믿습니다. 많은 종교에서 자살은 자기 살인 행위로 간주하기 때문에 죄로 간주합니다. 또한, 자신의 생명을 보존하고 보호해야 하는 도덕적 의무를 위반하는 것으로 간주합니다.

- **플라톤:** 예, 그리고 자살은 사회 전체에 부정적인 영향을 미칠 수도 있다는 점을 덧붙이고 싶습니다. 그것은 남겨진 사랑하는 사람들에게 고통을 줄 수 있으며 사회 구조와 제도에 불안정한 영향을 미칠 수도 있습니다.

- **아리스토텔레스:** 하지만 자살은 종종 정신질환의 결과라는 것도 인식해야 합니다. 또는 극도의 정서적 고통. 이런 경우에는 자살을 죄나 배신보다는 비극으로 보는 것이 더 적절할 수 있습니다.

- **칸트:** 아리스토텔레스, 당신의 요점을 알겠습니다. 그리고 자살률에 기여하는 사회적, 경제적 요인의 역할도 고려해야 한다고 생각합니다. 자살률을 줄이려면 이러한 근본적인 사회 경제적 문제를 해결하기 위해 노력해야 합니다.

- **플라톤:** 동의합니다. 궁극적으로 자살에 대한 금기는 복잡한 사회적, 문화적, 종교적, 도덕적 신념에 뿌리를 두고 있습니다. 철학자로서 우리는 공감, 연민, 열린 마음으로 이 문제에 접근하는 동시에 사회 전체에 대한 더 넓은 의미를 고려해야 합니다.

자살은 자기 살해라는 칸트의 말이 인상 깊습니다.

토론의 열기가 너무 높아 잠시 쉬어가야 할 것 같습니다. 가상의 사회자를 통해 토론을 중단하고 쉬었다 가자는 농담을 하겠습니다.

평생 돈 버는 **비즈니스 글쓰기의 힘**

질문:

이 세 철학자에게 토론의 열기가 너무 높아 잠깐 식히고 가자고 했을 때, 이분들이 답하는 내용을 만들어 줘. 이왕이면 농담처럼 만들어 줘.

챗GPT 답변:

- **플라톤:** 친애하는 동료 여러분, 이 격렬한 토론은 잠시 쉬어야 할 것 같습니다. 죽음이라는 주제가 우리 모두를 조금 뜨겁게 만든 것 같습니다!
- **아리스토텔레스:** 동의합니다, 플라톤. 밖으로 나가서 신선한 공기를 마시며 더위를 식혀야 할 것 같습니다.
- **칸트:** 예, 풍경의 변화가 우리 모두에게 도움이 될 것이라고 믿습니다. 긴장을 풀고 머리를 맑게 할 기회가 있으면 논의를 계속할 수 있습니다.
- **플라톤:** (미소) 아니면 가까운 강에서 더위를 식히기 위해 물놀이를 해야 할 수도 있습니다. 이맘때면 물이 꽤 상쾌하다고 들었어요.
- **아리스토텔레스:** (웃음) 네, 물속에 오래 있으면 우리가 삶과 죽음의 의미에 대해 토론하고 있다는 사실조차 잊을 수도 있습니다!
- **칸트:** (웃으며) 아, 철학적 수영. 전에 시도해 본 적이 없다고 말할 수는 없지만 마음을 맑게 하고 정신을 젊어지게 하는 것 같습니다.
- **플라톤:** (농담으로) 누가 알겠어요, 우리가 수영하는 동안 몇 가지 새로운 철학 이론이 떠오를지도 몰라요!
- **아리스토텔레스:** (웃음) 네, 아마도 우리는 강 바닥에서 삶의 의미를 발견하게 될 것입니다!
- **칸트:** (미소) 음, 잘은 모르겠지만 시도해 볼 의향이 있습니다. 수영하러 가서 우리의 철학적 사색이 우리를 어디로 데려가는지 봅시다.

보셨습니까? 챗GPT의 답변을 편집만 하면 됩니다. 철학적 내용을 깊게 아는 것도 중요하지만 전체적인 흐름을 이해하기만 하면 됩니다. 질문과 답으로 철학적 사고를 하고 스스로 배워 나가면 됩니다. 웹소설, 에세이보다 쓰기가 더 쉬워졌습니다. 기획하고 편집만 하면 됩니다. 어서 실천하세요.

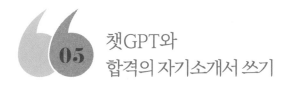

챗GPT와
합격의 자기소개서 쓰기

자기소개서의 기본은
나를 알고, 회사를 알고, 일을 아는 것부터

- 이름: 김철수
- 나이: 만 27세
- 학력: 한국대학교 전기 공학과 졸업
- 가족관계: 부모님 두 분, 위로 두 살 많은 누나, 아래로 두 살 적은 여동생
- 성격: 성실하고 과묵하다
- 지원회사와 분야: 한국전력공사, 시설관리

김철수라는 가상의 인물로 자기소개서를 챗GPT와 함께 작성토록 하겠습니다. 자기소개서 공통질문인 성장 과정, 성격의 장단점, 사회 경험, 지원동기를 작성하겠습니다.

성장 과정

성장 과정을 쓸 때 지원하는 회사와 지원한 직무에 관계된 어릴 때 경험을 넣는 것이 좋습니다.

자기소개서의 성장 과정만을 여섯 줄로 짧게 작성해 줘. 난 만 27세 남자로 한국대학교 전기 공학과를 졸업했고 한국의 한국전력공사 시설관리 분야에 지원했어. 위로는 두 살 많은 누나, 아래로는 두 살 적은 여동생이 있어. 엄격하신 부모님 밑에서 자랐고, 누나와 여동생과는 잘 지냈어. 어릴 적에 전동 장난감과 집의 전기는 내가 모두 수리했다는 에피소드를 강조해 줘.

챗GPT 답변:

안녕하세요, 저는 한국대학교 전기공학과를 졸업하고 한국전력공사 시설관리직을 지원한 27세 남성입니다.

저는 근면과 헌신의 중요성을 강조한 엄격한 부모님 밑에서 자랐습니다. 그런데도 두 살 연상인 누나와 두 살 연하인 여동생과 좋은 관계를 유지했습니다.

내 인생을 결정한 순간은 집의 모든 전기 문제를 혼자 수리할 때였습니다. 그것은 도전이었습니다. 인내했고 결국, 모든 것을 고치는 데 성공했습니다. 이 경험은 문제 해결과 비판적 사고의 가치, 어떤 상황에서든 나를 믿으면 해결할 수 있다는 것을 가르쳐 주었습니다.

성격의 장단점

좋은 점도 회사와 직무에 관계된 것을 씁니다. 개발자라면 꼼꼼함을, 시설관리직이면 성실함을, 마케팅이면 톡톡 튀는 발상을 장점으로 적는 것이 좋습니다. 단점은 나쁜 내용을 그대로 쓰는 것이 아니라 약점을 보강하면 좋은 점이 될 수 있는 것을 쓰는 것이 좋습니다.

김철수는 시설관리직 지원이니 창의성보다 성실과 근면을 강조하라고 요청합니다.

질문:

자기소개서의 성격의 장단점만을 여섯 줄로 짧게 작성해 줘. 난 만 27세 남자로 한국대학교 전기공학과를 졸업했고 한국의 한국전력공사 시설관리 분야에 지원했어. 장점은 성실과 근면이야. 학교 다니는 동안 한 번도 지각과 결석을 하지 않았다는 내용을 에피소드로 넣어서 장점을 써 줘. 단점은 너무 꼼꼼해서 같은 일을 해도 시간이 많이 소모된다는 내용으로 써 줘.

챗GPT 답변:

학교에 다니는 동안 절대 지각하거나 결석하지 않은 기록은 저의 강한 직업윤리와 헌신을 보여줍니다.

사회적 약속인 시간 엄수와 출석을 지키는 것은 강한 책임감과 신뢰성을 보여주기 때문에 전문적 환경에서는 귀중한 장점입니다.

그러나, 완벽주의로 조그마한 일에도 과도한 집중과 관심을 가져 때때로 필요 이상의 시간을 사용합니다. 이것은 일부 사람들에게는 단점으로 보일 수 있음을 인정합니다.

사회경험

입사를 원하는 곳의 직무를 수행하는데 요구되는 능력을 쌓거나 경험한 사례를 넣는 것이 좋습니다.

질문:

자기소개서의 사회경험만을 여섯 줄로 짧게 작성해 줘. 난 만 27세 남자로 한국대학교 전기공학과를 졸업했고 한국의 한국전력공사 시설관리 분야에 지원했어. 대학생 4년 동안 여름방학 때면 등록금을 벌기 위해 아르바이트를 했고 사장님이 성실하다고 칭찬했다는 내용과 가끔 건설현장에서 일했던 내용

평생 돈 버는 **비즈니스 글쓰기의 힘**

으로 써 줘.

챗GPT 답변:

저는 한국대학교 전기공학과를 졸업한 지 얼마 되지 않아 업무와 학업의 균형을 맞추는 소중한 경험을 쌓았습니다. (질문에 있는 사회경험을 챗GPT는 대학생 때 함께한 아르바이트로 인식하지 못하고 대학교 졸업 후의 사회생활로 생각하여 대답하였습니다.) 대학생 시절 4년 동안, 등록금을 벌기 위해 아르바이트를 했고, 이 경험은 저에게 열심히 일하는 것과 시간 관리의 중요성을 가르쳐주었습니다.

특별한 경험은 제가 아르바이트에 대한 성실함과 헌신으로 대표님께 칭찬을 받았을 때입니다. 이 인정은 저에게 삶의 모든 면에서 열심히 일해야 한다는 자부심과 동기부여를 주었습니다.

지원동기

지원동기도 회사의 직무와 회사의 위상에 관련해 적는 것이 좋습니다.

질문:

자기소개서의 지원동기만을 여섯 줄로 짧게 작성해 줘. 난 만 27세 남자로 한국대학교 전기공학과를 졸업했고 한국의 한국전력공사 시설관리 분야에 지원했어. 전기에 대해 관심이 많고 한국전력공사는 한국의 모든 전기를 관리하는 곳으로 입사하는 것만으로 국민에게 봉사할 수 있어서 지원했다는 내용을 넣어서 써 줘.

챗GPT 답변:

저의 학문적 배경과 직업적 관심사가 완벽하게 일치하는 한국전력공사의 시설관리직에 지원하게 되어 기쁘게 생각합니다.

전기 공학에 대한 저의 열정과 탁월함은 저를 이 역할에 매우 적합하게 만들었고 제 기술로 조직에 이바지할 기회를 얻었다는 것에 흥분됩니다.

또한, 업계를 선도하는 한국전력공사의 명성처럼 사회에 긍정적인 영향을 미치고 헌신하는 팀의 일원이 되기를 열망합니다.

자기소개서 쓰기

챗GPT 장점은 맥락을 이해한다는 것이라고 앞서 설명했습니다. 챗GPT가 지금까지의 내용을 기억하고 있습니다. 질문 항목 마지막에 앞선 모든 내용을 정리하여 "자기소개서 써 줘." 하면 앞의 에피소드가 들어간 자기소개서가 작성되어 나옵니다.

처음부터 그냥 "자기소개서 써 줘." 하는 것은 챗GPT가 만들어 낸 자기 소설을 쓰는 것입니다. 이렇게 항목별로 에피소드를 넣어 주고 이야기를 따라와서 마지막에 통합적인 작성을 요구하는 것도 방법입니다. 아니면, 문항별로 편집해서 쓰는 것도 방법입니다.

통합적 작성을 요구하겠습니다.

질문:
지금까지의 질문을 모두 합쳐서 자기소개서를 작성해 줘.

챗GPT 답변:
채용 담당자님께.
한국전력공사 시설관리직에 지원하게 된 것을 기쁘게 생각합니다. 저의 교육, 경험, 그리고 개인적인 자질이 저에게 적합하다고 생각했기 때문입니다.

최근 한국대학교 전기 공학과를 졸업한 저는 전기 시스템에 대한 깊은 이해와 그 분야에 대한 강한 열정을 가지고 있습니다. 저의 헌신과 노력은 학창시절 내내 지각과 결석이 없는 기록에서 알 수 있고 학업 경력 전반에 분명하게 나타나 있습니다.

학업적 성취 외에도 아르바이트와 인턴십을 통해 귀중한 업무 경험을 쌓았습니다. 그리고 이를 통해 근면, 헌신, 시간 관리의 가치에 대한 중요한 교훈을 얻었습니다.

특히, 눈에 띄는 경험은 아르바이트할 때 성실함과 헌신으로 사장님께 인정을 받은 것입니다. 이것은 저에게 삶의 모든 측면에서 열심히 하라는 동기를 부여했습니다.

저의 꼼꼼한 성격이 때로는 업무에 필요 이상의 시간을 할애할 수 있음을 인정하지만, 탁월함에 대한 저의 헌신과 세부사항에 관한 관심이 저를 모든 팀의 소중한 자산으로 만들 것이라고 믿습니다.

제 자기소개서를 검토해 주셔서 감사합니다. 귀하와 제 자격에 대해 더 자세히 논의할 기회를 얻기를 기대합니다.

감사합니다.

〈사용자 이름〉

챗GPT의 답을 보면 앞에서 질문해왔던 내용과 답변의 내용이 적절히 들어가 있습니다. 자기소개서를 그냥 써 달라고 하는 것이 아니라, 나의 어떤 강점을 어떤 에피소드로 녹여 낼 것인가 고민하고 챗GPT에 쓸거리를 줘야 합니다. 다시 말하지만, 아무것도 주지 않고 쓰는 것은 작가, 챗GPT의 작품인 자기 소설이 됩니다.

06 챗GPT와 함께
글을 쓰고 꿈을 실천하라

무한한 가능성의 발견

지금까지 챗GPT와 함께 다양한 글 쓰는 법을 알아봤습니다. 이 과정에서 여섯 가지를 깨달았습니다.

첫째, 다른 인공지능과 함께 활용하면 더 큰 힘을 발휘한다.

  (DALLE-2, Pictory 등의 이미지와 영상을 만들어 주는 인공지능)

둘째, 1인으로도 출판, 영상편집, 마케팅 등이 가능하다.

  (챗GPT가 보조 역할로 훨씬 쉽게 할 수 있다.)

셋째, 질문을 잘해야 좋은 대답을 얻을 수 있다.

넷째, 글을 쓰는 것보다 기획할 때 많은 아이디어를 얻을 수 있다.

다섯째, 기본 글쓰기가 철저해야 챗GPT 글을 원하는 목적에 맞춰 재가공할 수 있다.

여섯째, 내가 한다고 마음먹고 실천하면 어떠한 것도 할 수 있다.

중요한 것이 다섯째와 여섯째입니다.

챗GPT가 글을 써준다고 하지만, 나의 목적에 정확하게 맞게 써주지 못합니다. 내가 추구하는 방향(어둡고 밝음, 직설적 화법과 간접화법 등)에 맞춰 글을 해체하고 다시 조립하고 미세조절해야 합니다. 한 번에 상대방에게

평생 돈 버는 **비즈니스 글쓰기의 힘**

내 뜻을 전달하고 이해시키고 설득하기 위해서는 글을 다듬고 또 다듬어야 합니다. 쓰는 이의 글을 보는 능력과 쓰기 능력을 키워야 합니다. 챗GPT가 글을 써준다지만 결국, PART 1~6의 기본 글쓰기를 철저히 익혀야 합니다.

마지막으로 인공지능의 무한한 발달로 앞으로 창작의 작업 환경이 어떻게 바뀔지 모릅니다. 우리가 해야 할 것은 보고 있지만 말고 무언가 해야 한다는 것입니다. 시대 변화의 흐름에 같이 타야 합니다. 그 시작은 문장의 창조부터입니다.

콘텐츠의 원천은
글로부터 시작한다

챗GPT 같은 인공지능이 빠르게 늘어나고 있습니다. 창작물 만들기가 더 쉬워졌습니다. Pictory 같은 사이트에서는 동영상을 DALLE-2에서는 그림을 그려 줍니다. 말 그대로 1인 창작이 더욱 쉬워졌습니다. 앞으로는 인공지능이 영상까지 만든다고 합니다.

이미 구글에서는 초당 24프레임으로 동영상을 완성하는 〈이매진 비디오〉을 내놨습니다. 풍선이 날아가 동물원에 떨어지는 장면이었습니다. 안방에서 글만 쓸 줄 안다면, 시나리오만 잘 만든다면 내가 방구석에서 영화를 만들 시기가 얼마 남지 않았습니다. 시나리오를 쓰고 영화사를 찾아갈 것이 아니라 자신이 직접 영화를 만들어 유튜브에 올리는 시기가 도래할 것입니다.

인공지능에 명령받는 자로 살 것이냐? 인공지능에 명령하는 콘텐츠 창조자로 살 것이냐? 를 가르는 것은 책 머리말에서 말했듯 글을 쓰냐 안 쓰냐로 나뉠 것입니다.

글만 쓰면 뭐하냐고요? 위대한 SF영화 〈아바타〉의 감독 제임스 카메론은 〈터미네이터〉와 〈아바타〉의 시나리오를 직접 썼습니다. 심지어 〈터미네이터〉는 돈이 없어 차 안에서 썼습니다. 전설의 권투영화 〈록키〉의 시나리오는 실베스터 스텔론이 썼습니다. 이렇듯 위대한 창작자들의 시작은 글쓰기였습니다. 여러분이 챗GPT와 함께 만든 시나리오를 방구석에서 영화로 만들어 유튜브에 올리면 방구석 영화감독이 될 수 있고, 운이 좋다면 위대한 영화감독이라는 명성을 얻게 될지도 모릅니다. 이 모든 시작은 글입니다. 콘텐츠의 원천은 작은 글로부터 시작한다는 것을 명심하고 글을 쓰세요. 오늘 당장 지금부터요.

경제적 자유로 가는 길은 글쓰기부터

"경제적 자유를 얻고 싶으면 독서를 하고 글을 쓰십시오."

누가 한 말일까요? 『역행자』를 쓴 자청이 인터뷰와 강의 영상에서 계속 강조하는 말입니다. 자청은 '자수성가한 청년'의 약자입니다. 가난하고 평범하던 그를 20억 자산가로 만들어 준 힘은 무엇이었을까요? 그가 말하는 독서와 글쓰기였을까요?

맞습니다. 독서와 글쓰기였습니다. 성공의 첫 길은 멀지 않기 때문에 자청은 인터뷰가 있을 때마다 강조합니다. 이어서, 사업하는 사람이 어떻게 관련 책도 안 읽어보고, 사고를 확장시키는 글쓰기도 하지 않고 사업을 시작하는지 답답하다고 말을 합니다.

독서와 글쓰기에는 어떤 비밀이 있기에 자청을 20억 자산가로 바꾸어 주었을까요?

글을 쓰는 사고체계는 사업을 진행하는 사고체계와 같기 때문입니다. "습득하고 융합하고 창의하고 실현한다. 독서로 지식을 습득하고 사고를 확장하고 융합과 비판하고 글로써 뱉어낸다." 둘은 같은 사이클을 가지고 있습니다. 독서 후 글을 쓰는 뇌의 사고체계가 확장되면 사업과 연계할 수 있기 때문입니다.

비약이라고요? 『21세기의 지식경영』 피터 드러커, 『보랏빛 소가 온다』 세스 고딘, 『부자 아빠 가난한 아빠』 로버트 기요사키, 『부의 추월차선』

MJ 드마코. 이들은 억만장자이면서도 세계적 베스트셀러를 저술한 작가들입니다. 경영가이며, 사업가이며, 베스트셀러 작가입니다. 한국에서는 자산 1,000억 원의 사업가가 젊은이들에게 자신의 이야기를 들려주는 책 『세이노의 가르침』을 쓴 세이노가 있습니다. 독서를 하여 사업의 기본 지식을 습득하고, 이것들을 갈래로 만들어 정리하였습니다. 사업에 관해 깊게 통찰하였는데 어찌 비즈니스에서 성공하지 않을 수 있을까요? 이것이 글쓰기의 효과를 증명합니다.

인생을 바꾸고 싶다면 한 줄 쓰는 것부터

여러분이 글쓰기, 비즈니스 글쓰기를 한다고 해서 당장의 변화는 없습니다. 그러나, 사고의 변화로 여러분이 제2의 인생을 살 수 있습니다. "쓰기 위해 읽어라, 읽었으면 써라." 고미숙 작가의 말처럼 읽었으면 써야 하고 쓰기 위해 읽어야 합니다. 인간이 만들어 낸 가장 고귀한 일은 읽기, 쓰기입니다.

이 책은 쓰기에 중점을 둔 책입니다.

하지만 쓰기 위해서는 읽어야 합니다. 쓰지 않고 읽기만 하는 것은 편식입니다. 책을 읽었는데 아무것도 안 남는 것은 쓰지 않았기 때문입니다. 우리는 편식 된 삶을 살아왔습니다. 독서와 글쓰기 둘은 앞서 말했듯 한쪽 날개밖에 없는 비익조입니다. 둘은 언제나 함께 가야 합니다. 읽고, 쓰고 하여 여러분의 인생에 날개를 펴고 날아오르세요. "내일 할게, 나중에 할게." 하며 미루지 마세요. 자신의 인생을 방구석에 밀어 버리는 일과 같습니다.

책을 읽었으면 그냥 책 여백에 자신의 의견부터 쓰세요. 책 뒷장에다가 서평을 남기세요. 블로그에 입력해서 올리기 싫다면 그냥 사진 찍어서 올리세요. 하나도 어렵지 않습니다. 오로지 실천만 있으면 됩니다.

끼적대는 글 하나가 여러분의 인생을 바꾸기 시작합니다. 써야 인생이 바뀝니다.

실천으로 인생을 바꾼 사람들

- 꿈꾸는 다락방/ 이지성, 빚더미 초등학교 교사 시절 부지런히 글을 읽고 책을 쓰다 『여자라면 힐러리처럼』이라는 책이 베스트셀러가 되어 유명작가가 됩니다.
- 언니의 독설/ 김미경, 보통의 강사였다가 IMF 시대 『나는 IMF가 좋다』라는 책으로 유명강사가 됩니다. 지금은 MKYU 학장입니다.
- 해리포터/ 조앤 롤링, 이혼 후 분윳값도 없었지만 『해리포터』가 베스트셀러가 되어 세계적인 갑부가 됩니다.
- 성공의 법칙/ 나폴레옹 힐, 잡지사 기자였다가 앤드류 카네기의 유지를 받아 부자 507명을 만나 성공의 법칙을 정리한 책을 출간하며 세계적인 성공학 강사가 되었습니다.

평생 돈 버는 **비즈니스 글쓰기의 힘**

- 전지적 독자시점/ 싱숑부부, 부부가 웹소설 작가입니다. 웹소설을 꾸준히 게재하여 『전지적 독자시점』으로 100억 매출을 올립니다.

이처럼 글쓰기로 직접적인 인생을 바꾼 사람도 있습니다. 그러나 자청처럼 글쓰기를 사고의 확장의 도구로 삼아 경제적 자유를 누리는 사람이 더 많을 것입니다.

여러분이 글을 쓰는 것은 욕실의 욕탕에 수저로 물을 퍼 넣는 것과 같을 수 있습니다. 하루에 한 줄씩만 한 주에 한 장씩만 쓴 것이 모인다면 1년, 10년이면 욕탕에 물이 어느 정도일까요? 당장은 미약하지만, 시간에 따른 축적은 여러분에게 또 다른 인생을 줄 것입니다.

당장 쓰고 도전하세요. 변화된 미래가 기다립니다.

- N잡하는 허대리, N잡하는 허대리의 월급 독립 스쿨, 토네이도
- 강원국, 강원국의 글쓰기, 메디치미디어
- 강원국, 나는 말하듯이 쓴다, 위즈덤하우스
- 강원국, 대통령의 글쓰기, 메디치미디어
- 강원국, 백승권, 글쓰기 바이블, CCC
- 개리 마커스(저)·최호영(역), 클루지, 갤리온
- 고영성, 신영준, 완벽한 공부법, 로크미디어
- 고종석, 고종석의 문장 1,2, 알마
- 김래주, 아빠, 글쓰기 좀 가르쳐 주세요, 북네스트
- 김선, 미네르반, 꼬레아우라
- 김은재, 10대에 작가가 되고 싶은 나, 어떻게 할까?, 오유아이
- 김정선, 내 문장이 그렇게 이상한가요?, 유유
- 나폴레온 힐(저)·김정수(편), 나폴레온 힐의 성공의 법칙, 중앙경제평론사
- 내털리 커내버, 클레어 메이로위츠(저)·박정준(역), 비즈니스 글쓰기의 모든 것, 다른
- 노무현대통령 비서실, 대통령 보고서, 위즈덤 하우스
- 라이언 홀리데이(저)·유정식(역), 창작의 블랙홀을 건너는 크리에이터를 위한 안내서, 흐름출판
- 레프 톨스토이(저)·이선미(역), 톨스토이의 어떻게 살 것인가, 소울메이트
- 루스 베네딕트(저)·김윤식, 오인석(역), 국화와 칼, 을유문화사
- 르네 퀘리도(저)·김훈태(역), 발도르프 공부법 강의, 유유
- 매튜 룬(저)·박여진(역), 픽사 스토리텔링, 현대지성
- 박완서, 그 많던 싱아는 누가 다 먹었을까, 웅진지식하우스
- 박장호, 취업의 신 자소서 혁명, 성안북스
- 박종인, 기자의 글쓰기, 북라이프
- 배상복, 문장기술, 이케이북
- 배학수, 퇴근길 글쓰기 수업, 메이트북스
- 백승권, 글쓰기가 처음입니다, 메디치미디어
- 보도 섀퍼(저)·박성원(역), 멘탈의 연금술, 토네이도
- 샌드라 거스(저)·지여울(역), 묘사의 힘, 월북
- 세스 고딘(저)·김태훈(역), 마케팅이다, 쌤앤파커스
- 세이노, 세이노의 가르침, 데이원
- 소피 카사뉴 브루케(저)·최애리(역), 세상은 한 권의 책이었다, 마티
- 송숙희, 150년 하버드 글쓰기 비법, 유노북스

- 송숙희, 읽기와 쓰기를 다 잘하고 싶은 사람이라면 지금 당장 베껴 쓰기, 팜파스
- 송재환, 초등 1학년 공부, 책읽기가 전부다, 위즈덤하우스
- 스티븐 킹(저)·김진준(역), 유혹하는 글쓰기, 김영사
- 스티븐 호킹(저)·현정준(역), 시간의 역사, 청림출판
- 안정은, 나는 오늘 모리셔스 바닷가를 달린다, 쌤앤파커스
- 안정효, 안정효의 글쓰기 만보, 모멘토
- 야마구치 다쿠로(저)·한은미(역), 템플릿 글쓰기, 토트출판사
- 윌리엄 진서(저)·이한중(역), 글쓰기 생각쓰기, 돌베개
- 유시민(글)·정훈이(그림), 표현의 기술, 생각의 길
- 유시민, 거꾸로 읽는 세계사, 돌베개
- 유시민, 유시민의 글쓰기 특강, 생각의길
- 이동영, 너도 작가가 될 수 있어, 경향BP
- 이상민, 보통 사람을 위한 책쓰기, 덴스토리
- 이어령, 이어령의 보자기 인문학, 마로니에북스
- 이외수, 글쓰기의 공중부양, 해냄
- 임재춘, 한국의 이공계는 글쓰기가 두렵다, 북코리아
- 장 지오노(저)·햇살과 나무꾼(역), 나무를 심은 사람, 두레아이들
- 장 폴 사르트르(저)·정명환(역), 문학이란 무엇인가, 민음사
- 장승수, 공부가 가장 쉬웠어요, 김영사
- 재레드 다이아몬드(저)·김진준(역), 총, 균, 쇠, 문학사상
- 잭 케루악(저)·이만식(역), 길 위에서, 민음사
- 정민, 다산선생 지식경영법, 김영사
- 정철, 카피책, 허밍버드
- 정희모, 이재성, 글쓰기 전략, 들녘
- 제롬 데이비드 샐린저(저)·정영목(역), 호밀밭의 파수꾼, 민음사
- 조지 오웰(저)·이한중(역), 나는 왜 쓰는가, 한겨레출판
- 진순희, 명문대 합격 글쓰기, 초록비책공방
- 켄 블랜차드, 타드 라시나크, 처크 톰킨스, 짐 발라드(저)·조천제(역), 칭찬은 고래도 춤추게 한다, 21세기북스
- 프란츠 카프카(저)·전영애(역), 변신 · 시골의사, 민음사
- 프리드리히 엥겔스, 카를 마르크스(저) · 이진우(역), 공산당선언, 책세상
- 피터 엘보(저)·김우열(역), 힘 있는 글쓰기, 토트출판사
- 헨리 뢰디거, 마크 맥대니얼, 피터 브라운(저)·김아영(역), 어떻게 공부할 것인가, 와이즈베리

한 줄 쓰기부터 챗GPT로 소설까지
평생 돈 버는 비즈니스 글쓰기의 힘

초판 1쇄 발행 2023년 8월 28일
2쇄 발행 2024년 2월 1일

지은이 | **남궁용훈**
기획 편집 총괄 | **호혜정**
편집 | **김민아**
기획 | **이보슬**
표지·본문 디자인 | **이선영**
교정교열 | **호혜정 유승현**
마케팅 | **이지영 김경민**
펴낸곳 | **리텍 콘텐츠**
주소 | **서울시 용산구 원효로 162 세원빌딩 606호**
전화 | **02-2051-0311**   팩스 | **02-6280-0371**
이 메 일 | **ritec1@naver.com**
홈페이지 | **http://www.ritec.co.kr**
ISBN | **979-11-86151-61-7 (03190)**

상상력과 참신한 열정이 담긴 원고를 보내주세요. 책으로 만들어 드립니다.
원고투고: ritec1@naver.com